法律常识全知道

法律常识

全知道

春之霖　赵广娜　编著

中国华侨出版社
北京

图书在版编目（CIP）数据

法律常识全知道/春之霖，赵广娜编著.—北京：中国华侨出版社，2010.9
（2022.1重印）
ISBN 978-7-5113-0624-1

I.①法… Ⅱ.①春… ②赵… Ⅲ.①法律－基本知识-中国 Ⅳ.①D920.5

中国版本图书馆CIP数据核字（2010）第164987号

法律常识全知道

编　　著：春之霖 赵广娜
责任编辑：姜　婷
封面设计：阳春白雪
文字编辑：霍丽娟
美术编辑：宇　枫
经　　销：新华书店
开　　本：720mm×1020mm　1/16　印张：24　字数：330千字
印　　刷：北京德富泰印务有限公司
版　　次：2010年10月第1版　2022年1月第6次印刷
书　　号：ISBN 978-7-5113-0624-1
定　　价：68.00元

中国华侨出版社　北京市朝阳区西坝河东里77号楼底商5号　邮编：100028
发 行 部：（010）88866079　传　真：（010）88877396
网　　址：www.oveaschin.com　E-mail：oveaschin@sina.com

前言

Contents

法律常识是一些老百姓必知的，跟日常生活、工作和权益密切相关的法律知识，是我们应该且必须具备的基本常识。了解一些基本的法律常识，也就是我们通常所说的“懂法”，我们才能明确哪些行为是合法的，哪些是违法的，哪些权利是受保护的，哪些责任是必须承担的，从而规范行为，明白生活，理智处世，合法维权。

在法治时代，法律常识是大众生活的“日常必需品”，因为法律已经渗透到了我们日常生活中的各个角落。衣食住行、理财消费、生老病死、教育就业、创业投资、借贷租赁、写作发明、邻里关系，无处不在法律的规范之下；男女老少、官商工农、开车族、蜗居族，每个人的言语、行为都受到法律的约束和保护。懂法，便眼明心亮，能洞察社会上的大事小情，懂得规避风险，在涉及各类纠纷时依法维护切身利益，在社会中生活得游刃有余。如今，“有理走遍天下”的说法已经行不通了，只有懂法才能走遍天下。当你帮他人照看的物品丢失，你需要赔偿时，当你好心把钱借给邻居，几年后却被邻居告知这钱不用再还时，你是否大吃一惊？是否感到有理无处诉？然而这就是法律，如果你不掌握人生必备的法律常识，你终将为自己的无知埋单。

不懂法律常识，会在工作、生活中埋下很多隐患，甚至发生非常严重的后果。官员不懂法，则玩忽职守，贪污受贿；老板不懂法，则经营风险陡增，企业前途断送；企业员工不懂法，则自身权益得不到保障；青少年不懂法，则容易莽撞行事，酿成悲剧……不懂法就如同盲人骑瞎马、夜半临深渊，小则丧失钱物，大则危及生命安全；不懂法也可能会让我们掉入他人设置的陷阱，超越行为的边界，受到法律制裁。我们常说“不知者不为过”，但情容法不容，一旦触及法律，这句话并不是很好的挡箭牌，不能成为免责的依据和理由，因为法院是“以事实为依据，以法律为准绳”的。

总之，懂法，才能增强法律意识，才能守法用法，以法护身；不懂法，则法律意识淡薄，容易以身触法，害己害人。一段普法三字经说得好：“不懂法，害处大；如盲人，骑瞎马；学法规，长知识；心明亮，走天下。”对于处在现代社会的每一个人而言，不但应学习法律常识，还应像意大利18世纪著名的法理学家切萨雷·贝卡利亚所说的那样，让法律的力量跟随着我们，就像影子跟随着身体一样，时刻约束并指导我们的行为，让法律变成我们的生活方式。

为了帮助读者轻松掌握日常必知必备的法律常识，《法律常识全知道》汇总了与我们的生活息息相关的法律常识，通过典型案例、法律解析以及法条链接等版块，对我们在婚姻家庭、遗产继承、合同纠纷、物业纠纷、房屋买卖租赁、著作发明、刑事犯罪等方面经常遇到的法律问题进行解答，使我们快速、便捷地找到法律上的解决办法，成功运用法律这一武器维护我们的合法权益，是个人、企业经营、家庭必备的法律工具书。

目录

Contents

宪法篇
——保障公民权利与义务的无敌法王

民法通则篇
——民事权益民事活动

婚姻家庭篇
——为家撑起保护伞

父母与子女关系…… 84

遗产继承篇
——指点迷津

遗 产 …… 92

继承权…… 95

合同篇
——理智交易警惕陷阱

物权篇

——私有财产不容侵犯

劳动保障篇

——维护你的职场权益

刑事篇
——趋利避害远离雷区

危害国家、公共安全罪…… 293

破坏市场经济秩序罪 …… 297

侵犯公民人身权利、民主权利罪 … 301

行政篇
——与政府打交道

知识产权篇
——保护我们的无形产权

保险篇
——让我们的人生更保险

宪法篇

——保障公民权利与义务的无敌法王

平等权

★用身高限制应聘者是否侵犯公民平等权

【案例】

2001年12月23日，中国人民银行成都分行在某媒体上刊登招录公务员广告，其中规定招录对象条件之一为“男性身高168厘米，女性身高155厘米以上”。蒋韬恰巧因为身高不符合该招聘单位的要求而丧失报名资格，他认为这种规定侵犯了他所享有的依法担任国家机关公职的平等权和政治权利。蒋韬于是向武侯区法院递交行政诉状，请求法院确认中国人民银行成都分行在招聘时限制身高的具体行政行为违法，责令其停止发布该违法启事，公开更正并取消报名资格中的身高歧视。本案被法院受理后，立即成为法律界、学界和新闻媒体关注和争论的话题，本案也被称为“中国宪法平等权第一案”。

【法律解析】

2002年5月21日，成都市武侯区人民法院对“蒋韬诉中国人民银行成都分行招录行员行政诉讼”一案作出一审判决，以“原告蒋韬对被告成都分行招录行员规定身高条件的行为提起的诉讼，不属于我国行政诉讼法规定的受案范围，不符合法定的起诉条件”为由，裁定驳回了原告蒋韬的诉讼请求。

案件虽已宣判，当事人也未上诉，但是学界及媒体关于平等权的争论与思考并未停止。许多学者认为此案中成都分行确实侵犯了原告的平等权，因为平等不仅是一项原则，也是一项权利。中国人民银行成都分行的招录行员的广告确实以“男性身高168厘米，女性身高155厘米”为标准，而给予了身高在此之下的公民以差别对待，这种差别明显是构成了对这些公民的歧视，而成都分行的工作性质也没有对身高有特殊的要求，因此这种行为确实侵犯了蒋韬的平等权。

【法条链接】

《中华人民共和国宪法》（以下简称《宪法》）第三十三条 凡具有中华人民共和国国籍的人都是中华人民共和国公民。

中华人民共和国公民在法律面前一律平等。

★"男性优先"是否合法

【案例】

某公司招聘项目经理，经过严格的初试、笔试和面试，综合测试下来，林小姐得了第一，张先生第二，但是最终录取的却是张先生。林小姐找到公司负责人讨要说法，负责人则称此项目经理职位男性优先，林小姐不能接受此说法，认为该公司侵犯了其平等权。那么，该公司所称的"男性优先"是否合法？

【法律解析】

根据《宪法》第三十三条的规定，中华人民共和国公民在法律面前一律平等。该公司所称的"男性优先"是不合法的。项目经理并不属于对性别有特殊要求的"不适合妇女的工种"，该公司以"男性优先"对公民以区别对待，明显是对女性的歧视，该公司的说法侵犯了林小姐的平等权。

【法条链接】

《宪法》第三十三条 凡具有中华人民共和国国籍的人都是中华人民共和国公民。

中华人民共和国公民在法律面前一律平等。

《中华人民共和国劳动法》（以下简称《劳动法》）第十三条 妇女享有与男子平等的就业权利。在录用职工时，除国家规定的不适合妇女的工种或者岗位外，不得以性别为由拒绝录用妇女或者提高对妇女的录用标准。

人权与人身自由权

★什么是人格尊严

【案例】

孙女士去一超市购物，当其离开该店时，店门口警报器一直在鸣响。于是，该店一女保安员上前阻拦孙女士，并将孙女士强行带入保安室，女保安用手提电子探测器对其全身进行检查，还要求孙女士脱去裤子接受检查。孙女士拒绝无效，在女保安及另一女文员在场的情况下，被迫脱裤接受检查，然而女保安并未在孙女士身上搜出任何物品。后来孙女士将女保安告上法庭，认为其侵犯了她的人格尊严。那么，什么是人格尊严呢？

【法律解析】

人格尊严是公民对自身和他人的人格价值的认识和尊重，它要求公民尊重他人的价值，同时也要求他人尊重自己的价值，从而使公民能够作为与他人平等的社会成员而与他人进行正常的交往。人格尊严是和个人的存在相伴随的，它是不可剥夺的，即便是因为违法犯罪而受到制裁的公民，其人格尊严同样应该受到尊重，而不能受到侮辱。

【法条链接】

《宪法》第三十八条 中华人民共和国公民的人格尊严不受侵犯。禁止用任何方法对公民进行侮辱、诽谤和诬告陷害。

《中华人民共和国民法通则》（以下简称《民法通则》）第一百零一条 公民、法人享有名誉权，公民的人格尊严受法律保护，禁止用侮辱、诽谤等方式损害公民、法人的名誉。

★“三无人员”就可以被随意关押殴打吗

【案例】

2003年3月17日晚，在广州打工的湖北籍青年孙志刚，外出时被天河区黄村派出所民警拦住检查身份证，因未带身份证、暂住证与工作证，被认定为“三无人员”，并带回派出所。孙志刚的同事闻讯后到派出所送去了孙志刚的身份证，但孙志刚仍然被作为“三无人员”送到收容遣送站。3月20日，孙志刚死亡，尸检报告证明孙志刚死前72小时内曾遭致命的毒打。这就是当年轰动全国的孙志刚案。

公民没有携带身份证及暂住证，就可以被关押甚至殴打吗？

【法律解析】

孙志刚因未携带身份证、暂住证，导致在收容所内遭到毒打而身亡，这是收容所人员滥用行政权力的结果，也是一种严重的犯罪行为。我国有关法律明确规定，保障公民的人身权不受侵犯。本案中，收容所的工作人员的行为，严重侵犯了我国《宪法》关于人身权的规定。2003年6月9日，法院对此案进行了一审判决，涉案的违法者也都受到了法律的制裁。

★村委会有权限制村民的人身自由吗

【案例】

村民吴某的摩托车被偷，他向村委会反映怀疑是同村柳某所为。村委会找到柳某问话。柳某坚决否认，村委会主任觉得其态度恶劣，于是便将柳某锁在村委会办公室内，并派人日夜看守，连续三昼夜对其讯问。村委会有权限制村民的人身自由吗?

【法律解析】

村委会无权限制村民的人身自由。人身自由是我国《宪法》确认的公民的基本权利，我国《宪法》明确规定公民的人身自由不受侵犯。任何公民，非经人民检察院批准或者决定或者人民法院决定，并由公安机关执行，不受逮捕。禁止非法拘禁和以其他方法非法剥夺或者限制公民的人身自由，禁止非法搜查公民的身体。本案中，村委会擅自拘禁柳某属于对公民人身自由权的侵犯，属于违法行为。

【法条链接】

《宪法》第三十三条第三款　国家尊重和保障人权。

第三十七条　中华人民共和国公民的人身自由不受侵犯。

任何公民，非经人民检察院批准或者决定或者人民法院决定，并由公安机关执行，不受逮捕。

禁止非法拘禁和以其他方法非法剥夺或者限制公民的人身自由，禁止非法搜查公民的身体。

选举权和被选举权

★具备怎样的条件才有选举权和被选举权

【案例】

村子里马上就要进行换届选举

了，上初中的小强（14岁）曾经听老师说过公民具有选举权和被选举权。因此，小强非常想知道，自己也能参加选举吗？到底具备什么条件才有选举权和被选举权呢？

【法律解析】

我国法律规定，中华人民共和国年满十八周岁的公民，不分民族、种族、性别、职业、家庭出身、宗教信仰、教育程度、财产状况和居住期限，都有选举权和被选举权；但是依照法律被剥夺政治权利的人除外。因为小强只有14岁，不符合年龄规定，无法取得选举权和被选举权。

【法条链接】

《宪法》第三十四条　中华人民共和国年满十八周岁的公民，不分民族、种族、性别、职业、家庭出身、宗教信仰、教育程度、财产状况、居住期限，都有选举权和被选举权；但是依照法律被剥夺政治权利的人除外。

★精神病患者也具有选举权和被选举权吗

【案例】

某村25岁村民小李平日行为疯癫，神智失常，经医院诊断为重症精神病患者。村里举行换届选举时，没有发给他选民证。其家人认为小李已经年满18周岁，应该具有选民资格。请问，精神病患者也具有选举权和被选举权吗？

【法律解析】

并非所有的精神病患者都不具备选民资格，只有在病情严重到无法行使选举权的情况下才不具备。本案中，小李神智失常，被医院诊断为重症精神病患者，病情已经严重到无法行使选举权，因此不具备选举权和被选举权。

【法条链接】

《中华人民共和国选举法》（以下简称《选举法》）第二十六条第二款　精神病患者不能行使选

举权利的，经选举委员会确认，不列入选民名单。

★单位可以不发给职工选民证吗

【案例】

某市A区人大换届选举时，B公司员工孙某等20人在该公司被登记为合法选民，但该公司领导以他们是外来人口为由不发给他们选民证，也没有通知他们参加选举，从而导致他们没能参加投票。为此，孙某等20名员工认为公司领导侵犯了他们的选举权，于是向A区人民法院提起诉讼，要求该公司承担法律责任。请问，单位可以不发给职工选民证吗?

【法律解析】

不可以。本案中，B公司领导侵犯了孙某等人的选举权。我国《宪法》和《选举法》均规定，只要是年满十八周岁的中华人民共和国公民，不分民族、种族、性别、职业、家庭出身、宗教信仰、教育程度、财产状况、居住期限，都有选举权和被选举权。这充分体现了我国选举的普遍性和广泛性。而城市中的外来打工者，只要年龄超过18周岁且没有被依法剥夺政治权利，那么都拥有选举权和被选举权，不能以其没有公司所在地户口为由而剥夺其选举权利。在本案中，B公司领导不能以孙某等20人是外来人口为由而不发给其选民证。

【法条链接】

《宪法》第三十四条　中华人民共和国年满十八周岁的公民，不分民族、种族、性别、职业、家庭出身、宗教信仰、教育程度、财产状况、居住期限，都有选举权和被选举权；但是依照法律被剥夺政治权利的人除外。

★对选民资格有异议怎么办

【案例】

2008年，村民董某因犯罪被法院判处剥夺政治权利2年。2009年春，村委会换届选举，因为董某是村委会主任的亲戚，村里依然给董某发了选民证。这事后来被村民刘某知道，他认为董某不具备选民资格，可他不知道向谁反映。请问，对选民资格有异议该怎么办?

【法律解析】

选举委员会公布的选民名单把不应列入的公民列入，或者应当列入的公民没有列入，对公布的选民名单有不同意见的人，可以向选举委员会提出申诉，选举委员会对申诉意见，应在三日内作出处理决定。申诉人如果对选举委员会的处理决定不服，可以在选举日的五日以前向选区所在地基层人民法院起诉，人民法院受理选民资格案件后，必须在选举日前审结。

【法条链接】

《选举法》第二十八条　对于公布的选民名单有不同意见的，可以在选民名单公布之日起五日内向选举委员会提出申诉。选举委员会对申诉意见，应在三日内作出处理决定。申诉人如果对处理决定不服，可以在选举日的五日以前向人民法院起诉，人民法院应在选举日以前作出判决。人民法院的判决为最后决定。

言论、出版、集会、结社、旅行、示威的自由

★言论自由权是无限制的吗

【案例】

一位名叫“草蜢”的网民在上海孔家花园饭店用餐后，在某网站发表了如下言论：“它号称‘一座有故事的房子’，见他个大头鬼，早给他弄得像乡镇企业家的屋子了；它号称‘一家有好菜的饭店’，这个死不要脸的！”孔家花园见到此言论后，认为此帖侵犯了其名誉权。由于很难得知发表此帖的网民到底为何人，该饭店只好将该网站告上法庭。请问，该网站的行为构成侵权吗?

【法律解析】

虽然我国《宪法》赋予了公民言论自由权，但同时也规定，公民在行使自由和权利的时候，不得损害社会的、国家的、集体的利益和其他公民合法的自由和权利。

本案中，网民“草蜢”的点评内容已经超过了一般网友评论的范围，夹带具有侮辱性质的谩骂，构成对他人权利的侵犯，超出了法律许可的尺度。而案例中的网站作为一家为社会公众提供交流信息的媒介，对网民通过其网站发表的信息和评论有合理审核的义务。因此被告方的过错行为构成对原告名誉权的侵权。

【法条链接】

《宪法》第三十五条　中华人民共和国公民有言论、出版、集会、结社、游行、示威的自由。

第五十一条　中华人民共和国公民在行使自由和权利的时候，不得损害国家的、社会的、集体的利益和其他公民的合法的自由和权利。

★公民可以自发举行游行吗

【案例】

2005年4月，由于日本在一系列历史遗留问题上的错误态度和错误行为，引起了中国人民的强烈不满。在中国北京、上海等地，先后发生了部分群众和学生自发举行的反日游行示威活动。在活动中，少数社会闲杂人员以游行示威为借口，公然进行打砸公私财物、扰乱社会秩序等行为。请问公民可以自发举行游行示威活动吗？对活动中的打砸行为等要承担法律责任吗？

【法律解析】

我国公民需经过申请，获得主管部门许可后方可进行游行示威活动。我国《宪法》赋予了公民游行示威权。按照法律规定，公民要举行游行示威活动，须提前向公安机关提出申请，得到批准后方可按规定的时间及路线举行游行示威活动。未经公安机关批准，或者没有按照公安机关许可的目的、方式、标语、口号、起止时间、地点、路线等进行的，在进行中出现危害公共安全或者严重破坏社会秩序情况的，均属违法。游行示威要和平地进行，不得携带武器、管制刀具和爆炸物，不得使用暴力或者煽动使用暴力，不得违反相关法律的规定。如果在游行示威活动中出现了违反法律的行为，当事人要依法承担相应的法律责任。

【法条链接】

《宪法》第三十五条　中华人民共和国公民有言论、出版、集会、结社、游行、示威的自由。

第五十一条　中华人民共和国公民在行使自由和权利的时候，不得损害国家的、社会的、集体的利益和其他公民的合法的自由和权利。

《中华人民共和国集会游行示威法》（以下简称《集会游行示威法》）第七条　举行集会、游行、示威，必须依照本法规定向主管机关提出申请并获得许可。

下列活动不需申请：

（一）国家举行或者根据国家决定举行的庆祝、纪念等活动；

（二）国家机关、政党、社会团体、企业事业组织依照法律、组织章程举行的集会。

受教育的权利与义务

★接受义务教育仅仅是公民的权利吗

【案例】

在社会上一些不良现象的影响下，有的家长形成了“读书无用论”的思想，他们认为孩子花钱读书，即使能考上中专、大学，也找不到工作，跳不出农门，孩子还不如不读书，趁早打工赚钱。还有学生家长认为，接受教育是孩子的权利，孩子可以放弃此项权利。请问，接受义务教育仅仅是公民的权利吗？

【法律解析】

接受义务教育不仅是公民的权利，也是公民必须履行的义务。义务教育是国家统一实施的所有适龄儿童、少年必须接受的教育，是国家必须予以保障的公益性事业。适龄儿童、少年的父母或者其他法定监护人应当依法保证其按时入学接受并完成义务教育。

【法条链接】

《宪法》第四十六条　中华人民共和国公民有受教育的权利和义务。

国家培养青年、少年、儿童在品德、智力、体质等方面全面发展。

《中华人民共和国义务教育法》（以下简称《义务教育法》）

第二条第二款 义务教育是国家统一实施的所有适龄儿童、少年必须接受的教育，是国家必须予以保障的公益性事业。

第四条 凡具有中华人民共和国国籍的适龄儿童、少年，不分性别、民族、种族、家庭财产状况、宗教信仰等，依法享有平等接受义务教育的权利，并履行接受义务教育的义务。

★女大学生在校怀孕，学校能将其开除吗

【案例】

2005年5月，某高校大三女生吴某因与男友同居而怀孕。此事被学校知道后，校领导认为此事严重影响了学校声誉，于是责令吴某及其男友写出深刻检查，后又以吴某对错误认识不到位、严肃校纪为由对吴某作出勒令退学的处罚。请问，女大学生在校期间怀孕，学校有权将其开除吗?

【法律解析】

受教育权是《宪法》赋予公民的一项基本权利。法律没有规定在校期间怀孕就要被剥夺受教育权，因此，在本案中，学校可以对吴某及其男友进行惩戒，但却无权以严肃校纪、校规为由，勒令她退学，否则就侵犯了公民的受教育权。

另外，自2005年9月1日起，我国《高等学校学生行为准则》和《普通高等学校学生管理规定》正式实施。根据这两个规范性文件，大学生在校期间不仅可以享有性权利，而且还可以结婚。因此，女大学生在校期间怀孕的，学校不能将其开除。

【法条链接】

《宪法》第四十六条第一款 中华人民共和国公民有受教育的权利和义务。

《普通高等学校学生管理规定》第五十二条 对有违法、违规、违纪行为的学生，学校应当给予批评教育或者纪律处分。

学校给予学生的纪律处分，应当与学生违法、违规、违纪行为的性质和过错的严重程度相适应。

妇女权益保护

★丈夫虐待妻子，妻子应该怎么办

【案例】

钢铁厂职工胡某与某中学老师李某是夫妻。胡某是个大男子主义思想严重的人，他一直用“三从四德”的一套来管束妻子，不但要求妻子工资、奖金全部交给他，而且每日还要为他做饭、炒菜、打理家务，稍不如意便恶语相向，李某稍有争辩，胡某就对其拳脚相加。妻子李某受不了丈夫胡某的虐待，她应该怎么办？

【法律解析】

丈夫胡某的行为已经违反了我国法律的相关规定，侵犯了李某在家庭中的平等权及人身权利。李某为了维护自身权益，可以向胡某所在单位和其他组织反映情况，要求对胡某进行批评教育。如果胡某虐待妻子手段和情节恶劣，李某还可以向人民法院提出刑事自诉，要求对胡某的行为进行制裁，也可以向法院提出离婚的诉讼请求，人民法院将根据有关的法律规定，作出切实保障妇女权益的判决和调解。

【法条链接】

《宪法》第四十八条第一款　中华人民共和国妇女在政治的、经济的、文化的、社会的和家庭的生活等各方面享有同男子平等的权利。

★劳动合同中能否包含“禁止生育”条款

【案例】

杨某在一家制药厂找到一份待遇不错的工作，在签订劳动合同时，杨某发现其中有一条规定是合同期内禁止妇女生育。杨某很是疑惑，但姐妹劝说她，你和你丈夫都还没买房呢，也没经济实力养孩子，这时候多赚点钱，以后再要孩子。杨某于是签订了合同。但一年后，杨某还是怀孕了。厂里通知她要么堕胎要么辞工。杨某不禁陷入了两难的境地，她既不想失去工作，更不想把孩子做掉。

【法律解析】

女职工行使其生育权，必然引起自身生理功能发生一系列变化，对所从事的工作带来一定影响，因此，一些用人单位在劳动合同中规定了诸如“禁止生育”等条款，这侵犯了妇女的生育权。我国《宪法》规定，婚姻、家庭、母亲和儿童受国家的保护。《中华人民共和国妇女权益保障法》（以下简称《妇女权益保障法》）规定妇女有按照国家规定生育子女的权利。本案中劳动合同中规定“禁止生育”条款是违法的无效条款。

★丈夫不同意妻子人工流产怎么办

【案例】

小丹在一家公司做职业模特，两年前结婚的时候，丈夫就提出要个孩子，但是小丹希望过几年再要，以免影响自己的职业发展。现在，小丹终于怀孕了，丈夫和婆婆都很高兴，但是小丹偷偷瞒着丈夫，和自己的母亲到医院做了流产，丈夫知道后，认为医院在没有征得自己同意的情况下，就为妻子做了流产手术，应承担赔偿责任。

【法律解析】

《妇女权益保障法》第五十一条规定，妇女有按照国家有关规定生育子女的权利，也有不生育的自由。这是我国法律上给予妇女的特殊保护，妇女自行终止妊娠的这项人身权利，有权独立行使，不需要经过丈夫同意。医院根据妻子的要求，为其实施引产手术，是履行正常的医疗职责，因此，医院的行为没有过错，医院不应承担任何赔偿责任。

未成年人权益保护

★学生上课不认真，老师能体罚吗

【案例】

上三年级的小军非常调皮，上数学课期间，他不认真听课，还经常主动找其他同学讲话。数学老师很头疼，批评了小军多次，但小军仍是如此。一怒之下，数学老师罚小军去操场外面站立。请问老师能体罚学生吗?

【法律解析】

学生上课不认真，老师可以批评，但不能体罚，对此，我国多部法律都作出了明确的规定。如《中华人民共和国未成年人保护法》（以下简称《未成年人保护法》）第五条、第六十三条规定，学校、幼儿园的教职员应当尊重未成年人的人格尊严，不得对未成年学生和儿童实施体罚、变相体罚或者其他侮辱人格尊严的行为。学校、幼儿园、托儿所的教职员对未成年学生和儿童实施体罚或者变相体罚，情节严重的，由其所在单位或者上级机关给予行政处分。老师体罚学生造成严重后果，构成犯罪的，追究其刑事责任。

★未成年学生旷课、逃学，学校应怎么处理

【案例】

五年级学生小海学习成绩较差，每次考试都不及格，他觉得自己在同学面前抬不起头，于是产生了厌学的心理。有一段时间，他经常逃学，独自一人去校园外面玩。后来小海逃学的事情被学校知道了，请问学校应该怎么处理?

【法律解析】

学校应该尽快和未成年学生小海的监护人及时取得联系。为了保护未成年人的利益，《中华人民共和国预防未成年人犯罪法》（以下简称《预防未成年人犯罪法》）第十六条规定，中小学生旷课的，学校应当及时与其父母或者其他监护人取得联系。未成年人擅自外出夜不归宿的，其父母或者其他监护人、其所在的寄宿制学校应当及时查找，或者向公安机关请求帮助。收留夜不归宿的未成年人的，应当征得其父母或者其他监护人的同意，或者在24小时内及时通知其父母或者其他监护人、所在学校或者及时向公安机关报告。

★未成年人的发明创造可以申请专利吗

【案例】

初中生小迪是个很爱动脑的孩

子，他在课余时间动手制作了很多模型，他希望自己也能发明创造出一些对人类有用的东西，可是他心里又有一个担忧，自己还未成年，假使真的有一项发明创造，能申请专利吗？

【法律解析】

申请专利和年龄的大小无关，未成年人的发明创造，一样可以申请专利。《未成年人保护法》第四十六条规定，国家依法保护未成年人的智力成果和荣誉权不受侵犯。未成年人的发明创造属于未成年人的智力成果，只要符合法律法规规定的申请专利的条件，就可以申请专利。

★未成年人可以自己更改姓名吗

【案例】

正在上初三的李小福今年15岁，很喜欢文学。随着阅读文学书籍的增多，他逐渐开始对李小福这个名字感到不满意，觉得很俗气，于是很想给自己取一个高雅的名字。可是由于他才15岁，还未成年，他感到有些担忧，他自己能更改姓名吗？

【法律解析】

公民享有姓名权，可以自己决定、使用和改变姓名。未成年人既可以随父姓，也可以随母姓。因此，未成年人可以自己决定更改姓名。但是，根据《中华人民共和国户口登记条例》（以下简称《户口登记条例》）第十八条第一款，更改姓名不可以随意进行，必须由未成年人本人或者其父母、收养人向户口登记机关申请变更登记。

★未成年人能否进入娱乐场所

【案例】

暑假期间，8岁的小明来到表姐家玩。一天，表姐的几个大学同学来邀请表姐去舞厅跳舞，小明听到后，也想跟着表姐一起去玩，可是表姐告诉他，未成年人是不可以进入娱乐场所的。请问小明能进入舞厅玩耍吗？

【法律解析】

不可以。禁止未成年人进入娱乐场所，是为了保护他们的身心健康。根据《未成年人保护法》的有关规定，营业性歌舞娱乐场所、互联网上网服务营业场所等不适宜未成年人活动的场所，不得允许未成年人进入，电子游戏场所只有在国家法定假日才能向未成年人提供。否则，文化行政管理部门可以给予警告、停业整顿、没收违法所得或罚款的处罚；情节严重的，工商行政部门可以吊销其营业执照。

★未成年人有不良行为，监护人该怎么办

【案例】

初中生刘某近来经常与社会上一些不三不四的人混在一起。受那些人的影响，刘某学会了抽烟，说脏话，还动不动就打骂同学。后来刘某的行为被班主任和他的养父母发现，他们应该怎么办？

【法律解析】

未成年人的不良行为，是指轻微违法或违背社会公德的行为，如旷课、夜不归宿、打架斗殴、辱骂他人、参与赌博或者变相赌博等，《预防未成年人犯罪法》第二十二至二十四条规定，父母或者其他监护人对未成年人有直接教育责任，应当以健康的思想、品性和适当的方式教育未成年人，引导未成年人进行有益身心健康的活动，预防和制止未成年人的不良行为；学校发现未成年人有不良行为的，应当对其加强教育管理，而不可以不闻不问，任由其实施不良行为，更不可以歧视有不良行为的未成年人。

民法通则篇

——民事权益民事活动

公民民事权利能力与民事行为能力

★“住所”和“居所”是一回事吗

【案例】

楚某原户籍所在地是北京市，2005年楚某从北京市迁出，迁往上海市，在去户籍登记处的路上发生了车祸，后住院半年。出院后，楚某在上海市一朋友家休养一年，未办理任何登记手续。身体康复后他又前往深圳打工，并依法在深圳办理了暂住证，居住期限为六个月。现在楚某决定为自己购买一份保险，那么他的法定住所一栏应如何填写呢?

【法律解析】

楚某仍应依照自己在北京市的户籍所在地地址填写。我国法律规定公民的法定住所地以户籍所在地为准，经常居住地与住所不一致，应以经常居住地为准。所谓经常居住地，是指公民离开住所地最后连续居住一年以上的地方，住医院治病的除外。司法解释规定，公民由其户籍所在地迁出后至迁入另一地之前，无经常居住地的，仍以其原户籍所在地为住所。本案中因为楚某在上海期间没有办理任何登记手续，所以不能视为在上海的一年间为其经常居住地。综上所述，由于楚某从北京迁出后并没有经常居住地，所以其法定住所仍应以北京的户籍所在地地址为准。

【法条链接】

《民法通则》第十五条 公民以他的户籍所在地的居住地为住所，经常居住地与住所不一致的，经常居住地视为住所。

《最高人民法院关于贯彻执行〈中华人民共和国民法通则〉若干问题的意见》（以下简称《民法通则意见》）第九条 公民离开住所地最后连续居住一年以上的地方，为经常居住地。但住医院治疗的除外。

公民由其户籍所在地迁出后至迁入另一地之前，无经常居住地的，仍以其原户籍所在地为住所。

★对婴儿出生日期有异议，以什么为准

【案例】

眼看着毛毛的周岁生日就要到了，可妈妈却对毛毛的法定出生日期到底是哪一天犯了嘀咕。医院出具的出生证明上记载的是6月5号，在毛毛的户口本上登记的却是6月4号。那么，毛毛的法定出生日期到底应以哪个为准?

【法律解析】

毛毛的法定出生日期应以户口本上的登记日期为准。根据我国有关法律的规定，公民的民事权利能力自出生时开始。出生的时间以户籍证明为准；没有户籍证明的，以医院出具的出生证明为准，没有医院证明的，参照其他有关证明认定。由此可知，认定婴儿出生日期的标准首先为户籍证明。本案中，毛毛的户口本上的登记日期是6月4号，那么，就应认定这一天为法定出生日期。

【法条链接】

《民法通则意见》第一条　公民的民事权利能力自出生时开始。出生的时间以户籍为准；没有户籍证明的，以医院出具的出生证明为准，没有医院证明的，参照其他有关证明认定。

★5岁的孩子具有民事权利吗

【案例】

小杰家境颇好，2009年6月10日是小杰5岁的生日，为了庆祝这一喜庆的日子，家里每个人都准备了丰厚的礼物。爸爸为小杰购买了人身意外保险，妈妈为小杰购买了一把小提琴，而爷爷用自己的养老金以小杰的名义购买了一套商品房作为生日礼物。请问，小杰能作为买卖合同的当事人购买商品房吗?

【法律解析】

小杰可以成为买卖合同的当事人。因为能否成为合同的当事人，

涉及的是权利能力的法律范畴，而不是行为能力的法律关系。我国法律规定公民从出生到生命终止都具有民事权利能力，依法享有民事权利。因此5岁的小杰具有民事权利能力，也依法享有民事权利。法律还规定公民的民事权利一律平等。也就是说，公民的民事权利不因年龄大小而发生改变。在本案中，不管小杰是5岁还是50岁，或者是100岁，他都享有民事权利能力，可以依法行使自己的民事权利。

★7岁的孩子有权接受奖金吗

【案例】

方小姐饲养的一只牧羊犬近日走失，为了尽快找到爱犬，方小姐在电视和报纸上发表寻狗启事：本人丢失牧羊犬一只，有知其下落或者将其送回者将重赏人民币1000元。7岁的小明在放学回家的路上遇到此犬，并将其送还方小姐。方小姐见小明还是个孩子，便以小明无行为能力无权获得奖励为由拒绝支付奖金。那么，7岁的小明真的无权接受奖金吗?

【法律解析】

小明有权获得奖金。虽然我国法律规定了无行为能力人不能亲自实施法律行为，但同时法律也规定了无行为能力人、限制民事行为能力人接受奖励、赠与、报酬，他人不得以行为人无民事行为能力、限制民事行为能力为由，主张其行为无效。也就是说，本案中小明虽然不能亲自实施法律行为，但这并不能成为方小姐拒付奖金的理由，因为启事中所说的1000元符合法律条文中的报酬，因此据此可以认定小明有权利获得1000元的奖金。

【法条链接】

《民法通则意见》第六条 无民事行为能力人、限制民事行为能力人接受奖励、赠与、报酬，他人不得以行为人无民事行为能力、限制民事行为能力为由，主张以上行为无效。

★16周岁少年的交易行为有效吗

【案例】

赵某在过16周岁生日时收到了爷爷奶奶给的8000元红包，赵某很高兴，遂拿着钱自己去商场购买了一台心仪已久的价值8000元的笔记本电脑，后来被赵某父母发现，他们要求赵某将电脑退回，赵某不从。其父母于是拿着笔记本电脑返回商场，以赵某是未成年人为由要求退货。那么，赵某的行为到底是否有效呢?

【法律解析】

赵某买电脑的行为属于法律规定的“效力待定”行为。效力待定是指行为成立时，是有效还是无效尚不能确定，还待以后一定事实的发生来确定其效力的民事行为。具体到本案中，赵某购买电脑的行为是在其16周岁生日的当天，并没有满周岁，满周岁是指过了生日的第二天，可见，赵某并不能视为完全民事行为能力人。限制民事行为能力人订立的合同，经法定代理人追认后，该合同有效。也就是说，赵某买电脑的行为须经其父母追认后才能确定为有效。

【法条链接】

《民法通则》第十二条 十周岁以上的未成年人是限制民事行为能力人，可以进行与他的年龄、智力相适应的民事活动；其他民事活动由他的法定代理人代理，或者征得他的法定代理人的同意。

不满十周岁的未成年人是无民事行为能力人，由他的法定代理人代理民事活动。

《合同法》第四十七条 限制民事行为能力人订立的合同，经法定代理人追认后，该合同有效，但纯获利益的合同或者与其年龄、智力、精神健康状况相适应而订立的合同，不必经法定代理人追认。

相对人可以催告法定代理人在一个月内予以追认。法定代理人未作表示的，视为拒绝追认。合同被追认之前，善意相对人有撤销的权利。撤销应当以通知的方式作出。

★父亲必须偿还儿子欠下的债务吗

【案例】

李某与周某是好朋友。一日，李某逛街时看上一款手机，因身上没带钱，便从同行的周某处借了1500元，并写下借条。后来，李某因犯罪被判处有期徒刑6年。周某遂拿着李某写的借条向李某的父亲讨债。请问，李某父亲是否应替儿子偿还债务呢?

【法律解析】

李某父亲可以不替儿子还债。我国法律规定，18岁以上的公民是成年人，可以独立进行民事活动，是完全民事行为能力人。完全民事行为能力人可以以自己的行为依法确定、变更和废止民事法律关系，并承担其后果。本案中，李某是具有完全民事行为能力的人，并且其所借款项的用途与其父无关，那么，他与周某的借贷民事法律关系仅对李、周两人有约束力。也就是说，只有借债的人，才有还债的法定义务，与其他人无关，所以李某的父亲可以不替儿子偿还债务。

【法条链接】

《民法通则》第十一条第一款 十八周岁以上的公民是成年人，具有完全民事行为能力，可以独立进行民事活动，是完全民事行为能力人。

第八十四条 债是按照合同的约定或者依照法律的规定，在当事人之间产生的特定的权利和义务关系。享有权利的人是债权人，负有义务的人是债务人。

债权人有权要求债务人按照合同的约定或者依照法律的规定履行义务。

★未满18周岁的少年打伤人，自己要承担责任吗

【案例】

17岁少年吴某自幼丧母，很早便辍学参加工作，现在他每月的收入不但基本上能养活自己，还能接济家里一点儿生活费。一天，吴某与同事冯某发生口角，因冯某辱骂吴某是没娘的孩子没有教养，吴某气愤之下将冯某打成重伤。冯某为

此花费医疗费用1万元。冯某出院后能否向吴某要求赔偿自己的医疗费用?

【法律解析】

冯某可以向吴某要求其赔偿自己的损失。《民法通则》规定完全民事行为能力人侵权应承担民事责任。完全民事行为能力人的构成要件之一是能以自己的劳动收入为主要生活来源。本案中吴某不但能以自己的劳动收为主要生活来源,且能接济家里的生活费,应视为完全民事行为能力人。完全民事行为能力人给他人造成侵害的,应当承担民事责任。所以吴某给冯某造成的损失应由其自行承担责任。

监 护

★单亲父母无力抚养孩子,能将孩子送人吗

【案例】

小红的父亲因病早逝,母亲身体状况也很差,根本没有能力抚养小红。小红的母亲只好将其送给一家家境殷实且无子女的远房亲戚收养,很快到民政部门办了收养手续。小红的爷爷知道后非常生气,认为自家的孙女未经其允许就给了别人,于是向法院起诉小红的母亲,称自己也是小红的监护人,其母办的收养手续无效,请求依法取回自己对小红的监护权。那么,小红爷爷的请求会得到法院的支持吗?

【法律解析】

小红爷爷的请求无法得到法院的支持。根据我国有关法律规定,夫妻一方死亡后,另一方如果没有能力抚养子女将其送给他人收养,而收养方对子女的健康成长无不利的,并且又办了合法的收养手续,其收养关系就已成立。其他有监护资格的人不得以收养未经其同意主张收养关系无效。本案中,小红的父亲早逝,母亲又无能力抚养小红才将其送给他人收养,且收养的家庭没有对其健康成长不利,又办了合法的收养手续。因此,小红的母亲将小红送给他人收养的行为有效,小红的爷爷无权干涉。

★亲生父亲能被剥夺监护权吗

【案例】

魏某与甄某婚后一年生下一女小凤。一家三口过得非常幸福。可是好景不长，甄某在一次下班途中遭遇车祸身亡。魏某伤痛不已，很长一段时间无法正常生活，不得已将小凤送到岳母家。经过一年多的调整，魏某渐渐找到了生活的勇气，他决定给女儿小凤更多的爱，让她不致因失去母亲而缺少更多的爱。但当他去岳母家接小凤回家时，岳母却称自己也是小凤的监护人，也有能力抚养小凤，让魏某以后不要再管了。魏某岳母的做法合法吗?

【法律解析】

魏某岳母的行为侵犯了魏某的权利，需要承担相应的民事责任。我国法律规定未成年人的父母是未成年人的监护人。只有出现监护权被剥夺、移转或者消灭，监护权才终止。但剥夺监护权只能由人民法院依法律程序进行，监护权的移转也需要监护人将监护权交他人行使，监护权的消灭只有未成年子女成年或死亡才能立。本案中魏某是小凤的法定监护人，且充分履行了监护人的职责，不存在法律规定的任何除外情形，所以其岳母无权不让魏某抚养自己的女儿。

【法条链接】

《民法通则》第十六条第一款　未成年人的父母是未成年人的监护人。

第十八条第二款　监护人依法履行监护的权利，受法律保护。

★离婚后，父母该如何行使对孩子的监护权

【案例】

女孩芳芳4岁时父母因生活琐事经常吵架，最终导致离婚。法院判定，芳芳跟母亲生活，父亲按时给芳芳生活费。但离婚后芳芳的母亲就搬离了原来的生活住处，也没有通知前夫。芳芳的父亲思女心切，几经打听终于找到了她们母女，但芳芳的母亲拒绝让前夫见女儿，还声称如果前夫再骚扰她们的话，她会报警。芳芳的父亲很是苦恼，他

能否见到自己心爱的女儿吗？

【法律解析】

芳芳的父亲可以见到自己的女儿。我国法律规定，父母是未成年人的法定监护人，依法享有监护权。父母分居或离异，其监护人的资格不受影响。也就是说，与子女共同生活的一方无权取消对方对子女的监护权。除非一方对子女有犯罪行为、虐待行为或者对子女有明显不利的，可以由人民法院取消其监护权。本案中，芳芳的父亲是芳芳的监护人之一，依法享有监护权，他没有虐待孩子或者明显对其不利的行为，所以芳芳的母亲无权拒绝前夫探视女儿。

★父母可以任意支配孩子的存款吗

【案例】

6岁的小青父母离异，她与母亲一起生活，父亲每月给小青800元生活费，并将一笔10万元的存款以小青的名义存入银行，以备女儿急需。小青母亲生活并不宽裕，因此不时地从小青的账户中取一些钱周济生活。请问，小青的母亲可以任意支配小青的存款吗？

【法律解析】

小青的母亲无权支配小青的存款。未成年人的父母是未成年人的监护人，监护人应当履行监护职责，保护被监护人的人身、财产及其他合法权益，除了被监护人的利益外，不得处理被监护人的财产。本案中，小青父亲的法定监护人身份不受婚姻关系的影响，对小青一样具有监护权。而小青的母亲擅自支取小青存款的行为，不仅侵害了小青的合法权益，也侵犯了前夫的监护权，所以她应该归还前夫为小青准备的存款。

★学生在校期间发生意外，学校需要负责吗

【案例】

9岁的小海是某小学三年级学生。一天下午，体育老师带领全班同学在操场上做游戏。游戏过程中，顽皮的小海不小心撞在一个玩具器材上，造成眉骨破裂，住院治疗花去医药费用2000元。小海的父

母认为小海是在学校受的伤，理应由学校承担由此造成的损失，学校则以校方没有责任为由，拒绝承担责任。学校真的不需要负责吗?

【法律解析】

学校应该为此事负责。小海是未成年人，按法律规定属于无行为能力人，他的行为需要监护。我国法律也规定了监护人对未成年人的人身、财产和其他合法权益有监督和保护的义务。具体到本案中，小海如果在家，其父母是他的法定监护人，而他在学校受到了伤害，此时学校就与小海的父母形成了代理监护关系，体育老师就是他的具体监护人。法律规定监护人不履行监护职责或侵害被监护人的合法权益的应当承担责任，给被监护人造成损失的，应当赔偿损失。所以学校应当承担责任，学校承担责任后，如果老师有过失，学校可以向老师追偿。

【法条链接】

《民法通则》第十八条第一款 监护人应当履行监护职责，保护被监护人的人身、财产及其他合法权益，除为被监护人的利益外，不得处理被监护人的财产。

《民法通则意见》第一百六十条 在幼儿园、学校生活、学习的无民事行为能力人或者在精神病院治疗的精神病患者，受到伤害或者给他人造成损害，单位有过错的，可以责令这些单位适当给予赔偿。

★未成年人致人损伤的，由谁承担责任

【案例】

陈某11岁的儿子小军活泼好动，常常惹出一些麻烦。星期天下午，小军在小区内与小伙伴一起玩，不小心将伙伴小鹏推倒了，造成小鹏小腿擦伤，送到医院治疗。后来，小鹏的家长找到陈某，说要告小军。陈某觉得莫名其妙，小军才11岁，告他没有法律依据，小军无须承担责任。陈某的理由成立吗?

【法律解析】

陈某的理由不成立。依据法律规定，被监护人造成他人损害的，由监护人承担民事责任。本案中，小军将小鹏推倒导致其受伤的行为，造成了小鹏的人身伤害，侵害了小鹏的人身利益。根据“对于侵害公民身体造成伤害的，应当赔偿医疗费、因误工减少的收入、残废者生活补助费等费用；造成死亡的，并应当支付丧葬费、死者生前扶养的人必要的生活费等费用”这一法律规定，小军应对小鹏的身体伤害赔偿医疗费用。但因为小军属于限制行为能力人，无力承担民事责任，所以按照上述司法解释的规定，应由其父陈某承担民事责任。

★父母在世，可以由别人成为未成年人的监护人吗

【案例】

小华今年12岁，他的父母身体一向不好，父亲长期卧病在床；更加不幸的是，在去年的一次交通意外中，他的母亲左腿被轧，造成残疾，父母现在已经没有能力抚养小华。同村的耿某很同情小华一家，于是他向小华的母亲提出，让自己担任小华的监护人，抚养小华生活、读书。请问可以吗？

【法律解析】

耿某可以成为小华的监护人。《民法通则》第十六条第一、第二款规定，父母是未成年人的监护人，包括亲生父母、有抚养关系的养父母、继父母。如果父母均在世或者有一方还在世，但是缺乏监护能力，如身体患有严重疾病，或经济困难，没有能力抚养子女等，可以由别人来担任未成年人的监护人。

【法条链接】

《民法通则》第十六条　未成年人的父母是未成年人的监护人。

未成年人的父母已经死亡或者没有监护能力的，由下列人员中有监护能力的人担任监护人：

（一）祖父母、外祖父母；

（二）兄、姐；

（三）关系密切的其他亲属、朋友愿意承担监护责任，经未成年人的父、母的所在单位或者未成年人住所地的居民委员会、村民委员会同意的。

对担任监护人有争议的，由未

成年人的父、母的所在单位或者未成年人住所地的居民委员会、村民委员会在近亲属中指定。对指定不服提起诉讼的，由人民法院裁决。

没有第一款、第二款规定的监护人的，由未成年人的父、母的所在单位或者未成年人住所地的居民委员会、村民委员会或者民政部门担任监护人。

★受委托照管未成年人，需要承担未成年人致人损害的赔偿责任吗

【案例】

小明的爸爸妈妈因工作需要出国学习半年。在他们出国之前，爸爸妈妈将8岁的小明委托给亲戚孙某照管。在孙某照管期间，一次小明和小伙伴阿毛发生打斗，阿毛受伤。阿毛的父母后来找到孙某，要求其承担赔偿责任。孙某感到很无辜，理由是自己并不是小明的监护人，只是代为看管。请问这种情况，孙某需要承担赔偿责任吗？

【法律解析】

需要视具体情况而定。《民法通则意见》第二十二条规定，监护人可以将监护职责部分或者全部委托给他人。因被监护人的侵权行为需要承担民事责任的，应当由监护人承担，但另有约定的除外；被委托人确有过错的，负连带责任。本案中，小明的爸爸和孙某没有就其委托责任另行约定，可视为全部委托。所以，孙某就此事应承担赔偿责任。

【法条链接】

《民法通则意见》第二十二条　监护人可以将监护职责部分或者全部委托给他人。因被监护人的侵权行为需要承担民事责任的，应当由监护人承担，但另有约定的除外；被委托人确有过错的，负连带责任。

★父母可以随意处分未成年子女的财产吗

【案例】

过年时，亲戚们给12岁的小芳红包总计有1000多元，小芳的爸爸要求小芳将这些钱交给他保管。后来，小芳的爸爸在与朋友赌博时，输掉了其中1000元。小芳的爸爸做法对吗？父母可以随意处分未成年

子女的财产吗?

【法律解析】

小芳的爸爸做法不对，父母不可以随意处分未成年子女的财产。《民法通则》第十八条第一款规定，未成年人的父母或者其他监护人可以保管并保护未成年人的财产，其使用或处分该财产必须对未成年人有利。因此父母不可以随意使用未成年人的财产，更不可以将未成年人的财产赠送他人、出售或者做其他对未成年人不利的处分。

★父母可以用子女的财产来赔偿子女造成的损失吗

【案例】

小坤今年10岁，在一次和同学小伟玩耍过程中，因争抢玩具而发生矛盾。小坤随手用手中玩具将小伟打伤，致使小伟头部被砸开一道2厘米长的伤口。小伟父母带小伟到医院治疗，一共花去医疗费800多元。小坤妈妈知道后，主动将亲戚朋友给小坤的800多元压岁钱赔偿给小伟，并带上小坤一起到小伟家道歉。请问父母可以用子女的财产来赔偿由其造成的损失吗?

【法律解析】

可以。根据《民法通则》第一百三十三条第二款规定，未成年人损坏他人财产或者造成他人人身伤害，原则上应该由未成年人进行赔偿。如果未成年人有自己的财产，如别人赠送的钱，那么父母就可以用未成年人的钱支付赔偿的费用；如果未成年人没有自己的财产，或者财产不够进行赔偿的，那么父母就应当用自己的钱来赔偿。如果是单位担任未成年人的监护人的，包括未成年人的父母所在单位，未成年人住所地的村民委员会或居民委员会以及民政部门，即使未成年人闯祸给他人造成了损害，他人也不能要求这些单位进行赔偿，只能自己承担损失。

宣告失踪和宣告死亡

★什么情况下可以宣告公民失踪

【案例】

石某一直想做个体运输行业，

他于2004年5月向别人筹借了3万元买了辆运输车。可石某不知何故于2004年10月离家出走，债主们知道后担心自己的钱无法要回，纷纷去石家讨债。石某的妻子王某为了还债打算变卖运输车，因此于2004年12月向法院申请宣告石某失踪。王某的请求法院应予以支持吗?

【法律解析】

王某的请求得不到法院的支持。我国法律规定公民下落不明满2年的，其利害关系人可以向人民法院申请宣告他为失踪人。由此可见，宣告失踪必须具备三条：（一）须下落不明满2年，下落不明的时间应从最后得不到公民的消息之日起算。（二）须经利害关系人申请。（三）须经人民法院宣告。本案中石某2004年10月离家出走，从2004年10月开始计算，至2006年10月其妻王某才可以向人民法院申请宣告其失踪。所以，王某于2004年12月向法院申请宣告李某失踪是得不到法院支持的。

★丈夫失踪，妻子应为丈夫清还债务吗

【案例】

何某是钟某的妻子，钟某于3年前失踪，何某在向人民法院申请宣告钟某失踪后，成为其财产的代管人。钟某失踪前欠下银行一笔债务，银行向何某催缴债务，遭到其拒绝。请问，何某有义务向银行偿还钟某的债务吗?

【法律解析】

银行可以向何某讨要欠款，何某有义务返还。我国法律规定，失踪人的财产代管人拒绝支付失踪人所欠的税款、债务和其他费用，债权人提起诉讼的，人民法院应将代管人列为被告。具体到本案中，何某依法成为钟某的财产代管人，也应依法承担与之相适应的权利和义务。所以她拒绝清偿钟某失踪前欠银行的债务的行为是违法的，银行可以将何某作为被告，向法院提起诉讼，依法向其讨要欠款。

★代管人可以自行处理失踪人的财产吗

【案例】

李某早年丧妻，独自一人抚养年仅5岁的儿子。李某在一次进深山打猎后一去不归。两年后，李某的弟弟向法院申请宣告李某为失踪人，依法代管了李某的财产，李某7岁的儿子也由其抚养。后来，李某的弟弟由于无力负担李某儿子的生活、教育费用，便将李某的房子卖掉，用来维持李某儿子的生活、教育费用及一家人的生活开销。对此，李某的亲属意见很大，认为李某的弟弟侵犯了李某的财产权。那么，李某的弟弟能否变卖李某的房产以用于日常开销呢?

【法律解析】

李某的弟弟为李某儿子的生活和教育费用变卖其财产是合法的，但是不应将其作为一家人的生活开销。我国法律规定，失踪人所欠税款、债务和应付的其他费用，由代理人从失踪人财产中支付。其他费用是指赡养费、抚养费、抚育费和因代管财产所需的管理费等必要的费用。在本案中，李某的弟弟因无力负担李某儿子的生活、教育费用变卖其房产的行为是合法的，但将钱作为一家人的生活开销则不合法。

【法条链接】

《民法通则》第二十一条　失踪人的财产由他的配偶、父母、成年子女或者关系密切的其他亲属、朋友代管。代管有争议的，没有以上规定的人或者以上规定的人无能力代管的，由人民法院指定的人代管。

失踪人所欠税款、债务和应付的其他费用，由代管人从失踪人的财产中支付。

《民法通则意见》第三十一条　民法通则第二十一条第二款中的“其他费用”，包括赡养费、扶养费、抚育费和因代管财产所需的管理费等必要的费用。

★当事人并未死亡，他在被宣布死亡期间的民事行为有效吗

【案例】

小徐与网友结伴旅游，从此与

家人失去联系，音信全无。5年后小徐的父亲向法院申请宣布其死亡，并依法继承了小徐名下的一处房产。其实小徐并未死亡，他与一女子小惠在偏远的山区结婚、生活。后来，小徐因病去世。去世前小徐立下遗嘱，将自己名下的一处房产留给妻子小惠。小惠后来找到小徐父亲讨要房产，遭到拒绝。那么，小徐在被宣布死亡期间立遗嘱的行为有效吗？

【法律解析】

小徐的遗嘱有效，小惠可要求得到房产。我国法律规定，被宣告死亡和自然死亡的时间不一致时，被宣告死亡所引起的法律后果仍然有效。但自然死亡前实施的民事法律行为与被宣告死亡引起的法律后果相抵触的，则以其实施的民事法律行为为准。本案中，虽然小徐被法律宣告死亡，但实际上他还活着。也就是说，当被宣告死亡与自然死亡相抵触时，以自然死亡为准。当遗嘱与宣告死亡所产生的法律效果相抵触时，以遗嘱为准。所以，小徐立遗嘱的行为是合法有效的民事法律行为，小惠可依此得到房产。

【法条链接】

《民法通则意见》第三十六条　被宣告死亡的人，判决宣告之日为其死亡的日期。判决书除发给申请人外，还应当在被宣告死亡的人住所地和人民法院所在地公告。

被宣告死亡和自然死亡的时间不一致的，被宣告死亡所引起的法律后果仍然有效，但自然死亡前实施的民事法律行为与被宣告死亡引起的法律后果相抵触的，则以其实施的民事法律行为为准。

★当事人被宣告死亡后“复活”，婚姻关系可恢复吗

【案例】

钱某于4年前突然失踪，其妻子韩某依法向人民法院申请宣告其死亡，后回娘家住，并一直未再嫁人。突然有一天，钱某回到家中，来到韩某娘家找到韩某，让她跟他回家。韩某拒绝，钱某认为韩某依然是自己的合法妻子，而韩某则认为钱某被宣告死亡后两人的夫妻关

系就不存在了，不同意跟钱某回去。那么，钱某的要求合法吗？

【法律解析】

钱某的要求符合法律规定。我国法律规定，失踪人被宣告死亡后，其与配偶的婚姻关系自死亡宣告之日起消灭。法律同时又规定，在原配偶尚未再婚的情况下，被宣告人被撤销死亡宣告后，两者的婚姻关系自行恢复。因此，本案中，只要钱某向人民法院申请撤销死亡宣告，那么他与原配偶韩某的婚姻关系就自动恢复。所以，韩某不能简单地以钱某被宣告死亡，婚姻关系就自动消灭为由拒绝恢复与钱某的婚姻关系。如果钱某被宣告死亡后韩某改嫁再婚，后又离婚或者再婚后配偶又死亡的，则钱某与韩某的婚姻关系不能自行恢复。

★当事人被宣告死亡后“复活”，能否要回已被转移的财产

【案例】

鲁建业的父亲鲁解放外出务工失踪，被宣告死亡后，鲁建业依法继承了父亲的房产。后因急事，鲁建业不得已将房产卖给朋友唐某，并办理了过户手续。一年后，鲁建业的父亲又重新出现。当他得知自己的房产被儿子卖掉后很生气，要求唐某返还房产，唐某不同意，理由是自己花钱买的房子已经过户，是自己的合法所得。请问，鲁解放还能否要回房产？

【法律解析】

鲁解放无法要回房产。从法条“被撤销死亡宣告的人有权请求返还财产”这一规定来看，鲁解放应该可以要求返还房产。但法律另外规定，被撤销死亡宣告的人请求返还财产的，如果其原物已被第三人合法取得，第三人可不予返还。具体到本案中，鲁建业已经将房产卖给了唐某，并依法办理了过户手续，符合法律所规定的原物已被第三人合法取得这一要件。因此，唐某是房产的合法所有人。鲁解放无法要回房产。

【法条链接】

《民法通则》第二十五条　被撤销死亡宣告的人有权请求返还财

产。依照继承法取得他的财产的公民或者组织，应当返还原物；原物不存在的，给予适当补偿。

《民法通则意见》第四十条 被撤销死亡宣告的人请求返还财产，其原物已被第三人合法取得的，第三人可不予返还。但依继承法取得原物的公民或者组织，应当返还原物或者给予适当补偿。

★被宣告死亡人“复活”，能否要回被恶意侵占的财产

【案例】

富商朱某神秘失踪2年后，其儿子小朱依法向法院申请宣告朱某死亡。在公告期间，小朱无意中得知父亲还活着，但为了获得父亲公司的股权，他隐瞒了事实的真相，并迅速将朱某公司的股权低价转让给了万某。后朱某回到家中，得知这一情况后，要求小朱赔偿其股权损失。小朱是否应该向父亲朱某作出赔偿呢？

【法律解析】

小朱应当赔偿其父的股权损失。根据法律的相关规定：利害关系人隐瞒真实情况使他人被宣告死亡而取得其财产的，除应返还原物及孳息外，还应对造成的损失予以赔偿。具体到本案中，小朱隐瞒其父还活着的事实，恶意取得其财产，符合法条的构成要件。也就是说，小朱不但应该依法赔偿其父的股权，还应当赔偿其因股权上涨或其他情况所产生的利益。

合伙与法人

★法人和法人代表应该如何理解

【案例】

李某是某乡镇企业的法人代表，李某在以该企业法人的名义与朋友蒋某合作经营的过程中，由于自身原因给蒋某造成了经济上的损失，蒋某要求李某承担民事责任，李某却以自己不是法人为由拒绝。到底谁应为蒋某的损失承担责任呢？

【法律解析】

作为法人的李某所在企业应当承担责任。法人是具有民事权利能

力和民事行为能力，依法独立享有民事权利和承担民事义务的组织，而法人代表则是依照法律或者法人组织章程规定，代表法人行使职权的负责人。由此可见，法人是一种组织，而法人代表则是代表这种组织行使职权的自然人。也就是说，有法人才会有法人代表，当然，没有法人代表的法人也是不存在的。按照我国《民法通则》的规定，企业法人应当对它的法定代表人的经营活动承担民事责任。所以，本案中，李某在经营中给蒋某造成的损失，应由该法人即该案例中的乡镇企业承担民事责任。

★夫妻合伙承包经营的，妻子应该承担亡夫的债务吗

【案例】

村民杨某承包了一个小型林场，其妻谢某也参与经营，经营所得收益除了用于家庭生活外，其余都存了起来。2008年，杨某因林场火灾意外身亡。杨某生前为经营林场曾向朋友刘某借款10万元。现在杨某已经死亡，刘某要求谢某偿还债务，但遭到谢某拒绝。请问，谢某是否应替夫还债呢？

【法律解析】

谢某应该偿还欠款。本案中，杨某与其妻谢某共同经营林场，收益用于家庭生活，其债务依法也应以家庭财产承担。我国法律规定，经家庭共有财产承担责任的，应保留家庭成员的生活必需品和必要生产工具。所以，谢某应在保留家庭成员的生活必需品和必要的生产工具后，依法承担债务，偿还丈夫杨某的欠款。

★顾客在合伙经营的饭店就餐中毒，应向谁索赔

【案例】

孙某与朋友程某合伙开了一家饭店，孙某提供店面，程某负责饭店一切事物，两人五五分成。没想到饭店开张不久，因卫生不达标，顾客吃饭时出现了中毒事件，遭到顾客索赔，孙某和程某相互推托。那么，顾客应该找谁索赔？

【法律解析】

顾客可向他们两人中的任意一

人提起索赔，或者向他们两人共同索赔。此案例中，程某是饭店直接经营人，要为中毒事件承担责任。而孙某与程某之间的关系为合伙关系，虽然孙某只提供了铺面，并未参与经营，但按照约定参与了盈余分配，根据相关法规规定，合伙人对合伙债务承担连带责任。因此，孙某也应为此次中毒事件承担连带责任，顾客向他们共同或任一人索赔都可以。

★公司职员造成的损失，应该由谁承担

【案例】

吴某、胡某、刘某为某搬家公司职员，受公司指派为王某搬家。在搬运过程中，吴某不小心将王某家收藏的古董花瓶打碎，刘某趁机偷走了王某的一件工艺品。王某发现后，找到其搬家公司要求赔偿。搬家公司应否赔偿王某的损失吗？

【法律解析】

王某可以要求搬家公司赔偿其古董花瓶的损失。对于被刘某偷走的工艺品，王某只能要求刘某返还。根据法律规定，企业法人对它的法定代表人和其他工作人员的经营活动，承担民事责任。因此，吴某将王某的古董花瓶打碎，属于在经营活动范围内的行为，由此给王某造成的损失应由其法人搬家公司承担民事责任。对于被刘某偷走的工艺品，因为刘某的行为不属于法人的经营活动范畴，而是刘某的个人行为，所以搬家公司对此不承担责任。

【法条链接】

《民法通则》第四十三条　企业法人对它的法定代表人和其他工作人员的经营活动，承担民事责任。

民事法律行为和代理

★什么条件下约定无效

【案例】

70岁老人江某有两个儿子。兄弟两人曾私下作出约定：江某死后所留下的房产归哥哥所有，其他财产不论多少都归弟弟所有。请问，兄弟俩作的约定有效吗？其所附加

的是条件还是期限？

【法律解析】

兄弟俩的约定无效，无论是条件还是期限。附条件的民事法律行为，是指在民事法律行为中规定一定条件，并且把该条件是否成就作为确定行为人的民事权利和民事义务生效或者失效的根据的民事法律行为。构成附条件的民事法律行为的要件之一应是合法的事实。附期限是指在民事法律行为中约定一定期限，并把该期限的到来作为行为人的民事权利和民事义务发生、变更、消灭的前提的民事法律行为。本案中，两兄弟约定“父母死后”属于确定会到来的事实，而两人约定的内容确定是处分他人的财产，属于违法行为，所以两人的约定不具有法律效力。

★不小心买了假文物，能否要求将钱退回

【案例】

2008年3月，何某妻子病重，急需用钱。于是他将其收藏的一幅名家山水画卖给孙某。后孙某请专家对画进行鉴定，鉴定结果为这幅山水画乃是仿制品。孙某于是找到何某，要求退回画款。何某不同意，称这幅画是自己祖上传下来的，很多同行也都认为它是真迹。双方争执不下。无奈，孙某只好请求人民法院判定买卖行为无效。请问，孙某这一请求合理吗？

【法律解析】

本案涉及的法律内容属重大误解。重大误解是行为人对自己所进行的民事活动的重要内容产生误解。因为只是认识上的错误而作出的民事行为，这种行为不存在严重违反法律和损害对方利益的主观故意。所以《民法通则》规定，行为人对行为内容有重大误解的，一方有权请求人民法院或者仲裁机关予以变更或者撤销，被撤销的民事行为从行为开始起无效。民事行为被确认无效或者被撤销后，当事人因该行为取得财产，应当返还给受损失的一方。所以，本案中何某与孙某的买卖行为，其本身都不存在主观上的故意，只是认识上的错误而作出的民事行为，应当依照法律规

定撤销买卖合同，何某应当返还孙某的买画款。

★私下订立的虚假协议有效吗

【案例】

叶某因出国学习，决定将自己的一处房产卖掉，后经人联系与彭某达成买房协议。两人经商议，以100万元的价格成交。同时，叶某为了少缴纳买卖房屋的相关契税，与彭某约定：在合同上注明房产价格为60万元，另外的40万元彭某以现金方式支付给叶某。请问，叶某与彭某的协议有效吗?

【法律解析】

叶某与彭某之间的协议无效。我国《民法通则》规定了民事行为无效的构成要件：恶意串通、损害国家、集体或者第三人利益以及以合法形式掩盖非法目的的民事行为，统归于无效。本案中叶某与彭某的协议是当事人意思的真实表示，但是，其目的却是恶意串通，为了逃避国家税收。这一行为影响了国家的税收管理制度，损害了国家的利益，明显属于违法行为，所以其双方订立的协议无效。对此，《合同法》也有相应的规定。

★丢弃之物被别人捡到，能否将其要回

【案例】

小东的手表坏了，他认为没有修的价值，于是将其扔进了垃圾箱。后来被环卫工人张某将手表捡回。张某将手表送到维修处修理，修好后自己使用。小东知道后，向张某索要，声称自己当时不知表还能修好才将其扔掉，现在后悔了，张某不同意返还。小东能要回手表吗?

【法律解析】

小东不能要回手表。因为此案涉及的法律关系属于意思表示的范围。意思表示是行为人把进行某一民事法律行为的内心效果意思，以一定的方式表达于外部的行为。也就是说，小东将手表扔进垃圾箱，依据一般的社会观念可以推定其行为是表示他不要这块手表了，符合默示意思表示形式中的推定，所以小东自完成这一行为时，便丧失了对于该手表的所有权，不能再向拾到者张某索回。

★离婚手续可否让别人代办

【案例】

苏某与妻子黄某协议离婚。黄某认为离婚是很没有面子的事情，不愿意亲自办理离婚手续，便委托她的朋友到婚姻登记机关替她办理离婚手续。那么，黄某的朋友能否替她办理离婚手续吗？

【法律解析】

黄某的朋友不能代她办理离婚手续。因为依照法律规定或者按照双方当事人的约定，应当由本人实施的民事法律行为，不得代理。办理离婚登记手续是具有人身性质的，法律规定必须由本人亲自实施的民事法律行为，不能适用代理制度。因此，黄某的离婚登记手续必须由她自己去办理，不得由其他人代办。

★被代理人死亡，代理人的民事法律行为是否还有效

【案例】

孙某委托在国外的朋友吴某代买一种治疗腿痛的药，于是吴某从国外为孙某买了价值5000元的药品。回国后，吴某将药品送到孙某家中。但孙某的儿子告诉吴某说自己的父亲已于一个礼拜前去世，药是用来给父亲治病的，现在父亲不在了，当然也就用不上药了，让吴某自行处理。吴某很生气，他认为自己事前并不知孙某去世，再说不管孙某是否去世，这药孙家都应该收下。那么，孙家是否应为吴某带回的药付钱呢？

【法律解析】

孙家应为吴某带回的药付钱。我国法律规定，代理人在代理权限内，以代理人的名义实施民事法律行为，其后果由被代理人承担。本案中，吴某购买药品是受孙某的委托才进行的，其行为属民事代理，由此行为所产生的后果应由被代理人的继承人承担。被代理人的遗产由其继承人或受遗赠人继承，那么作为被代理人的债务同样应由其继承人承担，这是符合《中华人民共和国继承法》（以下简称《继承法》）的相关规定的。因此，在本

案中，孙某的儿子作为其法定继承人不但继承其遗产，还应当依法承担其债务。

★离职员工以原单位名义与他人签订的合同，有效吗

【案例】

侯某为某电器生产厂的业务员，负责与销售单位签订合同。后来，侯某离职，但仍持有电器厂的合同书。侯某利用电器厂的合同与另一销售单位签订了电器销售合同，对方预付了部分订金，但该销售单位并不知晓侯某已离职。此后，侯某与该销售单位失去联系，该销售单位遂找到电器生产厂家，要求其履行合同，电器厂家认为合同与己无关，予以拒绝。电器厂家应否履行合同?

【法律解析】

电器厂家应当履行合同。本案涉及的法律知识属表见代理的内容。表见代理是因本人与无权代理人的行为之间的关系，具有外表授权的特征，致使相对人有理由相信行为人有代理权而与其进行民事法律行为，使之发生与有权代理相同的法律效果。也就是说，本案中，虽然侯某已经没有了代理权，但他离职后仍持有电器厂家的合同书，这足以使销售单位相信其有代理权，而与他签订合同，在此情况下，侯某签订合同的行为效果应由电器厂家承受，电器厂家也应当履行合同。

财产所有权与财产权

★捡钱不还又弄丢，失主能否向拾得者索赔

【案例】

中学生刘某（15岁）和高某（15岁）放学后回家，在某路的拐弯处，发现地上有一个黑色塑料袋，二人捡起发现里面是一沓百元钞票。二人躲至僻静处，仔细清点，一共有5000元。二人商量决定，先各拿500元零花，剩下的4000元藏起来，以后慢慢花。不料，两天后，二人去藏钱处取钱时，却发现钱不翼而飞。一个月后，失主卢某得知此事，于是找到刘某和高某的父母，追要丢失的5000元现金。协商

无果，卢某只好诉至法院。法院经审理，判令刘某和高某的父母在判决生效后十日内赔偿卢某5000元。

【法律解析】

我国《民法通则》第七十九条第二款规定："拾得遗失物、漂流物或者失散的饲养动物，应当归还失主，因此而支出的费用由失主偿还。"如果刘某和高某捡到钱后，寻找失主或上交学校及有关部门，由此所支出的费用应当由失主卢某来承担，即使途中现金被盗或又丢失，二人也不负返还义务。但是本案中，二人并没有寻找失主，也没有上交学校或有关部门，而是打算将钱分掉，主观上有非法占有该款的恶意，客观上实施了私分以及隐藏行为，因此，对于后来钱又丢失，二人应全部赔付给失主。由于刘某和高某是限制民事行为能力的未成年人，所以由其监护人对此承担赔偿责任。

★拾得者趁机要挟，非法侵占怎么办

【案例】

胡某工作途中丢失一个重要的皮包，内有身份证和一堆文件外，还有1000美元和一个5万元人民币的存折。不久，孙某将包送上门来，开出条件要求支付500美元酬劳。胡某把价砍到200美元，孙某不乐意，威胁不给钱就不还包。这种情况下，胡某该怎么办？

【法律解析】

本案中，拾得人孙某索要的报酬明显超出合理必要的范围，并在商谈未果的情况下，拒绝返还拾得物，已经构成非法侵占。因此失主胡某完全可以通过法律手段为自己讨回公道，并且可以拒绝向其支付任何费用。

【法条链接】

《民法通则》第七十九条第二款　拾得遗失物、漂流物或者失散的饲养动物，应当归还失主，因此而支出的费用由失主偿还。

《中华人民共和国物权法》（以下简称《物权法》）第一百零九条　拾得遗失物，应当返还权利人。拾得人应当及时通知权利人领取，或者送交公安等有关部门。

第一百一十二条　权利人领取遗失物时，应当向拾得人或者有关部门支付保管遗失物等支出的必要费用。

权利人悬赏寻找遗失物的，领取遗失物时应当按照承诺履行义务。

拾得人侵占遗失物的，无权请求保管遗失物等支出的费用，也无权请求权利人按照承诺履行义务。

★走失的宠物被别人购买，失主可以索还吗

【案例】

郭某的一只名贵宠物狗于几日前走失，后被钟某拾得。邻居赵某见到此狗非常喜爱，也没问钟某狗是哪儿来的，当即决定购买。一天赵某牵狗出门遛弯时被郭某认出，遂要求赵某还狗。赵某称此狗为自己花钱购买，不同意还给郭某。这种情况该如何处理?

【法律解析】

赵某应将狗还给郭某，至于她的损失，可以向钟某讨还。我国《物权法》规定，物品遗失，原所有权人有权讨回。如果该物被转让，则原所有权人可以向无处分权人请求赔偿，也可以在规定的时间内向受让人请求返还原物。

★损坏集体财产的怎么办

【案例】

某村的两条道路的交叉口有一座小石桥，桥原宽为1.6米。由于原桥面宽度不足，经大家商议，决定将桥加宽至2.6米，以方便大家出入。但是路西居住的吴某认为不应将桥加宽，多次趁人不备时将桥毁坏。那么，村民有权要求吴某赔偿损失吗?

【法律解析】

根据《物权法》的规定，该石桥属于集体所有，集体所有的财产受法律保护，禁止任何单位和个人侵占、哄抢、私分、破坏。根据《民法通则》的规定，损坏国家的、集体的财产或者他人财产的，应当恢复原状或者折价赔偿。因此，村民可以要求吴某将桥恢复原状并赔偿损失。

★赌博输的钱，想要回，能告他人侵犯自己财产权吗

【案例】

小李与小刘是邻居，两人都喜欢玩牌，有时还会有钱财上的输赢。一天，两人又在一起玩，小李运气不好，输了500元。小李心中郁闷，便要求小刘返还其钱财，遭到小刘的拒绝。小李于是以小刘侵犯其财产权为名将其告到法院。请问，小刘的行为属于侵犯小李的财产权吗？

【法律解析】

小刘没有侵犯小李的财产权。财产所有权是指所有人依法对自己的财产享有占有、使用、收益和处分的权利。本案中，小李将财产作为赌资，其实质是违法行为，不受法律的保护，更谈不上财产权被侵犯。

★购买赃物能取得所有权吗

【案例】

在几年前的一次拍卖会上，何先生以不菲的价格购买了一幅名人字画，可是不久便证实这幅画竟是一件被盗卖的赃物。有关部门找到何先生，要求他物归原主。何先生想不通，自己花了那么多钱通过正规渠道获得的字画，怎么能就这样简简单单地退回去呢？

【法律解析】

何先生拍卖取得的字画由于是被盗赃物，根据有关规定，不能适用善意取得，因此何先生不能取得该字画的所有权，必须物归原主。何先生为此支付的价款，可以请求出卖人偿还。

★挖出的财物，所有权归谁

【案例】

农民宋某挖地基时挖出一个瓦罐，内有5000块银元及一张棉布，棉布上写：葛胜，1940年8月10日。葛胜是同村葛民的祖父。葛民后来了解此事，于是向宋某索回。宋某认为银元是从自家的地基中挖出，应该归己所有，而葛民则认为银元是自己祖父的，现在祖父不在，应该归自己所有，两人因此发生争执。那么，这些银元到底应归谁所有？

【法律解析】

银元应该归葛民所有。《民法通则》规定，所有人不明的埋藏物、隐藏物，归国家所有。而本案中的银元明确标有所有人的姓名、日期，因此该银元不应归国家所有。《民法通则意见》还规定，公民、法人对于挖掘、发现的埋藏物、隐藏物，如果能够证明属其所有，而且根据现行的法律、政策又可以归其所有的，应当予以保护。本案中银元为葛胜所埋，能够证明归其所有。而葛民是葛胜的孙子，依法享有继承权。

★两人共同出资购房，共有权怎么区分

【案例】

范某和朋友小周都是“北漂”一族，两人经协商决定共同出资买房。两人签订了相关合同，共同出资购买了一套两室一厅。但是当范某高兴地往新房搬东西时发现，小周的东西放满了客厅。范某认为自己与小周是平均出资，两人应平均分配屋内面积，但是小周却认为自己没有独占客厅，客厅的其他空间大家还可以使用。小周的说法合理吗?

【法律解析】

小周的行为侵犯了范某的房屋共有权。《民法通则》第七十八条规定，财产可以由两个以上的公民、法人共有。按份共有人按照各自的份额，对共有财产分享权利，分担义务。本案中，范某与小周平均出资共同购房，两人对房屋按份共有。小周在客厅放满了自己的东西，使范某无法在客厅摆放其他东西，显然有故意占用客厅的意思，侵犯了范某的房屋共有权。

★夫妻共同拥有的房屋，一方能否擅自买卖

【案例】

赵某和杜某是夫妻，他们结婚后不久购买了一套房子。由于杜某长期在外地工作，夫妻感情没有以前那么亲密。赵某不想再同杜某生活下去，于是，赵某找到街道办事处出具了杜某的死亡证明，然后将房屋卖给了张某，并办理了房屋产权变更登记手续。张某入住大半年

之后，杜某从外地工作回来，发现房屋已被卖掉，而且找不到其妻赵某。于是，杜某向张某要房，张某不答应。请问，房屋的所有权属于谁?

【法律解析】

本案中，赵某与杜某是夫妻，该房屋属于二者共同共有，原则上赵某处分该房屋的行为应为无效。但是，由于杜某在外地工作，赵某又出具了杜某已死亡的证明，房屋的受让人张某无法知道赵某无权处分该房屋，因此，应当认定张某已经尽了合理的注意义务，主观上是善意的。根据《民法通则意见》的规定，赵某将房屋转让给张某的行为是有效的。同时，由于赵某和张某已经办理了房屋产权变更登记手续，房屋的所有权应当属于张某。

民事责任

★路人被受惊的小狗咬伤，应找谁负责

【案例】

2009年8月22日傍晚，刘女士带着自己饲养的小狗上街遛弯。行走到繁华闹市区后，小狗因闪烁的霓虹灯而受到惊吓。惊吓的小狗四处乱窜，将正和妈妈一起逛街的小明手部咬伤。小明妈妈赶紧带着小明去医院检查、打疫苗，花去了医药费1000余元。后来，小明妈妈找到刘女士要求其承担医疗费用，可是刘女士以小狗受到惊吓为由拒绝承担。请问刘女士的说法正确吗?

【法律解析】

刘女士的做法不正确，她应承担小明的医疗费用。我国法律规定了饲养的动物致人损害的侵权行为，应由饲养人或管理人承担赔偿责任。法律同样也规定了饲养人的免责事由，受害人自身的过错与第三人的过错导致损害发生的。本案中没有第三人或者是受害人的过错而引起损害的情形，因此小狗的主人刘女士应为此承担责任。

★高空坠物砸坏轿车，车主该怎么办

【案例】

宋某开车去银行办事，因银行

的停车位已满，宋某便将车停在附近一处未加防护的工地内，然后离开。宋某办完事回来时却发现车的挡风玻璃被砸了一个大洞。原来是工地在吊运材料的过程中材料脱落，将宋某的车砸坏。宋某要求工地负责人赔偿自己的损失，该负责人却认为宋某不该将车停在工地内，是宋某自己的过错造成了损失，与工地没有关系而拒绝赔偿。工地负责人的理由成立吗？

【法律解析】

工地负责人的理由不能成立。本案属于高度危险作业致害侵权，适用无过错责任原则。根据法律规定，只要实施了对周围环境有高度危险的作业行为，并造成了他人损害，就应该承担赔偿责任，而不论作业人的活动是否具有违法性，是否尽到了应有的注意义务。具体到本案中，虽然宋某不该将车停在工地内，但其行为并不是故意要使自己遭受损害，所以工地应承担赔偿责任。

★路人被街道旁的广告牌砸伤，该怎么办

【案例】

一天，小孙和朋友一起逛街，在行至某商场门前时，突然该商场悬挂在门前的广告牌跌落，将小孙砸成重伤。朋友立即将小孙送往医院，在医院治疗期间，一共花去医药费2万余元。据悉，该商场悬挂广告牌是为了宣传促销活动。小孙能找商场索取赔偿吗？

【法律解析】

小孙可以找商场索取民事赔偿。我国相关法律规定，建筑物或者其他设施以及建筑物上的搁置物坠落造成他人损害的，它的所有人或者管理人应当承担民事责任，但能够证明自己没有过错的除外。广告牌是建筑物上的悬挂物，因它致人损害的，只要受害人无过错，都应由广告牌的所有人或者管理人承担民事赔偿责任。本案例中行人小孙无任何过错，被广告牌砸伤，作

为广告牌的所有人，商场没有尽到维护广告牌安全的义务，导致小孙受到伤害。所以，商场应当承担赔偿责任。

★小孩在单位被爆竹炸伤，谁来赔偿

【案例】

陈大姐在一家烟花爆竹厂上班，工作比较忙，经常加班。由于7岁的儿子巍巍周末无人看管，陈大姐就将其带到单位。一天，巍巍在厂房外面玩耍时，突然一挂小爆竹爆炸，将巍巍的手臂、腿部等多处炸伤，陈大姐要求单位承担儿子的赔偿责任。陈大姐的单位应当承担责任吗?

【法律解析】

陈大姐的单位应当承担赔偿责任。陈大姐单位的管理人，明知烟花爆竹为易燃易爆品，却未采取相应的安全措施，让小孩进入，以致发生伤害事故，具有不可推卸的责任，应承担相应的民事赔偿责任。根据我国民法的规定，7岁小孩属于无民事行为能力人，作为其法定监护人的家长，未尽到监护责任，也有过错，因此可以适当减轻单位的责任。

【法条链接】

《民法通则》第一百二十三条 从事高空、高压、易燃、易爆、剧毒、放射性、高速运输工具等对周围环境有高度危险的作业造成他人损害的，应当承担民事责任；如果能够证明损害是由受害人故意造成的，不承担民事责任。

第一百三十一条 受害人对于损害的发生也有过错的，可以减轻侵害人的民事责任。

★无意中伤害别人，需要承担责任吗

【案例】

李某和钟某是大学同学，两人的关系很好，都非常喜爱运动，特别是篮球。一天，两人约了班里的其他同学一起去操场打篮球。在比赛中，在争抢篮板球时李某无意中手肘击到钟某眉骨，造成钟某眉骨破裂，钟某到校医院治疗时花费了近500元。后来钟某找到李某，要求其支付自己医疗费，李某以自己并非故意为由，拒绝支付。请问，钟某应该怎么办呢？

【法律解析】

钟某可以向李某要求赔偿。本案中，虽然李某是在比赛时无意中伤到钟某，主观上并不存在故意，但是造成了伤害钟某的事实，李某的行为已构成了侵权。根据“公民、法人由于过错侵害国家的、集体的财产，侵害他人财产、人身的，应当承担民事责任”这一法律规定可知，虽然李某的行为只是过失，但侵犯了钟某的人身权，钟某有权向李某索赔。

★承运人无过错，需要承担责任吗

【案例】

农民工郑某搭乘列车从长沙去往广州。列车到达广州后，列车员发现车上留有郑某的身份证及其他生活用品，却不见其人。次日，该列车从广州返回长沙。途经一处隧道时，列车司机发现一具尸体，后检验部门认定：死者为郑某，死亡原因为从列车上坠落致大动脉破裂失血过多而死。请问，承运人是否应当对郑某的死承担赔偿责任？

【法律解析】

承运人应当承担赔偿责任。本案中，承运人不能证明导致郑某死亡的原因是郑某故意所为，因此，郑某不承担责任。虽然也不能证明郑某的死是由承运人直接导致，但郑某确实为该列车上的乘客，又有损害结果的发生。因此，承运人应当为郑某的死亡承担赔偿责任。

★警察执行公务致无辜者受伤，需要赔偿吗

【案例】

李奶奶在去菜市场买菜途中，遇到两名警察在追捕一名小偷。警察在追捕小偷过程中，不小心将李奶奶撞倒在地，导致李奶奶骨折。李奶奶为此花费医疗费用1000余元。后来李奶奶向将他撞倒的警察索要赔偿。那么，警察在执行公务时给李奶奶造成损害，应该赔偿吗？

【法律解析】

虽然是执行公务，但因此造成无辜者损伤仍需赔偿，警察所在的公安机关应该赔偿李奶奶医疗费。国家机关或者国家机关工作人员在执行职务中，侵犯公民、法人的合法权益造成损害的，应当承担民事责任。李奶奶因警察抓捕小偷，给自己造成了意外伤害，符合该法条的构成要件。我国相关法规还规定，国家机关工作人员在执行职务中，给公民、法人的合法权益造成损害的，国家机关应当承担民事责任。因此，李奶奶可以向执行公务警察所在公安机关索赔，而不是警察本人。

★好心办坏事，也要承担责任吗

【案例】

农民王某一日在麦场劳作，不料天空下起大雨。回家途中他发现麦场上有一麦堆无人看管，王某出于好心将麦堆盖起。第二天，王某因事忘记了将盖在麦堆上的塑料布掀开。几天后，王某才想起此事，此时小麦已经发芽。原来这堆小麦是同村石某的，石某因急事去了外地几天，导致小麦无人看管。石某得知实情后，找到王某，要求王某赔偿其损失。那么，王某应该赔偿石某的损失吗？

【法律解析】

王某应当对石某的损失承担一定的赔偿责任。王某出于好心为石某照看小麦的行为在法律上属于无因管理行为。无因管理是未受他人之托，没有法律义务而帮他人管理他人的事务。这一行为值得肯定，但他后来忘记将塑料布掀开，导致小麦长芽，显然没有尽到管理人的妥善管理的义务，使石某遭受损失。根据法律的相关规定，王某应当对石某的损失承担一定的赔偿责任。

【法条链接】

《民法通则》第一百零六条第二款 公民、法人由于过错侵害国家的、集体的财产，侵害他人财产、人身的，应当承担民事责任。

★在家喝啤酒时被啤酒瓶炸伤，怎么办

【案例】

小李过生日在家宴请朋友吃饭，小李知道有个朋友能喝酒，于是特意购买了一箱某著名啤酒公司生产的啤酒。朋友在开啤酒时，啤酒瓶意外发生爆炸，爆炸的玻璃碎片溅入小李左眼，朋友紧急将小李送往医院治疗，一场生日的欢宴却以悲剧而告终。在医院治疗期间，小李一共花去医疗费10万余元。小李应该找谁赔偿医疗费？

【法律解析】

小李可以找啤酒生产或销售企业索取赔偿。我国法律规定，消费者因使用质量不合格的产品造成人身伤害或财产损失的，消费者可以向产品制造者要求赔偿。本案中，小李买了啤酒公司的产品，并造成了人身伤害的事实，作为消费者的小李可以向啤酒公司要求赔偿。法律同时规定了作为生产者无须承担赔偿责任的免责事由，即产品投入流通时，引起损害的缺陷尚不存在的。但本案中，啤酒公司无法证明造成小李伤害的啤酒瓶是由小李的原因引起的，所以不能成为其免责的事由。故此，啤酒公司应当赔偿小李的损失。

【法条链接】

《民法通则意见》第一百五十三条　消费者、用户因为使用质量不合格的产品造成本人或者第三人人身伤害、财产损失的，受害人可以向产品制造者或者销售者要求赔偿。因此提起的诉讼，由被告所在地或侵权行为地人民法院管辖。

运输者和仓储者对产品质量负有责任，制造者或者销售者请求赔偿损失的，可以另案处理，也可以将运输者和仓储者列为第三人，一并处理。

《中华人民共和国产品质量法》（以下简称《产品质量法》）第四十一条　因产品存在缺陷造成人身、缺陷产品以外的其他财产损害的，生产者应当承担赔偿责任。

生产者能够证明有下列情形之一的，不承担赔偿责任：

（一）未将产品投入流通的；

（二）产品投入流通时，引起损害的缺陷尚不存在的；

（三）将产品投入流通时的科学技术水平尚不能发现缺陷的存在的。

★别人家牛吃自家庄稼，就可以将牛打死吗

【案例】

史某与龙某为同一村村民，两家素有矛盾。一日，史某牵着自家的牛去龙某家的地里吃庄稼。龙某得知后，拿来铁棒将牛打死。史某要求龙某赔偿，龙某不同意，称史某的牛吃自家的庄稼，自己才将其打死，自己的行为属于正当防卫，无须承担责任。龙某的说法成立吗?

【法律解析】

龙某的说法不成立，其行为属于防卫过当，而不属于正当防卫。正当防卫是为了使国家、公共利益、本人或者他人的人身、财产和其他权利免受正在进行的不法侵害，而采取的制止不法侵害的防卫行为。防卫过当是指正当防卫明显超过必要限度，给不法侵害人造成重大损害的行为。法律规定正当防卫的构成要件之一必须是防卫不能超过必要的限度。本案中，龙某发现史某家的牛在吃自家庄稼，用铁棒将牛打死，超过法律规定的必要限度，龙某要阻止牛吃庄稼，只需将牛赶走即可。龙某应当为自己的行为给史某带来的损害承担民事责任。

★商贩为避免罚款而给他人造成损失，谁承担责任

【案例】

流动商贩孙某在街上摆摊，突然城管人员出现。为避免罚款，孙某慌忙向一条胡同里跑，不料将在树下乘凉的赵爷爷撞倒，造成其左小腿骨折。经住院医疗，赵爷爷花去治疗费用6000元。赵爷爷出院后找到孙某，让其赔偿自己的损失。孙某称自己是因紧急避险才给赵爷爷带来损害的，无须承担责任。请问，孙某的理由成立吗?

【法律解析】

孙某的理由不成立，他的行为不属于紧急避险。紧急避险是指为了使国家、公共利益、本人或者他

人人身、财产和其他权利免受正在发生的危险不得已采取的紧急避险行为。紧急避险的构成要件之一须是合法权益遭受紧急危险。在本案中，孙某的合法权益并不具备“遭受紧急危险”这一法律构成要件，且其行为是为了避免罚款而造成赵爷爷的损害。因此，孙某必须承担赵爷爷的损失。

★猫狗打架撞伤老人，谁应承担法律责任

【案例】

董某与冯某是邻居。董某家养了一只猫，经常蹿到冯某家偷吃东西。一次，董某家的猫又窜到冯某家，冯某很生气，拿起木棍去打猫。猫受惊吓后逃窜，撞在后院的卫某家的狗身上。狗受惊乱跑，将散步回家的李大爷撞倒。李大爷髋骨受伤，花去医疗费用2000元。出院后李大爷找到卫某，让他赔偿医疗费，卫某认为是董某家的猫导致自家的狗受惊惹祸，责任应由董某承担，而董某则认为是冯某打猫才导致李大爷受伤，应由冯某承担责任。那么，李大爷的医疗费到底应由谁赔偿呢?

【法律解析】

董某与卫某应对李大爷的损害负连带赔偿责任。我国法律规定，不管动物饲养人或管理人有无过错，对动物致人损害均应承担民事责任，除非受害人有过错或损害是由第三人的过错所造成的。本案中，李大爷本身并不存在过错，而冯某为了保护自己的合法权益赶走猫的行为也没有过错。根据“二人以上共同侵权造成他人损害的，应当承担连带责任”这一法律规定可以看出，对于李大爷的损害应由动物的饲养人也就是董某与卫某共同承担。

★不小心掉进深沟，就该自认倒霉吗

【案例】

张某在自家门前挖了一条坑道，用于接通家中的暖气管道，经有关部门准许，在坑道边上悬挂了红灯以示警示，同时铺设了可过行人的踏板。邻居吴某下夜班回家路过此地，因天色已晚，没有注意坑

道边上的警示，掉入坑道，小腿骨折，住院花去医疗费用8000元。吴某出院后找到张某，要求赔偿其损失。张某认为自己没有过错，已设置了警示标志，拒绝赔偿。那么，吴某就该自认倒霉吗？

【法律解析】

吴某的损失应由双方分担。本案中，张某挖坑行为获得了有关部门许可，并采取了安全措施，主观上并不存在过错。吴某因天色已晚，未看清警示牌而掉入坑道，主观上也不存在过错。根据法律规定，当事人对造成损害都没有过错的，可以根据实际情况，由当事人分担民事责任。就本案而言，张某、吴某均无过错，但损害结果已经发生，所以，造成的损失应由双方分担责任。

【法条链接】

《民法通则》第一百二十五条 在公共场所、道旁或者通道上挖坑、修缮安装地下设施等，没有设置明显标志和采取安全措施造成他人损害的，施工人应当承担民事责任。

第一百三十二条 当事人对造成损害都没有过错的，可以根据实际情况，由当事人分担民事责任。

★患精神病的成年人，无故打伤旁人，谁承担责任

【案例】

吴某今年19岁，是一名精神病患者，平时由其爸爸在家照看。这天吴某爸爸因外出劳动，留下吴某独自一人在家。没想到吴某突然精神病发作，将邻居家小孩小军打伤。小军父母得知后，找到吴某家中，要求吴某爸爸赔偿小军医疗费。吴某爸爸以吴某是精神病患者为由，拒绝赔付。请问，吴某爸爸应该支付小军费用吗？

【法律解析】

吴某爸爸应赔偿小军医疗费用。我国法律规定，患精神病的成年人，造成他人人身损害时，监护人明确的，由监护人承担民事责任；监护人不明确的，按照《民法通则》第一百三十三条规定，由顺序在前的有监护能力的人承担民事

责任。过去没有精神病史的成年人，突发精神病造成他人人身损害的，如果其有财产的，应当由其本人承担民事赔偿责任；如果没有财产，可以根据民法通则规定，由受害人与突发精神病患者的近亲属分担民事责任。本案中，吴某爸爸不能以吴某是精神病为由拒绝赔付小军的医疗费。

★双方均存在过错，一方受伤谁来赔偿

【案例】

任某的儿子因病住院，任某很是着急，便骑车飞奔向医院。当行至一十字路口时，由于车速过快来不及刹车，将闯红灯横穿马路的姜某撞倒。任某紧急将其送往医院救治，姜某住院共花去医疗费用2万元。出院后，姜某找到任某，让其赔偿自己的全部损失。任某拒绝，称姜某在事故中也有责任。那么，任某是否应该赔偿姜某的损失呢?

【法律解析】

任某应当赔偿姜某的部分损失。在本案中，任某由于车速过快来不及刹车，将姜某撞伤，本身存在过错。由于本案中姜某的损害是由闯红灯导致，姜某本身也存在过错，根据法律规定，受害人对于损害的发生也有过错的，可以减轻侵害人的民事责任。所以，可以适当减轻任某的责任。

★受害人延误治疗造成额外损失，谁承担责任

【案例】

车某在回家的途中被车速过快的胡某剐伤，胡某马上将其送到医院检查。医院让车某留院观察，但车某因家中太忙，只让医院做了简单的包扎就回家了。没过几天，伤口感染，不停地流脓。车某赶紧又去医院治疗，因为感染比较厉害，车某住院半个月才彻底痊愈，为此花费了1万元。车某要胡某承担其医疗费用，被胡某拒绝。请问，此时胡某还应该承担车某的损失吗?

【法律解析】

胡某应赔偿车某的损失，但可以适当减轻民事责任。我国法律规定，公民、法人由于过错侵害国

家、集体的财产，侵害他人财产、人身的，应当承担民事责任。胡某由于车速过快剐伤车某，其主观上存在过错，应当承担民事责任。但由于车某拒绝留院观察，只做简单处理就回家了，导致后来伤口感染，其主观上也存在过错。根据“受害人对于损害的发生也有过错的，可以减轻侵害人的民事责任”这一法律规定，胡某应赔偿车某的损失，但其民事责任可适当减轻。

【法条链接】

《民法通则》第一百三十一条 受害人对于损害的发生也有过错的，可以减轻侵害人的民事责任。

★侵害人成年但没有赔偿能力，受害人怎么办

【案例】

19岁的大学生小王在校期间整天玩游戏，其父母为此伤透了脑筋。一天，小王的妈妈来学校看小王时，小王正在网吧上网，妈妈教训了小王几句，没想到小王与妈妈对骂。同学蒋某看不下去，便说了小王几句。谁知小王听后很生气，随手拿起茶杯向蒋某身上砸了过去，造成蒋某头部受伤，为此蒋某花去医疗费5000多元。蒋某后来找到小王的父母，要求其赔偿自己的医疗费用，小王父母称儿子已长大成人，应由他自己承担责任，而小王身无分文，没钱赔偿。蒋某该怎么办呢？

【法律解析】

蒋某可以找小王父母索取赔偿。本案中，小王已年满18周岁，是具有完全民事行为能力的公民，他将蒋某打伤，应依法承担民事责任，并赔偿其损失。由于小王无经济赔偿能力，针对这种情况，我国相关司法解释作出规定：“行为人致人损害时年满十八周岁的，应当由本人承担民事责任；没有经济收入的，由抚养人垫付，垫付有困难的，也可以判决或者调解延期给付。”据此，本案中，应由小王的父母垫付蒋某的损失，如确有困难，可以延期给付。

★8岁孩子受别人教唆、引诱惹祸，谁来承担责任

【案例】

王某和李某是邻居，一天，李某抱着自己心爱的小狗来到王某家，称王某8岁的儿子小军扔石头打伤了他家的小狗，要求王某赔偿损失。王某询问儿子小军后得知，原来儿子是受下午来自家玩的邻居朱某（已成人）教唆。朱某对小军说：“你敢用石头砸那只小狗吗？敢的话我给你吃糖果。”小军跑过去就扔石子砸小狗，造成小狗身上多处受伤。王某认为，儿子是因为受到朱某的教唆、引诱才用石头砸的小狗，李某应找朱某赔偿。请问，王某的话对吗？

【法律解析】

王某说得对，李某应找朱某赔偿损失。此案中，8岁的小军属于无民事行为能力的人，朱某作为完全民事行为能力人，应当能够预见到可能导致的后果，却教唆小军打伤李某的小狗。根据“教唆、帮助无民事行为能力人实施侵权行为的人，为侵权人，应当承担民事责任”这一法律规定，朱某教唆小军打伤小狗，实施了侵权行为，是真正的侵权人，所以，李某的损失应当由朱某承担。

★多人共同侵权，是谁有钱谁就该承担责任吗

【案例】

钟某与孙某因工作上的事与同事查某发生争执，心生怨恨。一天晚上，钟某与孙某下班后向查某故意挑衅，后将其打伤。查某为此花去医疗费用6000元，后向钟某和孙某要求赔偿其全部损失。可是钟某家境贫寒，无力赔偿。那么，查某能否要求孙某支付其全部医疗费用？

【法律解析】

查某可以要求孙某支付其全部医疗费用。钟某与孙某的行为属于共同侵权，对所造成的损失应当承担连带责任。连带责任是指受害人有权选择全部或部分加害人请求其赔偿全部或部分损失；加害人中的任何一人或数人都有义务向受害人赔偿全部损失。本案中，钟某因没

有赔偿能力，所以查某首先应该向其抚养人要求垫付，或者延期给付，如果还有困难，则可以向孙某请求赔偿其全部损失。

★小偷行窃时跌落水井而受伤，能否获得赔偿

【案例】

村民陈某在自家的后院里挖了一口水井，由于后院平时很少有人进去，所以胡某对水井未加任何防护措施。一天夜里，小偷张某试图从陈某家后院进入陈家行窃，不小心掉入水井，造成左手骨折。小偷张某能否以地面施工致人损害为由要陈某赔偿损失呢?

【法律解析】

不能。我国有关法律规定，地面施工侵权责任的构成要件之一是：须在公共场所、道旁或通道上施工。而在本案中，陈某挖的水井是在自家的后院中，属于私人场所，因此不符合地面施工致人损害的法律关系。张某跌落水井受伤，陈某无须承担责任。

★见义勇为而自身受到伤害，应由谁来赔偿

【案例】

男青年魏某夜晚在公园游玩时，遇见一歹徒持刀抢劫一中年妇女。魏某奋起与歹徒搏斗，搏斗中不幸被歹徒刺中腹部几刀，歹徒乘机逃脱。魏某住院治疗两个月，医疗费用共10万元。歹徒始终无法抓获，魏某后来找到被救妇女，希望其能为自己支付部分医疗费用，遭到该中年妇女的拒绝。请问，魏某难道要独自为自己的见义勇为行为埋单吗?

【法律解析】

魏某可以要求获救妇女给予其补偿。我国法律规定，因防止、制止国家的、集体的财产或者他人的财产、人身遭受侵害而使自己受到损害的，由侵害人承担赔偿责任，受益人也可以给予适当的补偿。本案中，魏某是被歹徒刺伤的，本应由歹徒承担赔偿责任，但歹徒逃

脱，没有抓获，因此魏某无法向其追究责任。获救妇女是魏某见义勇为行为的获益人，根据“受益人可以给予适当的补偿”原则，获救妇女理应给予魏某适当的经济补偿。

★劝架被打伤，应该找谁负责

【案例】

由于财产纠纷，村民孙某对李某大打出手，恰巧被与两人都熟识的吴某看见，于是吴某上前劝架。在劝架过程中，吴某的胳膊被孙某用铁棍砸伤，造成吴某左手臂骨折，吴某为此花去2000多元医疗费。后来吴某找到孙某，要求孙某赔偿其医疗费，被孙某拒绝。请问，孙某是否应该赔偿吴某医疗费用?

【法律解析】

孙某殴打李某，是对其人身权的侵害，吴某作为公民，制止其侵害行为是合法的。我国法律规定，因防止、制止国家的、集体的财产或者他人的财产、人身遭受侵害而使自己受到损害的，由侵害人承担赔偿责任，受益人也可以给予适当的赔偿。因此，吴某因制止孙某对李某的人身权的侵害，防止李某遭受更大的损害而被孙某打伤，所造成的损失，依法应当由孙某赔偿。

★容器遭雷击爆炸致人损失，是天灾吗

【案例】

某硫酸厂距离程某的鱼塘不足1公里。一天夜里，硫酸厂的一个容器罐遭到雷击发生爆炸。大量硫酸外溢，流进了程某的鱼塘，致使程某养殖的鱼全部死亡，给其造成重大损失。程某得知是硫酸厂的原因后，要求硫酸厂的负责人赔偿其经济损失。而硫酸厂则认为硫酸外溢是因为天灾，属于不可抗力，自己无须承担责任。硫酸厂的抗辩理由成立吗?

【法律解析】

硫酸厂的抗辩理由不成立。本案中，虽然容器是遭到雷击发生爆炸，但硫酸具有高度的危险性。适用高度危险作业致人损害民事责任的相关法条，只要实施了对周围环境有高度危险的作业行为，并造成

了他人损害，就应该承担赔偿责任，而不论作业人的活动是否具有违法性，是否尽到了应有的注意义务。也就是说，硫酸厂作为高度危险作业，适用无过错责任原则。所以，硫酸厂不能简单地以容器爆炸属于不可抗力为理由而拒绝赔偿给程某造成的损失。

★由于污染造成的损失能否得到赔偿

【案例】

李某承包了30亩鱼塘，每年收益很不错。可是，2009年年初鱼塘附近建了一家造纸厂。由于造纸厂没有污水处理系统，产生的污水直接排放，后来流入了李某的鱼塘，使鱼塘的水受到严重污染，致使李某放养的鱼大量死亡，给李某造成了巨大的经济损失。面对此情况，李某应该怎么办？

【法律解析】

李某可以向造纸厂索赔。《民法通则》规定，违反国家保护环境防止污染的规定，污染环境造成他人损害的，应当依法承担民事责任。如果因公民或法人过错造成污染环境，该公民或法人应当承担民事责任。造纸厂由于将产生的污水直接排放，使污水流入李某的鱼塘，造成了鱼大量死亡的事实，给李某造成了损害，应当依法承担民事责任，赔偿其损失。

【法条链接】

《民法通则》第一百二十四条　违反国家保护环境防止污染的规定，污染环境造成他人损害的，应当依法承担民事责任。

★乘坐公交车时受伤，公交公司有责任吗

【案例】

王大姐是一家纺织厂的女工，因纺织厂离家较远，为了上下班方便，王大姐办理了一张公交卡，每天乘坐公交车上下班。一天在乘坐公交车回家的途中，在一十字路口，公交车司机为了躲避从侧面驶来的大卡车，紧急刹车，致使王大姐头部受伤。后来王大姐要求公交公司赔偿自己医疗费，公交公司拒绝负责。请问，王大姐在乘坐公交

车时受伤，公交公司有责任吗？

【法律解析】

公交公司为乘客提供的是有偿承运服务，负有保障乘客安全的义务，王大姐在乘车过程中，公交司机为了躲避大卡车而紧急刹车，致使王大姐头部受伤，系非因自身原因造成的，公交公司应承担赔偿责任。

婚姻家庭篇

——为家撑起保护伞

结婚

★精神病患者可以结婚吗

【案例】

小杨计划今年与女友小周登记结婚，但是女友患有间歇性精神病，小杨听朋友说患有精神病的人是不能结婚的。对此，小杨感到疑惑，他认为女友的病并不是经常发作，意识清醒的时候表示愿意和自己结婚，难道不可以吗？那么，他们能否结婚呢？

【法律解析】

可以结婚。间歇性精神病患者如果在精神状态正常时，能够对婚姻作出基本正确的判断，能够基本预见结婚的行为后果，具有婚姻行为能力，应能够登记结婚，缔结的婚姻应属有效。

★服刑期间可以结婚吗

【案例】

吕某在一起打架斗殴事件中致使他人重伤，被法院认定犯有故意伤害罪，判决三年有期徒刑。吕某和女友的感情一直很深，加上吕某的母亲希望儿子能够尽早结婚，以完成自己的心愿。于是吕某和女友商量之后决定结婚，可是吕某正在服刑。请问，他们可以结婚吗？

【法律解析】

我国法律没有明确规定在服刑或者接受劳动教养的人能否结婚，但是根据《婚姻法》第八条的规定，要求结婚的男女双方必须亲自到婚姻登记机关进行结婚登记。符合本法规定的，予以登记，发给结婚证。这就规定了结婚这一重大的民事行为具有人身属性，不能由他人代理，正在服刑期间的人由于丧失了人身自由，无法亲自实施结婚这一法律行为，因此不能结婚。

缓刑、假释的人，在缓刑或者假释期间，他们的恋爱与结婚问题，只要符合婚姻法规定的条件，是可以允许的。根据有关规定，正在接受劳动教养的人可以结婚，但是必须持有劳动教养管理部门出具的结婚登记准假证明，才可申请结婚登记。

★公公与儿媳可以结婚吗

【案例】

小章与某女小杨结婚以后不久，小章就死于一场车祸，小章的母亲去世很早，小杨为了照顾公公，一直没有再嫁。随着感情与了解的日渐加深，公公与儿媳小杨决定结婚。那么，他们可以结婚吗？

【法律解析】

我国《婚姻法》没有对公公与儿媳是否可以结婚的问题作出明确规定，没有明确禁止这种关系的公民结婚的民事行为，但也没有明确地肯定。根据《最高人民法院中南分院函复同意〈关于公公与儿媳、继母与儿子等可否结婚问题的复函〉》的规定，他们可以结婚，但为了照顾群众影响，防止群众思想不通，而引发意外事件的发生，尽量不结婚；但如果双方态度坚决，也可斟酌具体情况适当采用其他方式（如迁居等）。

【法条链接】

《最高人民法院中南分院函复同意〈关于公公与儿媳、继母与儿子等可否结婚问题的复函〉》关于没有婚姻关系存在的“公公与媳妇”“继母与儿子”“叔母与侄”“子与父妾”“女婿与岳母”“养子与养母”“养女与养父”等可否结婚，《婚姻法》对于这些人之间虽无禁止结婚的明文规定，为了照顾群众影响，以及防止群众思想不通，因而引起意外事件的发生，最好尽量说服他们不要结婚；但如果双方态度坚决，经说服无效时，为免发生意外，当地政府也可斟酌具体情况适当处理（如劝令他们迁居等）。

★堂兄妹之间可以结婚吗

【案例】

小周与堂妹从小青梅竹马，感情深厚，两人达到适婚年龄时决定建立婚姻关系，就到所属婚姻登记机关办理婚姻登记。婚姻登记机关的工作人员拒绝办理他们的婚姻登记。小周觉得自己和堂妹自愿结婚，怎么就不行呢？

【法律解析】

两人不能结婚，两人为堂兄妹关系，属于三代以内的旁系血亲。根据我国《婚姻法》第七条的规定，二人不能结婚。

【法条链接】

《婚姻法》第七条 有下列情形之一的，禁止结婚：

（一）直系血亲和三代以内的旁系血亲；

（二）患有医学上认为不应当结婚的疾病。

★事实婚姻受法律保护吗

【案例】

小马和小魏都达到了法定结婚年龄，他们按照当地习俗办了婚事，在家里请了宾朋好友和乡亲们吃席，举办了结婚仪式，但两人一直没有到所属婚姻登记机关进行登记。那么，他们的婚姻合法吗，受法律保护吗？

【法律解析】

依据《婚姻法》第八条的规定，小马和小魏虽然按习俗办了婚事，但没有办理结婚登记，法律对这种事实婚姻的保护是有限的。根据《婚姻法》第八条的规定，小马和小魏两人不符合结婚实质要件，如果在婚姻关系上发生问题，那么他们必须在补办结婚登记的前提下，婚姻才能得到法律保护，而且婚姻关系的效力可以追溯至双方均符合结婚的实质要件时起。如果双方不补办结婚登记，其关系为同居关系，为不合法婚姻。

【法条链接】

《婚姻法》第八条 要求结婚的男女双方必须亲自到婚姻登记机关进行结婚登记。符合本法规定的，予以登记，发给结婚证。取得结婚证，即确立夫妻关系。未办理结婚登记的，应当补办登记。

《最高人民法院关于适用〈中华人民共和国婚姻法〉若干问题的

解释（一）》（以下简称《婚姻法解释（一）》第四条 男女双方根据《婚姻法》第八条规定补办结婚登记的，婚姻关系的效力从双方均符合《婚姻法》所规定的结婚的实质要件时起算。

婚姻的无效与可撤销

★隐瞒自己性病情况结婚的婚姻关系有效吗

【案例】

赵先生在与于女士的交往过程中，向对方隐瞒了自己的性病情况。经过一段时间的了解，赵先生与于女士两人决定结婚。在婚姻登记机关办理婚姻登记的时候，赵先生刻意地回避了自己的健康问题，也没有做婚前检查，两人遂建立了婚姻关系。那么，这样的婚姻关系是有效的吗?

【法律解析】

赵先生与于女士两人的婚姻属于无效婚姻。根据《婚姻法》第十条的规定，婚前患有医学上认为不应当结婚的疾病，婚后尚未治愈的，婚姻无效。赵先生患有性病，这在医学上被认为是不应该结婚的传染性疾病，男女双方结婚前最好做婚前医学检查。

★什么情形才可以申请宣告婚姻无效

【案例】

刘某在2004年与丈夫领取了结婚证，现在想与丈夫离婚。刘某的户口簿和身份证上的出生日期是1984年，而她实际出生日期是1988年，也就是说，她结婚的时候还不到法定年龄。她现在想到法院申请宣告婚姻无效。那么，法院会支持刘某的申请吗?

【法律解析】

根据《婚姻法》第十条的规定，未到法定婚龄的，婚姻无效。但是，根据《婚姻法解释（一）》第八条的规定，刘某提出申请时已经达到了法定的结婚年龄，所以法院不会支持刘某提出的宣告婚姻无效的申请。刘某如果想与丈夫离婚，可以采取协商或者离婚诉讼途径解决。

【法条链接】

《婚姻法》第十条 有下列情形之一的，婚姻无效：

（一）重婚的；

（二）有禁止结婚的亲属关系的；

（三）婚前患有医学上认为不应当结婚的疾病，婚后尚未治愈的；

（四）未到法定婚龄的。

《婚姻法解释(一）》第八条 当事人依据《婚姻法》第十条规定向人民法院申请宣告婚姻无效的，申请时，法定的无效婚姻情形已经消失的，人民法院不予支持。

★婚姻被法院确认无效以后能否提起上诉

【案例】

小翠20岁的时候与同村的小壮结婚，一年以后，小翠觉得两人不合适，于是向法院申请宣告婚姻无效，法院审理后判决小翠与小壮的婚姻无效。但是小壮不想跟小翠离婚，想要上诉。那么，婚姻被法院确认无效以后还能否提起上诉?

【法律解析】

根据《婚姻法解释（一）》第九条的规定，有关婚姻效力的判决一经作出，即发生法律效力。涉及财产分割和子女抚养的，可以调解或另行诉讼。但对于婚姻效力的判决，当事人不能提起上诉，因此小壮与小翠的婚姻被判无效后，小壮不能提起上诉。

【法条链接】

《婚姻法解释(一)》第九条 人民法院审理宣告婚姻无效案件，对婚姻效力的审理不适用调解，应当依法作出判决；有关婚姻效力的判决一经作出，即发生法律效力。

涉及财产分割和子女抚养的，可以调解。调解达成协议的，另行制作调解书。对财产分割和子女抚养问题的判决不服的，当事人可以上诉。

★受男友威胁而结婚的婚姻可以撤销吗

【案例】

赵某与女朋友吴某交往了4年，正当赵某以为两人即将结婚，并已经开始着手准备婚礼时，吴某告诉赵某，自己从来没有结婚的打算，并且以性格不和为由提出分手。赵某情急之下，威胁吴某与其结婚，声称如果吴某不答应，就杀她全家。吴某受迫之下，无奈与赵某结婚。婚后，吴某无法忍受赵某的折磨，半年以后请求法院撤销婚姻。法院会受理吗?

【法律解析】

法院会受理并会支持吴某的诉讼请求。根据《婚姻法》第十一条的规定，因胁迫结婚的，受胁迫的一方可以向婚姻登记机关或人民法院请求撤销该婚姻。受胁迫的一方撤销婚姻的请求，应当自结婚登记之日起一年内提出。本案中，吴某是因为受到赵某的胁迫才与之结婚的，符合《婚姻法》规定的可撤销婚姻的情形，法院会受理并支持吴某的请求，作出婚姻可撤销的判决，保护吴某的合法权益。

★冒充富商欺骗结婚的属于可撤销婚姻吗

【案例】

40岁的离异男子廖某自从结识从事模特表演职业的女子黎某以后，便冒充富商频频与其约会。廖某还四处向亲朋好友借钱，给黎某买了许多高级化妆品和衣服，带黎某出入各种高级消费和娱乐场所。半年以后，两人决定结婚。结婚以后，黎某才知上当，于是到法院申请撤销两人的婚姻。那么，廖某和黎某两人的婚姻属于可撤销婚姻吗?

【法律解析】

廖某和黎某两人的婚姻不属于可撤销婚姻。法院对采用欺骗手段与另一方结婚的，视不同情况给予不同认定：如果隐瞒了法律上禁止结婚或婚姻无效的情形，则依据《婚姻法》第十条的规定，判决婚姻无效；如果只是隐瞒了家庭经济条件等信息的，那么以有效婚姻论处。

夫妻间的权利义务

★“包二奶”行为会受到法律制裁吗

【案例】

一对夫妻结婚已经7年，婚姻关系一直很稳定。最近，妻子发现丈夫与一在校女大学生有不正常的男女关系，丈夫甚至将该女生包养起来。妻子对此非常生气，一怒之下报了警。丈夫包养情人的行为会受到法律的制裁吗?

【法律解析】

不会。“包二奶”是指有配偶的男性通过提供金钱等物质和利益，供养婚外异性并与之较为长期地保持两性关系的行为。“包二奶”不是一个法学概念，而是一个社会词语，因此对其认定是十分复杂的，法律上对此也没有明确的规定。比较相近的规定是禁止重婚，否则以重婚罪论处。但“包二奶”与重婚是不一样的，重婚的构成要件是两次确实的婚姻关系存在，“包二奶”并没有两次确实的婚期，显然，“包二奶”的认定要模糊得多。所以在现阶段，我们只能对“包二奶”的行为在道德上进行谴责，无法在法律上予以制裁。

★男方包养情人，女方可以要求撤销婚姻吗

【案例】

小李、小孙夫妻二人结婚以后，妻子小孙发现丈夫小李在外面包养情人，盛怒之下向所属法院提请撤销婚姻的诉求。请问，法院会支持小孙的诉求吗?

【法律解析】

不会。根据我国《婚姻法》的规定，通过法律途径解除婚姻有两种情形：一是离婚，二是撤销婚姻。离婚是合法婚姻关系的解除，而撤销婚姻则是对违法婚姻的否定。

在我国《婚姻法》中，规定了可撤销婚姻的情况只有一种，就是夫妻一方是在受到胁迫的情况下结婚的，在结婚后向法院提请撤销婚姻的诉求，法院会予以支持的。除此之外，都不属于可撤销婚姻的范畴。本案中，小李、小孙两人结婚

时，不存在胁迫与被胁迫的情节，因此，法院不会支持小孙撤销婚姻的诉求。

★“家庭暴力”构成犯罪吗

【案例】

柯某与刘某自结婚以来，一直相敬如宾，夫妻关系十分和谐。结婚四年后，丈夫刘某认识了年轻漂亮的女孩吴某，开始与其保持不正当的男女关系。妻子柯某知道此事后，与丈夫刘某发生争吵，刘某恼羞成怒，将妻子柯某打成重伤。刘某的行为是违法的吗？

【法律解析】

刘某的行为违法。家庭暴力，是指发生在家庭成员之间的，以殴打、捆绑、禁闭、残害或者其他手段对家庭成员从身体、精神、性等方面进行伤害和摧残的行为。家庭暴力直接作用于受害者身体，使受害者身体上或精神上感到痛苦，损害其身体健康和人格尊严。受中国传统思想文化的影响，很多人认为“家庭暴力”是家务事，别人无权干涉，这是人们思想中存在的误区。我国法律明确禁止“家庭暴力”，在本案中，丈夫将妻子打成重伤，已经构成了犯罪，将会受到法律的制裁。

【法条链接】

《婚姻法》第三条第二款 禁止重婚。禁止有配偶者与他人同居。禁止家庭暴力。禁止家庭成员间的虐待和遗弃。

《婚姻法解释（一）》第一条 《婚姻法》第三条、第三十二条、第四十三条、第四十五条、第四十六条所称的“家庭暴力”，是指行为人以殴打、捆绑、残害、强行限制人身自由或者其他手段，给其家庭成员的身体、精神等方面造成一定伤害后果的行为。持续性、经常性的家庭暴力，构成虐待。

★丈夫要求妻子做全职太太，合理吗

【案例】

霍某拥有一家实力雄厚的私营企业，在一次朋友聚会上，他认识了活泼开朗的女大学生宋某，两人一见钟情。宋某大学毕业后，两人结婚。婚后，霍某要求宋某不要出去工作，必须待在家里，做全职太太。而宋某则坚持出来工作，双方为此发生争执。霍某要求妻子做全职太太的行为合理吗?

【法律解析】

霍某要求妻子宋某做全职太太的行为不合理，除非妻子自愿。我国《宪法》规定，劳动是每个中国公民的权利，任何人都不能干涉。夫妻之间是一种平等的关系，不是领导与被领导的关系，应该相互尊重彼此的意愿，丈夫对妻子是否参加工作，不能干涉。

【法条链接】

《宪法》第四十二条第一款　中华人民共和国公民有劳动的权利和义务。

第四十八条第一款　中华人民共和国妇女在政治的、经济的、文化的、社会的和家庭的生活等各方面享有同男子平等的权利。

《婚姻法》第十五条　夫妻双方都有参加生产、工作、学习和社会活动的自由，一方不得对他方加以限制或干涉。

离 婚

★丈夫被判刑，妻子能否要求离婚

【案例】

高某由于犯罪被判长期徒刑，妻子何某觉得丈夫品行不端，不想再和他一起生活下去，于是向法院提起离婚诉讼，但遭到了公公婆婆等人的极力反对。在丈夫被判刑的情况下，妻子何某能否要求离婚呢?

【法律解析】

我国《婚姻法》把“感情是否确已破裂”作为判决准予或不准予离婚的标准，规定了5种情形，调解无效的，应准予离婚。有关司法解释中规定，一方被依法判处长期徒刑，或其违法，犯罪行为严重伤害夫妻感情的，视为感情确已破裂情形。

本案中，高某被判刑导致夫妻感情确已破裂，妻子何某要求离婚，是符合法律规定的，因此，妻子何某可以要求离婚。

★丈夫下落不明，妻子能离婚吗

【案例】

李某的丈夫三年前南下打工，此后杳无音信，李某和家人多方查找都没有找到，警方协助寻找也始终没有结果。李某于是想要离婚另组家庭，可由于丈夫一直找不到，她不知该怎么离婚。丈夫下落不明，妻子能否离婚呢？

【法律解析】

夫妻一方如果离家杳无音信满二年，另一方想要离婚，可以按照宣告失踪程序宣告其失踪后，再向人民法院起诉离婚；如果对方杳无音信满四年，另一方想离婚，可以按照宣告死亡程序宣告死亡后，两人的婚姻关系自然消灭。本案中，李某的丈夫外出打工，三年时间里杳无音信，下落不明，李某可以依法宣告丈夫失踪，再向人民法院起诉离婚，人民法院应准予离婚。

【法条链接】

《民法通则》第二十条　公民下落不明满二年的，利害关系人可以向人民法院申请宣告他为失踪人。

战争期间下落不明的，下落不明的时间从战争结束之日起计算。

《婚姻法》第三十二条　男女一方要求离婚的，可由有关部门进行调解或直接向人民法院提出离婚诉讼。

……

一方被宣告失踪，另一方提出离婚诉讼的，应准予离婚。

★妻子不愿生育，丈夫可以要求离婚吗

【案例】

宋某的妻子章某是电影演员，结婚多年，妻子为保持自己身材，一直没要孩子，宋某多次和妻子沟通均无果。无奈之下，宋某以妻子不愿意生孩子侵犯了自己的生育权为由向法院请求离婚。请问，宋某的说法会得到法院的支持吗？

【法律解析】

感情是否确已破裂，是法院判决准予或不准予离婚的标准。宋某以妻子不愿生育为由向法院申请离婚，法院不会支持。假若双方多次沟通、协商达不成一致，以致严重影响夫妻感情的话，法院应准予离婚。

【法条链接】

《最高人民法院关于人民法院审理离婚案件如何认定夫妻感情确已破裂的若干具体意见》第十一条 一方被依法判处长期徒刑，或其违法，犯罪行为严重伤害夫妻感情的，视为感情确已破裂情形。

★妻子出轨怀孕，丈夫提出离婚法院会受理吗

【案例】

余某与杨某于2006年5月1日结婚，2007年10月妻子杨某怀孕，可当妻子杨某怀孕5个月的时候，丈夫余某得知妻子所怀胎儿是别人骨肉，杨某予以承认。余某愤怒异常，于是他向法院提起诉讼，请求判决离婚。此时正值妻子杨某怀孕，法院会受理丈夫余某的离婚请求吗?

【法律解析】

本案中，妻子杨某与他人发生性关系导致怀孕，这本身违背了夫妻间相互忠实的义务。根据《婚姻法》第三十四条的规定，余某起诉离婚的请求，属于“确有必要受理男方离婚请求”的范围，所以法院应当予以受理。

★父母可以代替子女申请离婚吗

【案例】

高某的丈夫吕某具有严重的暴力倾向，结婚后经常对高某拳打脚踢。高某怀孕后，吕某竟然一点也不顾惜，还是经常殴打高某，最终导致她流产。后来高某要求离婚，但吕某不同意。为避免遭受折磨，高某被姐姐接到澳大利亚静养。请问，此时高某的父母可以代替高某申请离婚吗?

【法律解析】

离婚诉讼的提起，必须是婚姻

关系的一方当事人，其他任何第三人均不得以诉讼当事人的身份提出离婚诉讼。考虑到某些案件的特殊情况，法律允许有例外。比如，当事人正在患传染病，或正在国外不便亲自到庭，可以不出庭，但是当事人必须要有是否同意离婚的书面意见提交给人民法院。本案中，申请离婚确是高某的真实意思，高某必须向法院提交同意离婚的书面意见，这个真实意思不能由父母代替决定，不能由父母代替申请离婚。由于高某在国外不便到庭，可以由父母代她出庭。

【法条链接】

《婚姻法》第三十二条第一款 男女一方要求离婚的，可由有关部门进行调解或直接向人民法院提出离婚诉讼。

★必须要军人同意，军人的配偶才能要求离婚吗

【案例】

小郭的丈夫小陆在解放军某部工作，二人刚结婚时感情还可以，并且生有一儿子。后来，小陆认识了女青年小苏，二人来往频繁，多次发生不正当性关系。后来此事被小郭知晓，小陆向小郭表示，自己今后一定与小苏断绝来往，好好过日子。但是背着妻子，小陆仍然偷偷与小苏不断接触。小郭觉得挽回小陆无望，于是向法院提出离婚诉讼，但是小陆坚持不肯离婚。那么，必须要军人同意，军人的配偶才能要求离婚吗？小郭的离婚请求能否得到法院的支持呢？

【法律解析】

我国法律规定，现役军人的配偶要求离婚，须得军人同意，这是对军人的婚姻给予的特殊保护，对于稳定军心，巩固和提高部队战斗力，起到了重要作用。但是，在军人婚姻关系中，有时军人本身有过错，如类似本案的情况，如果再按这一规定执行，对于非军人一方就不公平了。所以《婚姻法》规定，军人一方有重大过错的除外，以此作为对军人婚姻特殊保护的例外规定。本案中，现役军人小陆与情人小苏多次发生不正当的性关系，应认定军人小陆有重大过错，所以法

院应判决准予小郭与小陆的离婚请求。

【法条链接】

我国法律规定，现役军人的配偶要求离婚，须得军人同意，这是对军人的婚姻给予的特殊保护，对于稳定军心，巩固和提高部队战斗力，起到了重要作用。但是，在军人婚姻关系中，有时军人本身有过错，如类似本案的情况，如果再按这一规定执行，对于非军人一方就不公平了。所以《婚姻法》规定，军人一方有重大过错的除外，以此作为对军人婚姻特殊保护的例外规定。本案中，现役军人小陆与情人小苏多次发生不正当的性关系，应认定军人小陆有重大过错，所以法院应判决准予小郭与小陆的离婚请求。

★离婚协议可以请他人代办吗

【案例】

蔡某与赵某婚姻关系破裂，两人经协商达成一致，决定签署离婚协议。签署离婚协议当天，妻子赵某到场后，发现丈夫的一个朋友在场，但丈夫没来。丈夫的朋友解释说，丈夫蔡某有事出差了，所以委托他前来代签离婚协议。这样做可以吗？

【法律解析】

找别人代签离婚协议是不行的。签署离婚协议的权利属于一种与身份相联系的严格的法律行为，有着明显的人身权利的特征。只有具有夫妻身份的完全的民事行为能力人才能办理离婚协议，绝对不能让别人代办。即使让别人代办，婚姻登记机关也会拒绝办理。

★离婚时抚养子女的一方能否要求得到补偿

【案例】

王某和妻子于1986年结婚，生育了一儿一女。后来因感情不和，王某外出打工，孩子由妻子一人抚养至今。由于家庭困难儿子辍学外出打工，女儿今年刚考入师范学院。面对严峻的家庭状况，2009年11月10日，妻子向法院起诉离婚并要求男方支付一笔补偿金。请问，离婚时抚养子女的一方有权要求补偿吗？

【法律解析】

离婚时，一方抚养子女的，另一方应负担必要的生活费和教育费的部分或全部，负担费用的多少和期限的长短，由双方协议；协议不成时，由人民法院判决。根据我国《婚姻法》的相关规定，一方因抚育子女、照料老人、协助另一方工作等付出较多义务的，离婚时有权向另一方请求补偿，另一方应当予以补偿。因此，离婚时抚养子女的一方可以要求得到补偿。

【法条链接】

《婚姻法》第四十条 夫妻书面约定婚姻关系存续期间所得的财产归各自所有，一方因抚育子女、照料老人、协助另一方工作等付出较多义务的，离婚时有权向另一方请求补偿，另一方应当予以补偿。

★离婚以后，还能要求赔偿吗

【案例】

冯女士和于先生协议离婚，并且到民政部门办理了离婚登记。就在冯女士和于先生离婚后不到3个月，冯女士得知有个女人刚刚跟于先生生下了一个孩子。离婚时冯女士就猜测丈夫在外面有情人，没有想到这真的是事实。一怒之下，她决定起诉前夫，要求赔偿。现在二人已经离婚，还能到法院起诉要求赔偿吗?

【法律解析】

冯女士可以到法院提起诉讼要求损害赔偿。当事人在婚姻登记机关办理离婚登记手续后，以《婚姻法》第四十六条规定为由向人民法院提出损害赔偿请求的，人民法院应当受理。但当事人在协议离婚时已经明确表示放弃该项请求，或者在办理离婚登记手续一年后提出的，不予支持。因为冯女士和于先生办理离婚登记手续不到一年，所以，冯女士依然可以到法院起诉要求赔偿。

夫妻间财产关系

★夫妻可以约定婚前个人财产的归属吗

【案例】

陆某与马某在结婚前，为了避

免以后发生财产纠纷，两人商议决定在结婚前把财产的归属划分清楚，订立约定，以备不时之需。夫妻双方可以约定财产的归属吗?

【法律解析】

夫妻双方可以约定财产的归属。我国的现行法律中，凡涉及调整一般民事行为的条款，一般都贯彻了公民意思自治、契约订立自由的原则。在《婚姻法》中也是一样，男女双方可以在婚前就约定双方在婚后的财产分配。

★婚前父母为子女买的结婚用房属于夫妻共有财产吗

【案例】

陶某与谢某经过长时间的交往决定结婚，陶某的父母非常高兴，遂于二人登记结婚前出资购买了一栋别墅作为儿子结婚用房。后来二人因感情不和而协议离婚，谢某认为陶某的父母为他们购的别墅属于夫妻共同财产，离婚后应该作为共同财产进行分割。请问，该别墅属于夫妻共有财产吗?

【法律解析】

该别墅是否属于夫妻财产要视具体情况而定。本案中，陶某的父母为陶某结婚出资购买的别墅，依法应被认定为对陶某的个人赠与，属于陶某的个人财产。如果陶某的父母明确表示该别墅是对陶某和谢某的共同赠与，则应视为夫妻共有财产。

★婚后以个人名义购买的房屋是个人财产吗

【案例】

小柳是纺织厂的一名普通职工，丈夫王军经商。在他们婚后，王军以他个人名义购买了一套房屋，房产证上写的是他一个人的名字。小柳想知道，婚后丈夫以个人名义购买的房屋是夫妻共同财产还是丈夫的个人财产?

【法律解析】

这要视具体情况而定。我国《婚姻法》第十九条规定，夫妻可以约定婚姻关系存续期间所得的财产以及婚前财产归各自所有、共同所有或部分各自所有、部分共同所有。约定应当采用书面形式。没有约定或约定不明确的，适用本法第十七条、第十八条的规定。如果小柳夫妇没有对婚后夫妻共同财产的归属作书面约定，则该房屋属夫妻共同财产。

★住房公积金属于夫妻共有财产吗

【案例】

齐某系某国有大型钢铁公司职工，因夫妻感情破裂，齐某的妻子赵某向法院提请离婚，并要求将齐某的住房公积金列入夫妻共同财产，进行分割。齐某的住房公积金属于夫妻共有财产吗?

【法律解析】

齐某的住房公积金属于夫妻共有财产。我国《婚姻法解释（二）》中明确规定了夫妻一方的住房公积金应属于夫妻共同财产，因此本案中赵某可以要求将齐某的住房公积金作为共同财产进行分割。

【法条链接】

《婚姻法》第十七条　夫妻在婚姻关系存续期间所得的下列财产，归夫妻共同所有：

（一）工资、奖金；

（二）生产、经营的收益；

（三）知识产权的收益；

（四）继承或赠与所得的财产，但本法第十八条第三项规定的除外；

（五）其他应当归共同所有的财产。

夫妻对共同所有的财产，有平等的处理权。

《婚姻法解释（二）》第十一条　婚姻关系存续期间，下列财产属于《婚姻法》第十七条规定的“其他应当归共同所有的财产”：

（一）一方以个人财产投资取得的收益；

（二）男女双方实际取得或者应当取得的住房补贴、住房公积金；

（三）男女双方实际取得或者应当取得的养老保险金、破产安置补偿费。

★夫妻一方得到的赔偿属于夫妻共有财产吗

【案例】

华某和钟某结婚10年了。一天傍晚，吃过晚饭后，丈夫华某在小区里遛弯儿时，忽然从位于路边的一幢楼的二楼阳台上掉下来一个花盆，正砸在华某的头上，致使华某头部轻微破裂，伴随轻微脑震荡。经协商，华某获得了医疗费等一系列赔偿款项。这笔款项属于夫妻共有财产吗？

【法律解析】

这笔款项不属于夫妻共有财产，而是属于华某的个人财产。对此情节的认定，我国《婚姻法》作了明确的规定，即一方因身体受到伤害而获得的医疗费、残疾人生活补助费用等，应属于夫妻一方的个人财产。

★婚前个人财产会因婚姻关系而转化为夫妻共有财产吗

【案例】

张某很喜欢收藏，后与刘某结识并闪电结婚。婚后，刘某发现了张某家中的古画，刘某想知道，要与张某的婚姻关系维持多久，才能取得古画的分配权。那么，张某的个人收藏品会因婚姻关系而转化为夫妻共有财产吗？

【法律解析】

张某收藏的古画属于张某的婚前个人财产，不会因婚姻关系或其维持时间的长短而转化为夫妻共有财产。我国法律明确规定，除非婚姻双方当事人在结婚时或者婚后订立约定，否则无论婚姻关系存在多久，婚前个人财产也不会转化为夫妻共有财产，这是我国《婚姻法》对婚前个人财产的保护。

★无效婚姻中的财产属于共有财产吗

【案例】

杨某采用威胁的手段迫使李某与其结婚。婚后，李某不堪忍受杨某的折磨，向法院申请宣告婚姻无效，并要求分割夫妻共有财产。这样的要求合理吗？

【法律解析】

这样的要求合理。我国法律规定，当事人的婚姻关系被宣告撤销或被宣告无效后，同居期间的财产按共同共有处理，由当事人协议分割，协议不成，由法院依法作出判决。

【法条链接】

《婚姻法》第十二条　无效或被撤销的婚姻，自始无效。当事人不具有夫妻的权利和义务。同居期间所得的财产，由当事人协议处理；协议不成时，由人民法院根据照顾无过错方的原则判决。对重婚导致的婚姻无效的财产处理，不得侵害合法婚姻当事人的财产权益。当事人所生的子女，适用本法有关父母子女的规定。

《婚姻法解释（一）》第十五条　被宣告无效或被撤销的婚姻，当事人同居期间所得的财产，按共同共有处理。但有证据证明为当事人一方所有的除外。

★结婚未登记，分手时能否分到一半房产

【案例】

2007年元旦，阿琳和丈夫举行了结婚仪式，但没有去民政部门领取结婚证书。办理结婚仪式后，他们用两人的存款购买了一套房子，交款收据上写的是丈夫的名字。现在阿琳和丈夫因感情问题离婚，她可以分到一半的房产吗?

【法律解析】

因为他们没有办理结婚登记，不属于法定夫妻关系。如果阿琳想分到一半房产，需要与男方协商经其同意；如果男方不同意，阿琳可以向法院提起民事诉讼。但必须提供证据证明他们在同居期间购买的房产，阿琳也出了一半的房款。另外，如果所购房屋已经办理房产证书且房产证书上只写了男方一个人的名字，则阿琳不能分到该房产，只能要回出资的房款。

★男女未婚同居，分手后财产怎样处理

【案例】

徐某与李某同居多年，后来两人因性格不和而分手，在财产分割问题上起了争执。请问，未婚同居的男女，分手后财产该怎样处理?

【法律解析】

根据我国《婚姻法》司法解释的相关规定，男女未婚同居分手后产生财产分割问题，如果两人经过协商对财产的分割达成协议的，按照协议处理。如果产生了争议，可以向法院提起诉讼，请求法院作出判决。

【法条链接】

《婚姻法解释（二）》第一条第二款　当事人因同居期间财产分割或者子女抚养纠纷提起诉讼的，人民法院应当受理。

★离婚时可以要求返还彩礼吗

【案例】

周某与秦某结婚时，男方秦某的父母置备了一份彩礼送给周家。后二人因感情不和而离婚。在分割财产时，秦某要求周家返还结婚时自己父母送给周家的彩礼，周家人拒绝。请问，秦某的要求合理吗？

【法律解析】

判断秦某的要求是否合理要视情况而定。通常情况下，彩礼的性质可以认定为当事人一方的父母为了子女的结婚出资，按此理解，彩礼属于夫妻共同财产。但是，根据最高法院的相关解释，一方给付对方的彩礼，是以结婚为目的的，接受了彩礼，即是对婚姻的承诺，如果后来没有结婚，彩礼一般是要返还的。本案中，秦某父母给周家的彩礼，根据司法解释的阐述，应该是要返还的。

★离婚时，在什么情况下可以要求损害赔偿

【案例】

女子吴某所住的村子地处偏僻，人们受封建思想影响很深。后来，吴某与同村的罗某结婚，婚后1年，吴某生下一个女孩儿，丈夫罗某将女婴扔进了深山，孩子不久就死了。吴某得知此事后，痛不欲生，于是向法院提起离婚诉讼，并要求损害赔偿。吴某可以要求损害赔偿吗？

【法律解析】

吴某可以要求损害赔偿，我国《婚姻法》明确规定，一方有虐

待、遗弃家庭成员行为的，另一方离婚时有权请求损害赔偿。本案中吴某刚出生的孩子被丈夫罗某扔进了深山，直接导致了孩子的死亡，他有遗弃家庭成员的恶劣行为，依照法律规定，应该作出赔偿。

【法条链接】

《婚姻法》第四十六条　有下列情形之一，导致离婚的，无过错方有权请求损害赔偿：

（一）重婚的；

（二）有配偶者与他人同居的；

（三）实施家庭暴力的；

（四）虐待、遗弃家庭成员的。

★全职太太离婚时可以要求经济补偿吗

【案例】

张某是一家电视台的记者，常年在外地工作。妻子胡某为了照顾孩子不得不辞去工作，赋闲在家。夫妻俩长期两地分居，感情出现裂痕，经过商议，两人决定离婚。由于胡某因照顾孩子，没有工作，没有经济来源，胡某遂要求张某给付经济补偿。胡某可以提出这样的要求吗？

【法律解析】

胡某可以要求给付经济补偿。根据我国《婚姻法》的相关规定，在婚姻存续期间，夫妻中为家庭多承担责任、多履行义务的一方，离婚时有权向另一方请求补偿，另一方应当予以补偿。本案中胡某因照顾孩子、打理家务等而失去工作，可以认定为付出了较多的义务，因此离婚时有权要求对方给予补偿。

★协议离婚，还可以要求损害赔偿吗

【案例】

冯某与袁某自结婚以来，婚姻生活一直不幸福。妻子冯某在得知丈夫袁某包养情人的事情后，决定离婚。不久，两人签署了离婚协议。协议生效后，冯某向法院提起诉讼，要求袁某给付损害赔偿。冯某可以提起这样的诉求吗？

【法律解析】

冯某可以向法院起诉，要求袁某给付损害赔偿。尽管冯某与袁某协议离婚，但是，这并不能成为冯某维护自己合法权益的障碍。为了保护婚姻生活中的女性弱势群体，我国《婚姻法》特别作出了规定，即使采用协议离婚的方式结束婚姻关系的，无过错的一方仍然有权要求损害赔偿。

★请求再次分配夫妻共有财产有时效限制吗

【案例】

李某在与妻子叶某的婚姻存续期间，偶然得知在文艺界工作的妻子叶某每月会有一笔丰厚的奖金。但叶某不知道丈夫清楚此事，所以每月都会把钱藏匿起来。后来因感情破裂两人离婚，分割夫妻共同财产时，丈夫李某对妻子藏钱的事情隐忍不言。4年后，李某的姐姐得知此事，建议李某向法院提请再次分割财产的诉求。该权利有时效限制吗？

【法律解析】

请求再次分配夫妻共有财产是有时间限制的。尽管我国法律制定了相应条款，允许婚姻当事人的一方就另一方有隐藏、转移、变卖、毁损夫妻共同财产的情节，可以向法院提起诉讼，请求再次分配夫妻共有财产。但是，同时也规定了诉讼时效，即自发现之日起2年之内。本案中，李某自离婚之时就知道，至今已经4年了，已经超出诉讼时效。即使李某行使请求权，法院也不会予以保护了。

★夫妻个人财产损坏，离婚时可要求以共同财产抵偿吗

【案例】

鲁某与牛某因感情不和而协议离婚。妻子牛某在结婚前有一个梳妆台，结婚后一直使用，此时梳妆台因为老化，坏了。牛某要求用夫妻共有财产抵偿梳妆台的损失。这样的要求合理吗？

【法律解析】

这种要求是不合理的。即使牛某向法院提起诉讼，法院也不会支持。我国《婚姻法》的有关司法解释对此有明确的规定，婚前个人财产在婚后共同生活中自然毁损、消耗、灭失的，离婚时不得以夫妻共同财产抵偿。本案中，牛某的梳妆

台是牛某的婚前个人财产，在婚姻存续期间自然消耗、灭失的，因此不能用夫妻共有财产抵偿。

【法条链接】

《最高人民法院关于人民法院审理离婚案件处理财产分割问题的若干具体意见》第十六条 婚前个人财产在婚后共同生活中自然毁损、消耗、灭失，离婚时一方要求以夫妻共同财产抵偿的，不予支持。

★离婚时一方隐匿了财产怎么办

【案例】

马某与何某离婚已经3年了。马某于不久前偶然得知前夫在与自己解决离婚纠纷时，将一部分属于夫妻共有的财产转移到前夫父母的名下。于是，马某决定向法院提起诉讼，要求再次分割这部分财产。法院会受理吗?

【法律解析】

法院会受理。我国《婚姻法》的立法精神在于体现平等自由、公平诚实，是调整婚姻关系的基本原则。这些基本原则在结婚的时候适用，在离婚的时候同样适用。何某将一部分夫妻共有财产转移到父母名下，致使在分割财产的时候，夫妻共有财产属于不完整的状态，侵害了马某的合法权益，对马某来说是不公平的，对此法院会依法受理并支持马某的诉讼请求。

【法条链接】

《婚姻法》第四十七条 离婚时，一方隐藏、转移、变卖、毁损夫妻共同财产，或伪造债务企图侵占另一方财产的，分割夫妻共同财产时，对隐藏、转移、变卖、毁损夫妻共同财产或伪造债务的一方，可以少分或不分。离婚后，另一方发现有上述行为的，可以向人民法院提起诉讼，请求再次分割夫妻共同财产。

人民法院对前款规定的妨害民事诉讼的行为，依照民事诉讼法的规定予以制裁。

★离婚时一方转移共同财产怎么办

【案例】

许某在与丈夫胡某解决离婚纠纷时，发现丈夫将属于夫妻共有财产的一处房产变卖了，所得钱款转移到丈夫的情人名下。许某该怎么办呢？

【法律解析】

许某可以向法院请求财产保全。为了保护婚姻生活中弱势群体的利益，法律规定了一些在紧急情况下适用的保护条款。财产保全，是指人民法院在利害关系人起诉前或者当事人起诉后，为保障将来的生效判决能够得到执行或者避免财产遭受损失，对当事人的财产或者争议的标的物，采取限制当事人处分的强制措施。

本案中，胡某在分割财产之前，企图将属于夫妻共有财产的房产转移，该行为造成了夫妻共同财产的一部分灭失，对许某是不利的。对此，许某可以向法院申请财产保全。法院会依法采取强制措施，冻结待分配的财产，以保护许某的合法权益。

父母与子女关系

★离婚后养子女该归谁抚养

【案例】

白某和妻子房某在2004年收养了一个女儿，办理了收养手续。后来他们又生育了一个儿子。2008年，他们因感情破裂而离婚。现在白某不想同时抚养两个孩子，他只想抚养他的亲生儿子。请问，他能不能和养女解除收养关系？

【法律解析】

根据有关法规，收养应当向县级以上人民政府民政部门登记，收养关系自登记之日起成立。自收养关系成立之日起，养父母与养子女间的权利义务关系，适用法律关于父母子女关系的规定。本案中收养关系成立，白某与养女之间形成父女关系，在养女未成年以前，他不能只抚养亲生儿子而拒绝抚养养女，他和前妻房某都有共同抚养该养女的法定义务。如果有虐待、遗弃等侵害未成年养子女合法权益行为的，还要承担相应的法律责任。

★妻子已绝育，离婚时对于孩子的抚养请求能否得到照顾

【案例】

蔡某和唐某结婚后第一年生下一个儿子，妻子蔡某在生下孩子的

第二年做了绝育手术。6年后，两人发生婚变，协议离婚。双方都希望争取到儿子的抚养权，于是，两人向法院提起诉讼，希望法院依法作出判决。蔡某已经不能再生育，法院会据此照顾女方吗？

【法律解析】

法院会照顾女方的。在本案中，蔡某在生下第一个孩子后，就做了绝育手术，以后都不会再生子女。在这种情况下，法院会基于法律的有关规定，酌情照顾。

★离婚后如何计算子女的抚育费

【案例】

孟某和姜某2001年结婚，2002年姜某生下一个女儿，为了照顾女儿，夫妻二人2003年在市区买下一套房子，后来因感情不和协议离婚。离婚时，孟某考虑到女儿年纪小，主动将女儿让给姜某抚养。协议中规定，房子归姜某，姜某给孟某5万元补偿，孟某每个月给女儿生活费500元。但是这5万元姜某一直都没有给孟某，孟某以此为由也没有给过女儿生活费。现在前妻姜某因孟某不支付女儿生活费而将其起诉至法院。请问，孩子的抚育费应如何计算？

【法律解析】

孟某不能以姜某未支付5万元补偿金为由而不履行他应尽的法定义务。根据我国有关法律规定，子女抚育费的数额，可根据子女的实际需要、父母双方的负担能力和当地的实际生活水平确定。有固定收入的，抚育费一般可按其月总收入的百分之二十至百分之三十的比例给付。负担两个以上子女抚育费的，比例可适当提高，但一般不得超过月总收入的百分之五十。无固定收入的，抚育费的数额可依据当年总收入或同行业平均收入，参照上述比例确定。有特殊情况的，可适当提高或降低上述比例。

【法条链接】

《最高人民法院关于人民法院审理离婚案件处理子女抚养问题的若干具体意见》第七条 子女抚育费的数额，可根据子女的实际需要、父母双方的负担能力和当地的实际生活水平确定。

有固定收入的，抚育费一般可按其月总收入的百分之二十至三十的比例给付。负担两个以上子女抚育费的，比例可适当提高，但一般不得超过月总收入的百分之五十。

无固定收入的，抚育费的数额可依据当年总收入或同行业平均收入，参照上述比例确定。

有特殊情况的，可适当提高或降低上述比例。

★夫妻离婚后，一方能否不让另一方见孩子

【案例】

柳某和前夫江某离婚后，改嫁魏某，年仅2岁的儿子由柳某抚养。与魏某结婚后，柳某为了儿子能与魏某建立父子感情，千方百计地阻挠前夫江某探望孩子。请问，柳某这样做合法吗?

【法律解析】

柳某这样做不合法，江某有权探望孩子。在我国法律的规定中，除了子女被其他人合法收养，否则，父母与子女的关系不会改变。本案中，虽然柳某与江某离婚了，但是，江某与孩子的父子关系不会随着婚姻关系的结束而结束。作为孩子的父亲，江某当然有权探望孩子，这是法律赋予江某的权利，任何人都不能剥夺这个权利。如果江某的探望给孩子带来不利的影响，柳某也必须向法院提出中止江某探望的申请，她不能私自阻挠江某与孩子见面。

【法条链接】

《婚姻法》第三十八条　离婚后，不直接抚养子女的父或母，有探望子女的权利，另一方有协助的义务。

行使探望权利的方式、时间由当事人协议；协议不成时，由人民法院判决。

父或母探望子女，不利于子女身心健康的，由人民法院依法中止探望的权利；中止的事由消失后，应当恢复探望的权利。

★离婚后，可以要求变更孩子的抚养权吗

【案例】

钱某与安某离婚后，妻子安某

取得了孩子的抚养权。离婚没多久，安某被检查出患有癌症，且已到晚期，生命岌岌可危。为了孩子，安某遂向法院申请变更孩子的抚养权，把孩子交与前夫钱某抚养。法院会支持这个请求吗？

【法律解析】

法院会支持安某的请求的。我国法律明确规定，与子女共同生活的一方因患严重疾病或因伤残无力继续抚养子女的，法院会依照诉求，予以变更孩子的抚养权。本案中安某的身体状况已经不能再继续抚养孩子，法院会依法支持其诉讼请求。

【法条链接】

《最高人民法院关于人民法院审理离婚案件处理子女抚养问题的若干具体意见》第十六条 一方要求变更子女抚养关系有下列情形之一的，应予支持。

（1）与子女共同生活的一方因患严重疾病或因伤残无力继续抚养子女的；

（2）与子女共同生活的一方不尽抚养义务或有虐待子女行为，或其与子女共同生活对子女身心健康确有不利影响的；

（3）十周岁以上未成年子女，愿随另一方生活，该方又有抚养能力的；

（4）有其他正当理由需要变更的。

★法院强制执行探视权指的是什么

【案例】

孙某在与丈夫高某离婚后，取得了孩子的抚养权。由于在婚姻存续期间，孙某与丈夫的感情非常不好，因此十分憎恨丈夫。离婚后，孙某不想让孩子与生父高某有任何牵扯，但又担心，如果自己强行阻止高某行使探视的权利，会被法院强制执行，孩子会被强行带走。法院在强制执行时，是将孩子强行带走吗？

【法律解析】

本案中所谓的强制执行，并非把孩子强行带走。依照我国《婚姻法》及相关司法解释的规定，法院在强制执行的时候，不能对子女的人身、探望行为进行强制执行，而是对拒不履行协助另一方行使探望权的有关个人和单位采取拘留、罚款等强制措施。

★夫妻离婚后，不抚养子女的一方就什么都不管了吗

【案例】

赵某与冯某离婚后，妻子赵某取得了孩子的抚养权。冯某以已与赵某离婚为由，拒绝对孩子履行任何抚养义务。赵某遂向法院提起诉讼，要求冯某承担子女的抚养教育费用。法院会支持赵某的诉求吗?

【法律解析】

法院会支持赵某的诉求。父母与子女的关系，不会因为父母的离婚而消除，父母对子女的抚养义务，也不因父母离婚而消除。离婚后，不与子女共同生活的一方仍然负有对子女抚养的义务。本案中冯某与孩子是父子关系，冯某当然要履行抚养义务。

【法条链接】

《婚姻法》第三十六条　父母与子女间的关系，不因父母离婚而消除。离婚后，子女无论由父或母直接抚养，仍是父母双方的子女。

离婚后，父母对于子女仍有抚养和教育的权利和义务。

离婚后，哺乳期内的子女，以随哺乳的母亲抚养为原则。哺乳期后的子女，如双方因抚养问题发生争执不能达成协议时，由人民法院根据子女的权益和双方的具体情况判决。

第三十七条　离婚后，一方抚养的子女，另一方应负担必要的生活费和教育费的一部或全部，负担费用的多少和期限的长短，由双方协议；协议不成时，由人民法院判决。

关于子女生活费和教育费的协议或判决，不妨碍子女在必要时向父母任何一方提出超过协议或判决原定数额的合理要求。

★非婚生子女有权要求亲生父母履行抚养义务吗

【案例】

董某在与妻子婚姻存续期间，与情人发生不正当关系而生下一女。为了不破坏自己的家庭，董某

不肯认领这个孩子，而让情人独自抚养，孩子的相应权利得不到实现。请问，非婚生子女有权要求亲生父母履行抚养义务吗?

【法律解析】

非婚生子女与婚生子女一样，同样有权要求自己的亲生父母履行抚养义务。在实际生活中，非婚生子女的地位是很尴尬的，通常得不到父母的承认，生活也没有保障。针对此问题，我国法律作出了非常明确的规定，非婚子女享有与婚生子女同等的权利，从立法上确实保护了非婚生子女的合法权益。

★大学生没有生活来源，能要求父母给付抚育费吗

【案例】

孙某（20岁）读大二的时候，父母因感情破裂协议离婚。协议商定让女儿跟随母亲生活，父亲每月给付抚育费，直到女儿完成大学学业。后来父亲以女儿已成年为由，拒绝给付抚育费。正在上大学的成年子女可以要求父母给付抚育费吗?

【法律解析】

上大学的成年子女可以要求父母给付抚育费。对于已满18周岁的成年人但仍然是在校的大学生，因其没有工作，没有经济来源，不能独立生活，其父母如有给付能力，仍须负担必要的抚育费。

★人工授精所生的孩子，离婚时父母都不要怎么办

【案例】

余某与李某自2002年结婚后，因男方原因，一直没有子女。后来通过人工授精手段，生下了一个女儿。2008年，因感情破裂，两人离婚。离婚后，两人均以女儿是通过医学手段而非自然生产为由，拒绝承认其为婚生子女，不履行抚养义务。通过人工授精所生的孩子，离婚时父母都不要该怎么办?

【法律解析】

本案中，余某与李某通过人工授精的方式生有一个女儿，这个女孩的地位等同于婚生子女的地位，一样享有被抚养的权利，其合法权

益受法律保护。虽然两人离婚，但两人与孩子的关系不变，应履行抚养义务。

★父母给付子女的抚养费一般有多少

【案例】

高某在北京某高中读三年级，父母皆为国企职工。后来，高某的父母因感情不和协议离婚，高某跟随母亲居住。高某的父亲每月给付孩子抚育费400元，高某认为400元的数额不能维持一个月的基本生活，要求父亲提高抚育费的数额，高父不肯。高某随即向法院提起诉讼。经查高父的工资是每月4000元。法院会支持高某的诉求吗?

【法律解析】

法院会支持高某的诉求。按照我国相关法律的规定，有固定收入的，抚育费一般可按其月总收入的百分之二十至三十的比例给付。本案中高父给予高某的生活费显然低于这一比例，因此高某可以请求父亲按照月薪的百分之二十至三十的比例给付抚育费。

遗产继承篇

——指点迷津

遗 产

★五保户的遗产应归谁

【案例】

汪某自从女儿出嫁后，孤苦伶仃，没人照顾。去年村委会将他评为五保户，享受五保待遇，但没有签订扶养协议。今年初汪某病故，留下一套房子和1万元存款，没有遗嘱。村委会认为遗产应归集体所有，汪某女儿回来后认为遗产应归她所有。那么，汪某的遗产应当归谁所有？

【法律解析】

根据相关法律规定，集体组织对五保户实行五保时，双方有扶养协议的，按协议处理；没有抚养协议，死者有遗嘱继承人或法定继承人要求继承的，按遗嘱继承或法定继承处理，但集体组织有权要求扣回五保费用。本案中，汪某跟村委会没有签订扶养协议，所以汪某的女儿是合法的继承人。但是村委会有权在汪某的遗产范围内要求扣回所支出的五保费用。

【法条链接】

《继承法》第五条　继承开始后，按照法定继承办理；有遗嘱的，按照遗嘱继承或者遗赠办理；有遗赠扶养协议的，按照协议办理。

★抚恤金属于遗产吗

【案例】

刘某在一次车祸中丧生，单位为此发了一笔抚恤金。请问，单位发的这笔抚恤金能否作为刘某遗产的一部分由继承人共同继承？

【法律解析】

不能。抚恤金是死者生前单位或有关民政部门发放给死者直系亲属或其供养亲属的费用，具有抚恤性质。根据《继承法》第三条的规定，抚恤金不包含在遗产范围内，不能作为遗产由继承人共同继承。

《继承法》第三条　遗产是公民死亡时遗留的个人合法财产，包括：

（一）公民的合法收入；

（二）公民的房屋、储蓄和生活用品；

（三）公民的林木、牲畜和家禽；

（四）公民的文物、图书资料；

（五）法律允许公民所有的生产资料；

（六）公民的著作权、专利权中的财产权利；

（七）公民的其他合法财产。

★未指定受益人的保险金能作为被保险人的遗产吗

【案例】

司机小周生前在保险公司投保了人身意外伤害险。在一次交通事故中，小周因伤势过重而死亡，后来保险公司赔偿了巨额的保险金。请问，保险金可以作为遗产被继承吗？

【法律解析】

保险分为人身保险和财产保险，在是否将保险金作为遗产继承的问题上，要区别对待。财产保险可以作为遗产被继承，但人身险的认定比较复杂。人身险通常会涉及受益人的问题，如果人身险指定了受益人，则被保险人死亡后，保险金应支付给受益人；如果没有指定受益人，则保险金应作为遗产由继承人继承。本案中，小周生前投保的人身意外伤害险没有指定受益人，可以作为遗产。

【法条链接】

《中华人民共和国保险法》（以下简称《保险法》）第四十二条　被保险人死亡后，有下列情形之一的，保险金作为被保险人的遗产，由保险人依照《中华人民共和国继承法》的规定履行给付保险金的义务：

(一)没有指定受益人，或者受益人指定不明无法确定的；

(二)受益人先于被保险人死亡，没有其他受益人的；

(三)受益人依法丧失受益权或者放弃受益权，没有其他受益人的。

受益人与被保险人在同一事件中死亡，且不能确定死亡先后顺序的，推定受益人死亡在先。

★遗产中包括“文物”，可以按照一般遗产认定吗

【案例】

北京市高级人民法院受理了一个遗产纠纷案件。死者钟仁正，他的遗产中有国家重要的历史文物和资料，对国家有着重大意义。钟仁正的弟弟钟敬宽依法应该继承钟仁正的遗产，当然包括这些历史文物资料。这些国家重要的历史文物和资料可以按照一般遗产认定吗？

【法律解析】

按照《继承法》的相关规定，公民的合法财产在公民死后，可以成为公民的遗产。但是，对于遗产中涉及国家重要的历史文物和资料的，没有相关规定。根据相关司法解释，珍贵的文物应上缴国家，国家会给予公民一定的物质报酬和精神鼓励。如果公民不愿意捐献，那么，国家将采取收购的方式，将珍贵文物收归国有，所支付的价款，继承人可以继承。

【法条链接】

《最高人民法院关于对遗产中文物如何处理问题的批复》

北京市高级人民法院：

你院1981年8月31日（81）京高法字第96号《关于钟仁正遗产如何处理的请示》报告收悉，经研究：关于继承权问题，我们同意你院第二种意见，即按照现行有关政策法律规定，钟仁正五弟钟敬宽应有继承权。钟仁正遗产中的文物处理问题，应依靠当地党委和群众，动员钟敬宽将重要的历史文物和资料捐献给国家，国家给予钟敬宽一定的物质报酬和精神鼓励。如钟敬宽不愿捐献，可参照中共中央〔1971〕12号文件精神和1978年8月24日中共中央批转上海市委《关于落实党对民族资产阶级若干政策问题的请示报告》中的有关规定，判决由国家收购，价款列入遗产，由钟敬宽继承。

此复

继承权

★继子女有继承权吗

【案例】

刘某在与前夫离婚前，育有一个儿子，离婚后，由刘某抚养。后来，刘某与单身男子罗某相识并结婚。婚后，两人生有一个女儿。罗某去世后，刘某与前夫的儿子享有对罗某遗产的继承权吗?

【法律解析】

此子享有继承权。我国《继承法》中明确规定，法定继承中，所指的子女，包括婚生子女、非婚生子女、养子女和有扶养关系的继子女。此子为罗某的继子，依法享有继承权。

【法条链接】

《继承法》第十条第三款 本法所说的子女，包括婚生子女、非婚生子女、养子女和有扶养关系的继子女。

★过继子有继承权吗

【案例】

管某中年丧妻，儿子倒插门到外地，很少回家看望管某。后来，管某堂弟把小儿子旺财过继给管某，过继后，旺财悉心照料管某的生活，和管某相处得很融洽。几年后，管某病逝，旺财准备继承其遗产，但管某的儿子认为自己才是唯一继承人，旺财只是过继，没有继承权。那么，过继子有没有继承权呢?

【法律解析】

本案中，旺财过继给管某以后，悉心照料管某的生活，尽到了扶养义务，可以认为旺财与管某之间形成了事实上的收养关系。根据有关规定，过继子女与过继父母形成扶养关系的，即为养子女，互有继承权。因此，旺财作为与管某有着抚养关系的过继子，享有继承其过继父亲管某遗产的权利。

【法条链接】

《最高人民法院关于贯彻执行

民事政策法律若干问题的意见》第三十八条 “过继”子女与“过继”父母形成扶养关系的，即为养子女，互有继承权；如系封建性质的“过继”“立嗣”，没有形成抚养关系的，不能享有继承权。

《继承法》第十条 婚生子女、非婚生子女、养子女和有抚养关系的继子女都是法定的第一顺序继承人。

★非婚生子女有继承权吗

【案例】

郭某在与丈夫韩某婚姻存续期间，长期与一男子保持不正当的男女关系，并生有一女。不久，郭某与该男子的关系结束，此女一直由郭某的母亲抚养，直至成年。郭某死后，已经成年的女孩要求参与继承。那么，郭某之女享有继承权吗?

【法律解析】

郭某之女享有继承权。我国《婚姻法》规定，非婚生子女与婚生子女享有同等的权利，包括继承权。《继承法》对此进行了进一步的明确规定，子女包括婚生子女与非婚生子女。本案中，尽管郭某之女是非婚生子女，但与婚生子女一样，享有同等的权利，任何人不得以任何理由加以干涉。

★曾经犯罪服刑的人能否继承遗产

【案例】

2006年，蔡某因为盗窃被法院判刑，后来刑满出狱。不久其父得了重病，于2006年年底去世。蔡某母亲早已去世。蔡某只有一个弟弟，在分配遗产时，其弟以蔡某犯罪为由，不让蔡某继承遗产。请问，蔡某弟弟的说法正确吗？曾经犯罪服刑的人能否继承遗产?

【法律解析】

蔡某弟弟的说法不正确，蔡某仍享有继承权。我国有关法律明确规定了丧失继承权的几种情况，根据法律规定，蔡某虽然曾经犯罪服刑，但没有犯丧失继承权的罪行，可以继承其父的遗产。

【法条链接】

《继承法》第七条 继承人有下列行为之一的，丧失继承权：

（一）故意杀害被继承人的；

（二）为争夺遗产而杀害其他继承人的；

（三）遗弃被继承人的，或者虐待被继承人情节严重的；

（四）伪造、篡改或者销毁遗嘱，情节严重的。

★正在服刑的人有无继承权需区别对待

【案例】

王某去世时，其儿子正在监狱服刑，那么，王某的儿子享有继承权吗？

【法律解析】

对于此问题的认定，要分不同的情况区别对待。如果此子是因为《继承法》第七条中所列罪行入狱服刑的，依法丧失继承权。如果是因为触犯其他法律入狱的，则仍然享有继承权。

★弟弟有权继承哥哥承包的林地吗

【案例】

孙大、孙二兄弟俩相依为命。在一次车祸中，哥哥孙大身亡。孙大生前承包了一块林地，种有多种树木。孙大去世后，生产队把他承包的林地收回，孙二不服。请问，孙二有权继承吗？

【法律解析】

孙二有权继承。因为孙大没有第一顺序继承人（配偶、子女、父母），孙二作为第二顺序继承人可以继承林木和承包收益。另外，根据有关法律规定，孙二也可以继续承包哥哥孙大的林地。

【法条链接】

《中华人民共和国农村土地承包法》（以下简称《农村土地承包法》）第三十一条　承包人应得的承包收益，依照继承法的规定继承。林地承包的承包人死亡，其继承人可以在承包期内继续承包。

《继承法》第四条　个人承包应得的个人收益，依照本法规定继承。个人承包，依照法律允许由继承人继续承包的，按照承包合同办理。

★法定代理人可以处分未成年人的遗产继承权吗

【案例】

小石的父母在小石很小的时候就去世了，小石的叔叔成为小石的监护人。小石的祖父去世后，小石按法定顺序参与继承，由小石的叔叔代理继承权。请问，小石的叔叔可以代小石放弃继承权吗？

【法律解析】

我国法律明确规定，法定代理人代理被代理人行使继承权、受遗赠权，不得损害被代理人的利益。法定代理人一般不能代理被代理人放弃继承权、受遗赠权。明显损害被代理人利益的，应认定其代理行为无效。因此，本案中小石的叔叔不能代替小石放弃继承权。

【法条链接】

《最高人民法院关于贯彻执行〈中华人民共和国继承法〉若干问题的意见》（以下简称《继承法意见》）第八条　法定代理人代理被代理人行使继承权、受遗赠权，不得损害被代理人的利益。法定代理人一般不能代理被代理人放弃继承权、受遗赠权。明显损害被代理人利益的，应认定其代理行为无效。

★不履行赡养义务的子女还有继承权吗

【案例】

宋某在年轻的时候，积攒了一笔不小的财产，一直存在银行里，子女们都不知道。宋某起初与儿子共同生活，但儿子不孝顺，经常打骂宋某。宋某无奈，只得与女儿一家共同生活，自此宋某之子再没有履行过赡养的义务。老人去世后，这笔财产留给了女儿。儿子知道此事后，认为自己也有继承权。那么，宋某之子还有继承权吗？

【法律解析】

宋某之子不再享有继承权。我国《继承法》规定，虐待、不履行赡养义务的继承人丧失继承权。如果情节极为恶劣，还可以根据《刑法》的规定追究其刑事责任。本案中，宋某之子对宋某不履行赡养义务，不再享有继承权。

★未出生的胎儿有继承权吗

【案例】

陈某与魏某结婚后不久，丈夫魏某遭遇空难，不幸身亡。此时，妻子陈某已经怀有3个月的身孕。在继承遗产时，魏某还未出生的孩子有继承权吗?

【法律解析】

魏某还未出生的孩子有继承权。尽管我国《民法通则》规定，公民的民事权利能力始于出生，即孩子自出生时起，才是公民，才享有权利，履行义务。但是，为保护即将出生但还未出生的孩子的利益，《继承法》也作出了相应规定：遗产分割时，应保留胎儿的继承份额。因此，魏某未出生的孩子享有继承权。

【法条链接】

《继承法》第二十八条　遗产分割时，应当保留胎儿的继承份额。胎儿出生时是死体的，保留的份额按照法定继承办理。

★代位继承人该怎么确定

【案例】

杜某去年因车祸去世，其父亲因伤心欲绝，于今年离开人世。杜某父亲去世时留有一笔遗产，但生前没有立遗嘱。请问，杜某父亲的这笔遗产该由杜某的儿子还是杜某的妻子来代位继承?

【法律解析】

我国有关法律规定，被继承人的子女先于被继承人死亡的，由被继承人的子女的晚辈直系血亲代位继承。代位继承人一般只能继承他的父亲或者母亲有权继承的遗产份额。代位继承只适用于法定继承，只能由被继承人的子女的晚辈直系血亲来代位继承。所以，本案中，应当由杜某的儿子来代位继承其爷爷的遗产。

★继承权纠纷提起诉讼的期限是多长时间

【案例】

吴某常年在外地经商，很少回家。后来父亲去世，吴某的姐姐没有将父亲去世的消息告诉吴某，独占了父亲留下的财产。一年后，吴某回到家中，得知了父亲已经去世的消息，伤心欲绝。随后又得知了姐姐独占父亲遗产，遂向法院提起了诉讼。时隔一年之久，法院还会受理吗？

【法律解析】

法院会受理。继承权纠纷的诉讼时效为二年，自继承人知道或者应当知道其权利被侵犯之日起计算。吴某知道自己的合法权益受到侵害后，立即向法院提起诉讼，没有超过诉讼时效，因此法院会予以受理。

【法条链接】

《继承法》第八条 继承权纠纷提起诉讼的期限为二年，自继承人知道或者应当知道其权利被侵犯之日起计算。但是，自继承开始之日起超过二十年的，不得再提起诉讼。

法定继承

★法定继承的顺序是什么

【案例】

某富商李某在一次意外事故中身亡，但他去世前没有立遗嘱，于是按照法定继承顺序继承遗产。那么，法定继承顺序是怎样的？

【法律解析】

法定继承顺序是按照家庭生活中，家庭成员之间的关系确定的，按照亲密至疏远的顺序排列。第一顺序继承人为配偶、子女、父母，第二顺序继承人为兄弟姐妹、祖父母、外祖父母。继承开始后，由第一顺序继承人继承，没有第一顺序继承人的，由第二顺序继承人继承。

【法条链接】

《继承法》第十条 遗产按照下列顺序继承：

第一顺序：配偶、子女、父母。

第二顺序：兄弟姐妹、祖父母、外祖父母。

继承开始后，由第一顺序继承人继承，第二顺序继承人不继承。没有第一顺序继承人继承的，由第二顺序继承人继承。

本法所说的子女，包括婚生子女、非婚生子女、养子女和有扶养关系的继子女。

本法所说的父母，包括生父母、养父母和有扶养关系的继父母。

本法所说的兄弟姐妹，包括同父母的兄弟姐妹、同父异母或者同母异父的兄弟姐妹、养兄弟姐妹、有扶养关系的继兄弟姐妹。

第十一条 被继承人的子女先于被继承人死亡的，由被继承人的子女的晚辈直系血亲代位继承。代位继承人一般只能继承他的父亲或者母亲有权继承的遗产份额。

第十二条 丧偶儿媳对公、婆，丧偶女婿对岳父、岳母，尽了主要赡养义务的，作为第一顺序继承人。

★夫妻都死亡，留下的遗产该如何分割

【案例】

钟某和贺某系夫妻关系，无子女。2008年10月夫妻二人外出旅游途中遭遇车祸，钟某当场死亡，贺某在送往医院途中身亡。钟某的父母都健在，贺某的父母已去世，但有一个弟弟。钟某和贺某都没有设立遗嘱。现在钟某的父母和贺某的弟弟就遗产继承发生纠纷。请问，钟某和贺某留下的遗产应该如何分割？

【法律解析】

因在交通事故中钟某先于贺某去世，所以应当先将他们共同所有的财产的一半分出为贺某所有，其余的一半按照法定继承由贺某和钟某的父母亲三人分得。贺某的遗产按照《继承法》第十条规定继承，第一顺序继承人为配偶、子女、父母。第二顺序继承人为兄弟姐妹、祖父母、外祖父母。继承开始后，由第一顺序继承人继承，第二顺序继承人不继承。没有第一顺序继承人继承的，由第二顺序继承人继承。

【法条链接】

《继承法》第二十六条 夫妻在婚姻关系存续期间所得的共同所有的财产，除有约定的以外，如果分割遗产，应当先将共同所有的财产的一半分出为配偶所有，其余的为被继承人的遗产。

遗产在家庭共有财产之中的，遗产分割时，应当先分出他人的财产。

★互有继承权的人同时死亡，继承如何确定

【案例】

沈某夫妇利用假期，带8岁的儿子去外地旅游。在返程途中，因飞机失事，一家人不幸全部遇难。在这样的情况下，继承顺序该如何确定？

【法律解析】

《继承法》的司法解释明确规定，相互有继承关系的几个人在同一事件中死亡，如不能确定死亡先后时间的，推定没有继承人的人先死亡。死亡人各自都有继承人的，如几个死亡人辈分不同，推定长辈先死亡；几个死亡人辈分相同，推定同时死亡，彼此不发生继承，由他们各自的继承人分别继承。

本案中，沈某之子没有继承人，应推定其先死。而沈某夫妇是同辈，应推定二人同时死亡，他们之间不发生继承关系，而由他们各自的继承人分别继承。

★遗留在银行的存款该怎么继承

【案例】

边某几个月前因病突然去世，工资卡里钱尚未取出。边某十几年前就已离婚，他有一个刚满18周岁的儿子，一个90岁的老母亲和两个哥哥、一个弟弟、一个妹妹。请问，他的工资卡里的钱应由谁继承？

【法律解析】

有遗嘱的，按遗嘱继承；没有遗嘱，则由第一顺序继承人边某的儿子和他母亲继承其遗留的个人合法财产。法定继承人如果知道工资卡的密码，可以直接到银行支取。如果不知道密码，则需要履行一系列手续。各个银行的规定可能不太一致。一般来说，继承人需出具工资卡、身份证、户口簿、存款人死亡证明、继承权公证书等材料才可以取出存款。

【法条链接】

《继承法》第十条　遗产按照下列顺序继承：

第一顺序：配偶、子女、父母。

第二顺序：兄弟姐妹、祖父母、外祖父母。

继承开始后，由第一顺序继承人继承，第二顺序继承人不继承。没有第一顺序继承人继承的，由第二顺序继承人继承。

本法所说的子女，包括婚生子女、非婚生子女、养子女和有扶养关系的继子女。

本法所说的父母，包括生父母、养父母和有扶养关系的继父母。

本法所说的兄弟姐妹，包括同父母的兄弟姐妹、同父异母或者同母异父的兄弟姐妹、养兄弟姐妹、有扶养关系的继兄弟姐妹。

★依靠被继承人扶养的孤儿可以要求分得适当遗产吗

【案例】

郝某生前资助了一名孤儿，该孤儿的日常生活费用及教育投资费用均由郝某承担。郝某去世后，这名儿童可以分到适当的遗产吗？

【法律解析】

这名儿童可以分到适当的遗产。我国《继承法》及相关司法解释规定，对继承人以外的依靠被继承人扶养的缺乏劳动能力又没有生活来源的人，或者继承人以外的对被继承人扶养较多的人，可以分配给他们适当的遗产。本案中，郝某所资助的儿童是孤儿，其情形符合《继承法》的上述规定，因此可以分到适当的遗产。

【法条链接】

《继承法》第十四条　对继承人以外的依靠被继承人扶养的缺乏劳动能力又没有生活来源的人，或者继承人以外的对被继承人扶养较多的人，可以分配给他们适当的遗产。

★继子女有权继承继父母和生父母双份遗产吗

【案例】

童某与周某离婚后，孩子跟随母亲周某生活。离婚后不久，周某再婚，再婚后没有子女。而童某一直独居。那么，孩子有权继承生父母以及继父的双份遗产吗？

【法律解析】

孩子可以继承生父母以及继父的双份财产。与收养关系不同，继子女与继父母的关系因亲生父母一方与继父母一方的合法婚姻关系而建立，但是与继父母的关系的建立不影响继子女与生父母的关系，也就是说，此时的继子女无论与生父母还是继父母，都有父母与子女的权利义务关系。

【法条链接】

《继承法意见》第二十一条 继子女继承了继父母遗产的，不影响其继承生父母的遗产。

继父母继承了继子女遗产的，不影响其继承生子女的遗产。

★主动赡养孤寡老人者，可以继承老人遗产吗

【案例】

钱某是一位年近80的老人，无儿无女，一直独居。富有同情心的邻居何某见老人独居，无人照顾，便主动照顾老人，直至老人去世。那么，老人的遗产，何某可以继承吗？

【法律解析】

何某可以继承老人的遗产。根据《继承法》相关规定，履行了赡养义务是享有继承权的实质要件。何某照顾了老人，根据相关的司法解释，可以继承老人的遗产。

【法条链接】

《继承法》第十四条 对继承人以外的依靠被继承人扶养的缺乏劳动能力又没有生活来源的人，或者继承人以外的对被继承人扶养较多的人，可以分配给他们适当的遗产。

★遗产继承适用同居关系需区别对待

【案例】

许某与蔡某没有办理结婚登记而同居，在日常生活中，他们以夫妻名义从事各种活动，周围的邻居都以为两人是夫妻。许某在一次意外中丧生，蔡某可以继承许某的遗

产吗？

【法律解析】

对此问题，要分不同的情况区别对待。如果两人的关系被认定为事实婚姻关系，则蔡某可以以配偶的身份参与继承；如果被认定为非法同居关系，而又符合《继承法》第十四条规定的，可根据相互扶助的具体情况处理。如果是对继承人以外的依靠被继承人扶养的缺乏劳动能力又没有生活来源的人，或者继承人以外的对被继承人扶养较多的人，可以分给他们适当的遗产。

【法条链接】

《婚姻法解释（一）》第五条 未按婚姻法第八条规定办理结婚登记而以夫妻名义共同生活的男女，起诉到人民法院要求离婚的，应当区别对待：

（一）1994年2月1日民政部《婚姻登记管理条例》公布实施以前，男女双方已经符合结婚实质要件的，按事实婚姻处理；

（二）1994年2月1日民政部《婚姻登记管理条例》公布实施以后，男女双方符合结婚实质要件的，人民法院应当告知其在案件受理前补办结婚登记；未补办结婚登记的，按解除同居关系处理。

第六条 未按婚姻法第八条规定办理结婚登记而以夫妻名义共同生活的男女，一方死亡，另一方以配偶身份主张享有继承权的，按照本解释第五条的原则处理。

《继承法》第十四条 对继承人以外的依靠被继承人扶养的缺乏劳动能力又没有生活来源的人，或者继承人以外的对被继承人扶养较多的人，可以分给他们适当的遗产。

★丧失继承权的，其子女能代位继承吗

【案例】

路某经常虐待、打骂自己的父母，情节十分恶劣。在一次交通事故中，路某与妻子双双身亡，只留下一个儿子。如果路某的父母去世，路某的儿子可以代位继承吗？

【法律解析】

路某的儿子不能代位继承。路某生前有打骂、虐待父母的行为，

且性质恶劣，应被认定为丧失继承权。父母丧失继承权的情况下，其子女不能代位继承，即路某的儿子不能代位继承遗产。

【法条链接】

《继承法意见》第二十八条　继承人丧失继承权的，其晚辈直系血亲不得代位继承。如该代位继承人缺乏劳动能力又没有生活来源，或对被继承人尽赡养义务较多的，可适当分给遗产。

遗嘱继承

★因受胁迫所立的遗嘱有效吗

【案例】

唐某有兄弟姐妹4个，父亲在世时表示，自己一旦辞世，财产由子女们平分，即每个子女都平均地得到1/4的遗产。但是，唐某觊觎父亲的巨额家财已经很久了，一直希望独自继承。走火入魔的唐某逼迫父亲立下了所有遗产都由唐某继承的遗嘱，以便父亲死后，自己可以独自占有遗产。这份遗嘱有效吗？

【法律解析】

这份遗嘱是没有法律效力的。我国《继承法》对遗嘱无效的情形作了列举式的规定，其中包括受胁迫所立的遗嘱。本案中唐某的遗嘱是受其子胁迫而立，因此无效。

★8岁小男孩设立的遗嘱有效吗

【案例】

小腾是一个8岁的小男孩，父母在一次空难中去世，小腾于是成为万贯家财的唯一继承人。小腾年幼，小腾的舅舅成为小腾的监护人。小腾的舅舅教唆小腾立下遗嘱：小腾死后，财产全部由小腾的舅舅继承。这份遗嘱是有效的吗？

【法律解析】

这份遗嘱没有效力。我国法律明确规定，无行为能力人设立的遗嘱是没有法律效力的。小腾只是一个8岁的孩子，属于无行为能力人，设立的遗嘱是没有法律效力的。

★以电子邮件形式所立的遗嘱有效吗

【案例】

随着网络的不断普及，许多老人也学会用电脑发电子邮件，有的老人甚至将自己的遗嘱写在电子邮件中。那么，以电子邮件形式所立的遗嘱有效吗？

【法律解析】

无效。订立有效的遗嘱不仅要具备法定的实质要件，例如，必须有遗嘱能力，遗嘱的内容必须合法，遗嘱必须是遗嘱人自由、真实意愿的表达等，遗嘱还必须符合法定形式要件。《继承法》规定了五种遗嘱形式：公证遗嘱、自书遗嘱、代书遗嘱、录音遗嘱和口头遗嘱。以电子邮件形式所立的遗嘱不符合法定形式，因此是无效的。

【法条链接】

《继承法》第十七条 公证遗嘱由遗嘱人经公证机关办理。

自书遗嘱由遗嘱人亲笔书写，签名，注明年、月、日。

代书遗嘱应当有两个以上见证人在场见证，由其中一人代书，注明年、月、日，并由代书人、其他见证人和遗嘱人签名。

以录音形式立的遗嘱，应当有两个以上见证人在场见证。

遗嘱人在危急情况下，可以立口头遗嘱。口头遗嘱应当有两个以上见证人在场见证，危急情况解除后，遗嘱人能够用书面或者录音形式立遗嘱的，所立的口头遗嘱无效。

★遗嘱设立后，又对遗嘱财产进行处理，遗嘱还有效吗

【案例】

熊某去世前，设立了一份遗嘱，称其遗产中房屋由长子继承，50万元现金由其次子继承。遗嘱设立后不久，熊某又将遗嘱中的10万元现金拿出来，用于炒股票，全部被套。这种情况下，遗嘱应如何认定？

【法律解析】

按照《继承法意见》第三十九条的规定，如果遗嘱人生前的行为

与遗嘱的意思表示相反，导致在继承开始前遗嘱中所涉及的财产所有权发生变动的，应当认定为遗嘱被撤销或部分被撤销。本案在继承开始前，熊某处分了遗嘱中所涉及的部分财产，应当视为遗嘱被部分撤销。

【法条链接】

《继承法意见》第三十九条 遗嘱人生前的行为与遗嘱的意思表示相反，而使遗嘱处分的财产在继承开始前灭失，部分灭失或所有权转移、部分转移的，遗嘱视为被撤销或部分被撤销。

★临终前立的口头遗嘱怎样才算有效

【案例】

某集团公司总裁包某遭遇车祸，到医院抢救时已经奄奄一息，临终前对身边的3个经理交代后事，让次子接替自己的位置，掌管公司。包某去世后，长子以父亲临终前的口头遗嘱无效为由，要求接管公司，于是发生纠纷。那么，临终前的口头遗嘱有没有法律效力？

【法律解析】

我国《继承法》规定，遗嘱人在危急情况下，在有两个以上见证人在场的情况下，可以立口头遗嘱。本案中包某在临终前的紧急时刻，在身边有两个以上见证人的情况下，设立了口头遗嘱，应该被认定为是有效的。

★个人所立的遗嘱必须经过公证才有法律效力吗

【案例】

经商多年的董某，有一笔巨款。因现在年事已高，所以他想立一份遗嘱，将存款分割，分别交给三个儿子。但他听别人说，个人所立的遗嘱一定要经过公证才有法律效力。请问，有这样的法律规定吗？

【法律解析】

没有这样的法律规定，遗嘱不是一定非要经过公证才有法律效力的。只要符合相关法规中对遗嘱的规定即可。根据《继承法》第十六条的规定，董某可以立遗嘱，将存款分给三个儿子。

【法条链接】

《继承法》第十六条　公民可以依照本法规定立遗嘱处分个人财产，并可以指定遗嘱执行人。

公民可以立遗嘱将个人财产指定由法定继承人的一人或者数人继承。

公民可以立遗嘱将个人财产赠给国家、集体或者法定继承人以外的人。

★涉及死后个人财产处分内容的遗书是遗嘱吗

【案例】

宋某自妻子去世后，伤心欲绝。无法经受思妻之苦的宋某，最终决定自我了断。在书写了一份遗书后，宋某跳河自尽了。宋某的弟弟在整理宋某的遗物时，发现了这份遗书，遗书中涉及了宋某死后财产如何处分的问题，并有宋某的亲笔签名及日期。这份遗书应该算作遗嘱吗？

【法律解析】

这份遗书可以视为遗嘱。我国最高人民法院对《继承法》的司法解释规定，公民在遗书中涉及死后财产处分的内容，确为死者真实的意思表示，如果有本人的签名和明确的时间，且无相反证据的情况下，可以认定为自书遗嘱。本案中，宋某所写遗书符合上述司法解释的规定，因此可以被视为有效的遗嘱。

★有多份遗嘱的，应适用哪一份

【案例】

李某退休后跟儿子一起生活。2002年2月，他自书遗嘱，决定在其去世后，全部存款和一套房屋由儿子继承。后来因儿媳妇不孝顺，李某搬到女儿家居住。2004年5月，李某又立了一份遗嘱，内容是全部存款归女儿，房屋由儿子继承，并作了公证。2006年12月，李某病重住进医院，女儿细心照顾，可是儿子很少去探望。在弥留之际，他当着三个医生的面立下口头遗嘱，将其全部存款和一套房屋都留给女儿继承。李某去世后，儿女在继承遗产时发生纠纷。那么，三份遗嘱中应适用哪一份?

【法律解析】

应适用第二份公证遗嘱。本案中，李某分别立有自书、公证、口头遗嘱。如果三份遗嘱都符合法律规定，则以公证遗嘱为准。因为，所有的遗嘱形式中公证遗嘱效力最高，在已有一份公证遗嘱的情况下，其他形式的遗嘱都不能推翻公证遗嘱，除非再立一份公证遗嘱才能推翻之前的公证遗嘱。李某立有一份公证遗嘱，最后的口头遗嘱不能变更之前的公证遗嘱，所以应适用公证遗嘱。

【法条链接】

《继承法》第二十条 遗嘱人可以撤销、变更自己所立的遗嘱。

立有数份遗嘱，内容相抵触的，以最后的遗嘱为准。

自书、代书、录音、口头遗嘱，不得撤销、变更公证遗嘱。

★遗嘱可以剥夺法定继承人的继承权吗

【案例】

李某一生艰苦奋斗，创办了一家全国知名的大型企业。李某立下遗嘱，自己死后，名下所有的资产全部捐献给希望小学。遗嘱中没有提到给其在美国工作的子女保留遗产的条款。那么，李某死后，其子女可以要求继承遗产吗?

【法律解析】

不能。《继承法》规定，继承开始后，如果有遗嘱，按照遗嘱规定的继承，即使遗嘱没有给法定继承人留下遗产，仍然是有效的遗嘱，即遗嘱可以排除法定继承人的继承权，但《继承法》同时规定，遗嘱应当对缺乏劳动能力又没有生活来源的继承人保留必要的遗产份额。本案中，李某的子女在美国工作，不属于没有劳动能力又无生活来源的人。因此，遗嘱有效，李某的子女不能要求继承遗产。

★遗嘱继承与法定继承哪个优先

【案例】

杜某去世前，设立了一份遗嘱。遗嘱中规定，将半数的遗产赠与长年照顾自己的某大学学生胡某。杜某去世后，在处理杜某遗产时发生了继承纠纷。杜某的子女不认同遗嘱中将遗产半数赠与胡某的条款，认为应该按照法定继承顺序继承。究竟遗嘱继承与法定继承哪个更为优先呢?

【法律解析】

按照我国《继承法》的相关规定，遗嘱继承与遗赠抚养协议优于法定继承。即继承开始后，有遗嘱的，先按照遗嘱继承；有遗赠扶养协议的，按照协议办理；都没有的，按照法定程序办理。本案中杜某立有将遗产的半数赠与胡某的遗嘱，所以应该按照遗嘱继承。

★遗嘱人以外的人可以变更遗嘱内容吗

【案例】

王某在设立遗嘱以后，将遗嘱的大致内容向家庭成员公布。王某的长子不满遗嘱的内容，遂找到律师，要求变更遗嘱。王某的长子有权这样做吗?

【法律解析】

王某的长子无权这样做。王某设立遗嘱是王某真实的意思表示，不能受到任何人的干扰。遗嘱一旦被设立后，除遗嘱人本人之外，其他任何人无权修改遗嘱。篡改遗嘱的，篡改的内容无效。

遗 赠

★养子女有权接受生父母的遗赠吗

【案例】

容某在三岁时与父母失散，父母寻不到孩子，后来去了英国。容某后来被赵氏夫妇收养。容某现已成年，被赵氏夫妇送到英国留学。在英国，一次偶然的机会，容某与生父母重逢。容某的生父母非常激动，立下遗嘱，死后，将所有的财产赠与容某。容某可以接受生父母的赠与吗?

【法律解析】

容某可以接受生父母的遗赠。我国法律规定，养子女与生父母之间的权利义务关系随着与养父母收养关系的成立而解除，养子女因此丧失法定继承人的资格。但《继承法》规定，公民可以立遗嘱将个人财产赠与继承人以外的人，因此，在本案中，容某虽与其生父母没有法律上的权利义务关系，但他可以接受生父母的赠与。

★遗嘱与遗赠扶养协议哪个优先

【案例】

姜某在离世前，立下遗嘱，全部的财产由儿子继承。同时，又与长年照顾自己的保姆签订了遗赠扶养协议，保姆履行协议规定的内容。继承开始后，发生了纠纷。这样的情况要如何处理？

【法律解析】

依据法律规定，被继承人生前与他人订有遗赠扶养协议，同时又立有遗嘱的，继承开始后，如果遗赠扶养协议与遗嘱没有抵触，遗产分别按协议和遗嘱处理；如果有抵触，按协议处理，与协议抵触的遗嘱全部或部分无效。因此本案的遗产分配应按遗赠扶养协议进行。

【法条链接】

《继承法》第五条 继承开始后，按照法定继承办理；有遗嘱的，按照遗嘱继承或者遗赠办理；有遗赠扶养协议的，按照协议办理。

《继承法意见》第五条 被继承人生前与他人订有遗赠扶养协议，同时又立有遗嘱的，继承开始后，如果遗赠扶养协议与遗嘱没有抵触，遗产分别按协议和遗嘱处理；如果有抗触，按协议处理，与协议抵触的遗嘱全部或部分无效。

合同篇

——理智交易警惕陷阱

合同的订立与效力

★合同签订需自愿，乘人之危不合法

【案例】

2009年5月，养殖户高某从某县良种场以每头800元的价格购得8头奶牛。由于自家存放的草料不够，高某又与同村村民冯某达成购买饲料的口头协议。商定冯某以每公斤0.2元的价格卖给高某饲料草4000公斤，11月交货付款。还未到交货的时间，高某家自存的草料不慎起火烧尽，急需用草料的高某要求冯某提前交付草料。谁知，冯某称他现在要牛不要钱，购买4000公斤饲料草所需的800元钱要以两头良种奶牛来折抵。高某不同意，并以冯某敲诈他为由向法院起诉，要求冯某支付草料，冯某则以口头协议不算数而拒绝履行。

【法律解析】

根据《合同法》第四条规定，当事人依法享有自愿订立合同的权利，任何单位和个人不得非法干预。本案中，双方当事人达成了购买饲料草的合同。此后，高某由于自存的饲料草被烧掉，要求冯某提前履行，这对冯某并无不利之处；而且，按照诚实信用原则，冯某此时应该协助高某渡过难关。但是，冯某却在对方急需饲料草之际提出明显不公平、不合理的要求，强迫对方用两头牛换取自己的4000公斤饲料草。根据《民法通则意见》第七十条的规定，可以认为是乘人之危。

【法条链接】

《合同法》第五十四条 下列合同，当事人一方有权请求人民法院或者仲裁机构变更或者撤销：

(一)因重大误解订立的；

(二)在订立合同时显失公平的。

一方以欺诈、胁迫的手段或者乘人之危，使对方在违背真实意思的情况下订立的合同，受损害方有权请求人民法院或者仲裁机构变更或者撤销。当事人请求变更的，人民法院或者仲裁机构不得撤销。

《民法通则意见》第七十条 一

方当事人乘对方处于危难之机，为牟取不正当利益，迫使对方作出不真实的意思表示，严重损害对方利益的，可以认定为乘人之危。

★高价牟取不正当利益的买卖合同是无效的吗

【案例】

A服装公司业务上需要购买某种特殊的布料，但是一直没有得到满意的回应。交货的日期一天天逼近，该公司十分着急，B公司得知以后，提出愿意以市场价的三倍出售同样的布料。A服装公司于是与B公司签订了合同，但是一年以后，A服装公司提出合同无效，要求B公司返还布料款。那么，该合同是否无效？

【法律解析】

B公司利用A服装公司急需布料之机，以市场价的三倍出售该布料，牟取不正当利益，使对方迫于无奈而订立了合同，这是乘人之危，该合同属于可撤销。但是根据《合同法》第五十五条的规定，具有撤销权的当事人自知道或者应当知道撤销事由之日起一年内没有行使撤销权，其撤销权消灭。因此，撤销权人行使撤销权必须符合规定的期限；超过该期限，撤销权消灭，合同即为有效。因此，本案中，A服装公司的撤销权已经消灭，无权要求返还钱款。

【法条链接】

《合同法》第五十五条 有下列情形之一的，撤销权消灭：

（一）具有撤销权的当事人自知道或者应当知道撤销事由之日起一年内没有行使撤销权；

（二）具有撤销权的当事人知道撤销事由后明确表示或者以自己的行为放弃撤销权。

★未成年人签订的合同是否有法律效力

【案例】

14周岁的于某，是某中学初中一年级的学生。一天路过一家网吧，于某见里边正在处理电脑，每台只卖1700元。于某想将电脑买下来。他算了算自己手头的压岁钱，共有1000元，便和网吧老板商量，先交1000元把电脑取走，其余700元老板和他一道回家去取，两人还签订了一份合同书。将电脑运回家后，网吧老板和于某的父母说明情况，要求于某的父母支付剩下的700元钱。于某的父母认为自己并不想买电脑，小孩子不懂事不能算数，要求网吧老板将电脑拉回，并返还已交的1000元。网吧老板认为，买电脑属于某自愿，且已经签了合同书，如果不买就属违约。这1000元属定金，买卖不成，定金就不能退。双方争执不下，于某的父母起诉到了法院。

【法律解析】

本案中，于某与网吧老板签订的合同属于效力待定合同。所谓效力待定合同，即合同某些方面不符合生效的要件，但并不属于无效合同或者可撤销合同，是通过当事人采取必要的补救办法，可以发生法律效力的合同。根据《合同法》第四十七条的规定，限制民事行为能力人订立的合同，经法定代理人追认后，该合同有效，也就是说，合同有效与否，取决于法定代理人是否追认。本案中，于某的法定代理人即他的父母对于其购买电脑一事持反对态度，即于某父母对这一效力待定的合同是拒绝追认的，那么于某与网吧老板所签订买卖电脑的合同为无效合同，网吧老板不能以定金形式扣押这1000元钱。

★没有签订书面合同，但已履行完毕是否有效

【案例】

2009年3月15日，某外贸公司为出口化工原料，到某化工厂采购化工原料400吨。外贸公司到化工厂看了样品、包装样品及产品说明书，双方口头商定：由化工厂于同年5月20日前将400吨化工原料托运到外贸公司仓库，产品质量达到国家标准，每吨价格为2000元，付款结算办法为先由化工厂发货，然后由化工厂凭本厂发货及铁路托运票证到外贸公司结算，发一批货，结一次款项。此次商谈的两天之后，外贸公司给化工厂打来电话称：“将原定的400吨改为600吨，质量、价格、到站地点与原商定一样，无变化。”

后来由于外贸公司未与外商正式签订合同，外商改变了从中国进口此货的计划。在此情况下，外贸公司既未令化工厂停止发货，也未从某仓库将货物取走或转为内销。11月，外贸公司发现此化工原料已经变质，于是找到化工厂要求其处理此货。此时，化工厂与该外贸公司已结算了全部货款。化工厂以合同已经履行完毕，该化工原料已超过保质期为由拒绝处理。双方协商不成，外贸公司以双方口头约定不明确，产品质量有问题为由，将化工厂起诉至法院，要求退货给对方，并由对方承担一切损失。

【法律解析】

当事人订立合同，有书面形式、口头形式和其他形式，一般情况下，可由当事人自行决定。根据《合同法》第三十六条的规定，法律、行政法规规定或者当事人约定采用书面形式订立合同，当事人未采用书面形式但一方已经履行主要义务，对方接受的，该合同成立。根据本案合同履行的实际情况：化工厂托运以后，凭厂方发票和铁路托运单结算，交一批货结一笔款。外贸公司已经全部付清货款。所以，本案合同的履行实际上是即时清结的，可以不要求采用书面形式。而且合同主要义务已经履行完毕，因此，该口头合同有效成立。

【法条链接】

《合同法》第十条　当事人订立合同，有书面形式、口头形式和其他形式。

法律、行政法规规定采用书面形式的，应当采用书面形式。当事人约定采用书面形式的，应当采用书面形式。

第三十六条　法律、行政法规规定或者当事人约定采用书面形式订立合同，当事人未采用书面形式但一方已经履行主要义务，对方接受的，该合同成立。

★一方没有签字，但是已履行的合同有效吗

【案例】

王某与同乡的郭某签订了冬枣买卖协议，由郭某在一周内给王某发一车冬枣，货到付款。王某签字

后合同快递给郭某，郭某因公司负责签字盖章的人员出差而未能及时签字盖章，但还是根据合同约定的时间向王某发货，王某在签收单上签字表示收到货物。后来，王某以郭某没有在合同上签字盖章为由，认为合同不生效，拒绝付给郭某货款。那么，这个合同生效吗？

【法律解析】

这个合同是具有法律效力的。根据我国《合同法》相关规定，双方采用书面形式订立合同，没有签字或者盖章的一方已经按照合同履行了主要义务的，该合同有效。现实中，确实存在一方当事人由于路途遥远或者如本案中负责签字盖章的人员不在等，合同又不得不马上履行；对方当事人则由于某些原因，以履行合同一方没有签字或盖章为由提出解约或不承认合同成立。在此情况下，法律本着公正与鼓励交易的原则，采取了保护已履行主要义务一方合法权益的做法，认定此种情形下合同有效。

★公司不同意确定中标人，能拒绝签合同吗

【案例】

2009年7月，甲公司为采购一批设备，委托一家招投标公司组成评标委员会进行招标活动。乙公司通过现场竞标后，经过评标委员会评议被确定为中标单位，并于次日由评标委员会出具了中标通知书。但是甲公司通过考察，不同意确定乙公司为中标人。那么，甲公司能拒绝与乙公司签订合同吗？

【法律解析】

招投标活动属于合同的缔约阶段，评标委员会出具的中标通知书违反了应由招标人核发的规定。对中标人的确定，《中华人民共和国招标投标法》（以下简称《招标投标法》）规定了两种方式：一是招标人授权评标委员会直接确定中标人；二是招标人在评标委员会推荐的中标候选人中确定中标人。在本案中，甲公司没有在评标委员会推

荐的中标候选人中确定中标人，也没有授权评标委员会直接确定中标人，表明评标委员会确定中标人并发出中标通知书超出了甲公司的授权，不能视为是甲公司核发了中标通知书。因此，甲公司可以拒绝与乙公司签订合同。

【法条链接】

《招标投标法》第四十条　评标委员会应当按照招标文件确定的评标标准和方法，对投标文件进行评审和比较；设有标底的，应当参考标底。评标委员会完成评标后，应当向招标人提出书面评标报告，并推荐合格的中标候选人。

招标人根据评标委员会提出的书面评标报告和推荐的中标候选人确定中标人。招标人也可以授权评标委员会直接确定中标人。

★去电询问情况，对方直接寄来商品且不符合自己要求怎么办

【案例】

甲向某网上玩具店打电话询问有没有一种叫“受气包”的毛绒玩具，该店工作人员遂向甲询问了其住址，但是甲说想要该店从网上传过来实物照片，自己看过后再打电话给店里决定买不买。但是几天之后，甲却直接收到了该玩具，甲看过玩具之后，认为该玩具不符合自己需要，拒绝接收，于是双方发生争议。这种情况下，甲有权拒收该玩具吗？

【法律解析】

根据《合同法》规定，合同的成立要经过要约与承诺。要约是指一方表示希望就某个交易与另一方订立合同，承诺是指对方收到要约后表示愿意订立合同，承诺到达要约方时，合同成立。在本案中，甲只是去电向玩具店询问有无该玩具，而且要求看过实物照片之后再决定买不买，并没有表示自己现在就要购买，不能视为要约，而应认定为邀请。因此，甲可以拒绝接收该玩具。

【法条链接】

《合同法》第十四条　要约是希望和他人订立合同的意思表示，该意思表示应当符合下列规定：

（一）内容具体确定；

（二）表明经受要约人承诺，要约人即受该意思表示约束。

第十五条 要约邀请是希望他人向自己发出要约的意思表示。寄送的价目表、拍卖公告、招标公告、招股说明书、商业广告等为要约邀请。

商业广告的内容符合要约规定的，视为要约。

第二十五条 承诺生效时合同成立。

第二十六条 承诺通知到达要约人时生效。承诺不需要通知的，根据交易习惯或者要约的要求作出承诺的行为时生效。

采用数据电文形式订立合同的，承诺到达的时间适用本法第十六条第二款的规定。

★假意磋商，造成损失怎么办

【案例】

范某素与杜某不和，当范某得知赵某要转让自己的火锅店，价格非常优惠，而杜某也有意向购买时，范某便想从中作梗，使杜某不能以那么优惠的价格购买赵某的火锅店。范某虽然根本没有购买赵某火锅店的意图，但还是与赵某进行了谈判，并且所出的价格比杜某的出价高出了10%。当赵某与范某谈到实质性问题——即何时签订合同时，范某总是以自己还没准备齐全为由拖时间。面对高价诱惑，赵某没有把范某的拖延时间放在心上，确实有意将火锅店转卖与范某，并与范某进行了长时间的谈判，也坚决拒绝了杜某的意向。然而，当杜某高价购买了另一家火锅店后，范某立即找到赵某，表示自己因为资金周转的问题，暂时不想购买赵某的店了。而此时，赵某已经错过了最佳转让时机。由于赵某急需资金，因此，只能以非常低的价格将火锅店转让了。赵某认为在火锅店转让过程中所遭受的损失完全是由于范某的行为造成的，要求范某赔偿损失。范某不同意。赵某只得诉至法院。

【法律解析】

根据《合同法》第四十二条的规定，当事人在订立合同过程中如果有假借订立合同恶意进行磋商，给对方造成损失的，应当承担损害赔偿责任。所谓恶意磋商，即是指一方当事人在无意与对方达成协议的情况下，为了达到损害对方利益的目的，假借订立合同的名义，开始或继续进行谈判的情况。这种行为主要是由行为人的故意造成的，其目的在于为了损害对方利益，拖延时间，造成对方在市场竞争中的不利地位。本案中，范某在没有订立合同的意思的情况下，为了阻止杜某购买而假借订立合同的名义进行谈判，致使赵某遭受了不应有的损失，其行为符合构成缔约过失责任的条件，应当进行赔偿。

【法条链接】

《合同法》第四十二条　当事人在订立合同过程中有下列情形之一，给对方造成损失的，应当承担损害赔偿责任：

（一）假借订立合同，恶意进行磋商；

（二）故意隐瞒与订立合同有关的重要事实或者提供虚假情况；

（三）有其他违背诚实信用原则的行为。

★口头形式的买卖合同有效吗

【案例】

蓝某与其邻居郝大爷就购买郝大爷的旧拖拉机达成了口头买卖协议，双方约定以2000元的价格将拖拉机卖给蓝某，蓝某在交款以后三日内将拖拉机开回自家。蓝某交款以后去郝大爷家开拖拉机时，郝大爷以价格太低、双方没有签订合同为由，拒绝让蓝某把拖拉机开走。那么，蓝某与郝大爷之间的口头协议有效吗?

【法律解析】

本案中蓝某与郝大爷所订的口头买卖协议是有效的。根据我国《合同法》规定，当事人订立合同，有书面形式、口头形式和其他形式。法律、行政法规规定采取书面形式的，应当采用书面形式。根据本案的案情，不存在法律、行政法规规定采取书面形式的情形，应认定为合同生效，郝大爷应该把拖拉机交付给蓝某。

【法条链接】

《合同法》第十条 当事人订立合同，有书面形式、口头形式和其他形式。

法律、行政法规规定采用书面形式的，应当采用书面形式。当事人约定采用书面形式的，应当采用书面形式。

合同履行中的纠纷

★合同对交易价格不明确，应当如何确定

【案例】

2009年5月，内地某批发市场打算在8月从沿海某市购进一批海产品。当时，该地水产品批发价格为每公斤60元，而据批发市场了解，此时沿海某市水产品的批发价格为50元每公斤。于是海鲜批发市场便与沿海某市某水产品公司在本地签订了一份水产品买卖合同，合同约定水产品公司于8月向海鲜批发市场供应水产品20吨，采取买方自提的方式由批发市场到水产品公司提货，经验收合格后即时付款，合同约定水产品价格按照市价计算。由于某些原因，从2009年6月开始，市场上水产品价格开始整体下滑，内地水产品市场的水产品降为每公斤45元，而沿海某市水产品市场的价格则降为每公斤35元。8月，批发市场到水产品公司提货时表示，双方已在合同中约定了按市价购买水产品，现在水产品市场的价格出现了普遍下滑的趋势，因此希望按照两市的平均价格来计算这批水产品的交易价格。而水产品公司本想按照5月份签订合同时本地水产品市场的价格来计算交易价格，现在价格下降自己经济效益也会减少，因此不同意批发市场的请求，坚持按照5月份签订合同时本地的市场价格来确定本次交易价格。双方就价格问题争论不休，不能达成一致意见，诉至法院。

【法律解析】

本案双方当事人在合同中约定按照市价来计算这批水产品的价格，但对何地何时的市价并未做明确约定，这属于价格约定不明确的情形。根据《合同法》相关规定，

当事人就质量、价款等内容约定不明确的，可以协议补充；不能达成补充协议的，按照合同有关条款或者交易习惯确定；仍不能确定的，如果有价款或者报酬不明确的情形，按照订立合同时履行地的市场价格履行。因此，本案中市价可按照订立合同时履行地的价格来履行，即5月份的价格来计算。同时，合同约定由批发市场到水产品公司自行提货，可见合同履行地为沿海某市，因此应按5月份沿海某市水产品价格来计算。

【法条链接】

《合同法》第六十一条　合同生效后，当事人就质量、价款或者报酬、履行地点等内容没有约定或者约定不明确的，可以协议补充；不能达成补充协议的，按照合同有关条款或者交易习惯确定。

第六十二条　当事人就有关合同内容约定不明确，依照本法第六十一条的规定仍不能确定的，适用下列规定：

……

（二）价款或者报酬不明确的，按照订立合同时履行地的市场价格履行；依法应当执行政府定价或者政府指导价的，按照规定履行。

★合同对交易时间不明确，应当如何确定

【案例】

2009年4月，某食品加工厂向某养殖场订购了20吨带鱼，约定一年内分四次交货，但对具体的交货时间没有作明确约定。合同签订不久，养殖场通知食品加工厂，欲于2009年8月之前将带鱼分四次全部交给食品加工厂。食品加工厂以带鱼加工是循序渐进的过程且没有足够的冷冻仓库为由拒绝在8月之前分四次收货，认为应该按照以往的交易习惯，每两个月收一次货。那么本案中，谁的主张能得到法律的支持?

【法律解析】

我国《合同法》规定，合同签订后，双方就质量、价款或者报酬、履行地点等内容没有约定或者约定不明的，可以补充协议；不能

达成补充协议的，按照合同有关条款或者交易习惯确定。本案中双方对合同履行的具体时间没有约定，可以就此签订补充协议，按照双方以往共同遵循的交易习惯进行。如果达不成协议，根据第六十二条的规定，履行期限不明确的，债务人可以随时履行，债权人也可以随时要求履行，但应当给对方必要的准备时间。案例中，带鱼属于保质期短易腐烂的鲜活食物，食品加工厂表示自己没有那么大的冷冻仓库，如果短时间内大量购进只会造成损失，因此，本着合同履行的诚实信用原则，养殖场应该两个月交一次货，而不应随时交货。食品加工厂的主张能够得到支持。

【法条链接】

《合同法》第六十一条 合同生效后，当事人就质量、价款或者报酬、履行地点等内容没有约定或者约定不明确的，可以协议补充；不能达成补充协议的，按照合同有关条款或者交易习惯确定。

第六十二条 当事人就有关合同内容约定不明确，依照本法第六十一条的规定仍不能确定的，适用下列规定：

……

（四）履行期限不明确的，债务人可以随时履行，债权人也可以随时要求履行，但应当给对方必要的准备时间。

……

★对方提前履行合同，造成损失谁来担责

【案例】

某超市与某屠宰场签订了一份500公斤鲜肉的购销合同，双方约定于9月底交货。8月初，屠宰场通知超市将于8月10日将货送到，超市负责人表示超市现在没有足够的冷藏库，而且夏天还未完全过去，如果运来势必增加超市成本，因此不能接收货物。但是屠宰场仍然于8月10日将货送到。超市负责人带屠宰场的送货人员看了冷藏库，见确实没有地方可放，于是将货拉回。回去途中遇上大雨，部分鲜肉损毁。屠宰场要求超市对损毁的鲜肉进行赔偿，那么，屠宰场的赔偿请求能得到支持吗？

【法律解析】

根据《合同法》第七十一条规定，债权人可以拒绝债务人提前履行债务，但提前履行不损害债权人利益的除外。本案中，如果屠宰场提前履行合同，会造成超市仓储紧张，增加超市的经营成本，可以认定为有损超市的利益，因此超市可以不接受屠宰场的履行。超市不接受履行，这些鲜肉的所有权就没有转移到超市方，因此，在此期间所造成的损毁，损失应当由屠宰场自负。

★照相馆“如有遗失只赔胶卷费”合法吗

【案例】

卢某将拍摄父母当年婚礼的一卷胶卷交给某照相馆冲印，预交了费用50元，照相馆开出一张印单交给卢某，印单上注有“如有意外损坏或者遗失，赔偿同类同号胶卷一卷或相当价值的现金”的字样。后来照相馆将该胶卷遗失。卢某要求赔偿精神损失，照相馆引用免责条款，只同意赔偿一个胶卷的钱。那么，照相馆“如有遗失只赔胶卷费”的规定合法吗?

【法律解析】

本案中，照相馆印单上“如有意外损坏或者遗失，赔偿同类同号胶卷一卷或相当价值的现金”，属于格式合同中的限制责任条款，按照我国《合同法》第三十九条、第四十条、第五十二条的相关规定，它对消费者是没有法律约束力的，应当归于无效。同时根据《精神损害赔偿解释》中的相关规定，照相馆的行为属侵权行为，卢某有权要求精神损害赔偿。

【法条链接】

《合同法》第三十九条 采用格式条款订立合同的，提供格式条款的一方应当遵循公平原则确定当事人之间的权利和义务，并采取合理的方式提请对方注意免除或者限制其责任的条款，按照对方的要求，对该条款予以说明。

格式条款是当事人为了重复使用而预先拟定，并在订立合同时未与对方协商的条款。

第四十条 格式条款具有本法第五十二条和第五十三条规定情形的，或者提供格式条款一方免除其责任、加重对方责任、排除对方主要权利的，该条款无效。

第五十三条 合同中的下列免责条款无效：

（一）造成对方人身伤害的；

（二）因故意或者重大过失造成对方财产损失的。

《精神损害赔偿解释》第四条 具有人格象征意义的特定纪念物品，因侵权行为而永久性灭失或者毁损，物品所有人以侵权为由，向人民法院起诉请求赔偿精神损害的，人民法院应当依法予以受理。

合同的变更与转让

★转让债权，可以不经债务人同意吗

【案例】

刘某欠王某2万元钱，约定2009年9月偿还。2009年4月，王某急需用钱，于是与唐某商议，以1.5万元的价格把自己对刘某的2万元债权转让给唐某，即唐某先支付给王某1.5万元，等到2009年9月由唐某向刘某行使2万元的债权。王某打电话将此事通知给了刘某。2009年9月唐某向刘某索要欠款时，刘某声称自己并不欠唐某钱，拒绝偿还。刘某的主张有道理吗？

【法律解析】

根据我国《合同法》第七十九条的规定，除法定情形外，债权人可以把合同的权利全部或者部分让与他人。转让债权，只需通知债务人即可生效，无须债务人同意。本案中王某将自己的2万元转让给刘某的行为，不属于法律禁止转让的情形，且及时通知了刘某，因此刘某应向唐某履行债务。

【法条链接】

《合同法》第七十九条 债权人可以将合同的权利全部或者部分转让给第三人，但有下列情形之一的除外：

（一）根据合同性质不得转让；

（二）按照当事人约定不得转让；

（三）依照法律规定不得转让。

第八十条第一款　债权人转让权利的，应当通知债务人。未经通知，该转让对债务人不发生效力。

★债务转让后，原债务人是否还要承担责任

【案例】

2009年8月，A公司销售给B公司一批商品，货款为50万元。B公司又把这批商品销售给C公司，货款为50万元。后来，A、B、C三公司达成书面协议，B公司欠A公司的货款由C公司偿还，C公司至今未将货款支付给A公司。那么，在C公司不支付货款的情况下，A公司有权向B公司要回这50万元的货款吗？

【法律解析】

根据《民法通则》第九十一条的规定，合同一方将合同的权利、义务全部或者部分转让给第三人的，应当取得合同另一方的同意，并不得牟利。根据《合同法》第八十二条和第八十四条的规定，债务人接到债权转让通知后，债务人对让与人的抗辩，可以向受让人主张。根据第八十四条的规定，债务人将合同的义务全部或者部分转移给第三人的，应当经债权人同意。本案中，因三家公司达成一致协议，B公司的债务转让给C公司，A公司表示同意，则该协议对三方具有约束力，C公司不履行合同义务，A公司只能要求C公司承担违约责任，而不能再向B公司要求。

【法条链接】

《民法通则》第九十一条　合同一方将合同的权利、义务全部或者部分转让给第三人的，应当取得合同另一方的同意，并不得牟利。

《合同法》第八十二条　债务人接到债权转让通知后，债务人对让与人的抗辩，可以向受让人主张。

第八十四条　债务人将合同的义务全部或者部分转移给第三人的，应当经债权人同意。

★口头约定降低价格，事后没有履行怎么办

【案例】

高某与吴某签订苹果买卖合同，价格为1.2元/公斤。合同签订以后，高某觉得价格定高了，于是就

向吴某提出把价格降低一些，但没有说具体降到多少钱一斤，吴某表示同意。履行合同时，高某要求按1元钱/公斤履行，而吴某不同意，还是要求按1.2元履行。这种情况下，苹果的价格应为多少钱每公斤？

【法律解析】

本案涉及合同变更的问题。合同变更是指合同成立后，当事人在原合同的基础上对合同的内容进行修改或补充。根据《合同法》第七十七条和第七十八条的规定，当事人协商一致，可以变更合同，如果当事人对合同变更的内容约定不明确的，应推定为合同内容没有变更。本案中双方没有约定苹果的价格具体降到多少钱一斤，所以应该视为没有变更，苹果的价格应该以原合同中的价格为准。

★让卖方把东西送给他人，还能再向卖方要求交付吗

【案例】

2009年3月，林某与单某签订合同，约定单某的笔记本电脑以5000元的价格卖给林某，3月15日前交货，林某当天就交了全款。3月8日，林某通知单某，他已决定把这台电脑送给自己的女友柳某，单某直接把电脑交给柳某即可。3月12日，林某与柳某发生矛盾而分手，林某决定不再把电脑送给柳某，柳某也同意不要电脑，但是林某没有通知单某。3月15日，单某把电脑交给柳某，柳某接受。那么此时，林某可以要求单某再向他交付电脑吗？

【法律解析】

3月8日，债权转让已经对单某发生效力。林某与柳某之间构成赠与关系，由单某直接将电脑交付给柳某。后来林某在3月12日撤销对柳某的赠与，根据《合同法》规定，赠与合同在财物转移之前可以撤销，林某对柳某的撤销赠与是有效的，这应当视为合同债权的又一次转让，由于林某没有把这一情况告知单某，因此这一撤销赠与是无效的，单某可以按照第一次转让的约定向柳某继续履行合同。由于林某与柳某的赠与合同已撤销，柳某接受电脑属于《民法通则》中的不当

得利，应该把电脑返还给林某。

合同的撤销、解除与终止

★合同被撤销，造成的损失谁来赔偿

【案例】

小马与小姜是好朋友，小马见小姜没有正当职业，就口头答应赠送给小姜5万元钱帮小姜开一个包子铺。小姜听后，租了房子、买了器具，并请了师傅，办理了营业执照，只等着拿钱上货运营了。这时，小马却告诉小姜由于自己生意亏损，无法再把钱送给他了。小姜不同意，认为自己已经为此支出了近2万元，如果小马不把钱给他，他先前租房子、买设备、请师傅以及办营业执照的钱就白花了，但是小马仍然不肯把钱给小姜。那么，此时小马需要把5万元钱送给小姜吗？小姜为此的支出小马是否有赔偿义务？

【法律解析】

本案中小马与小姜之间虽然形成了有效的赠与合同，根据《合同法》的相关规定，赠与合同中，赠与人在财产转移前可以撤销赠与，小马享有撤销权，可以不必继续履行合同。但是，对于因此给小姜造成的损失，根据《合同法》规定，当事人在订立合同的过程中如果有违背诚实信用的原则给对方造成损失的，应当承担损害赔偿责任，因此，小马必须对小姜因此造成的损失给予赔偿。

【法条链接】

《合同法》第四十二条　当事人在订立合同过程中有下列情形之一，给对方造成损失的，应当承担损害赔偿责任：

（一）假借订立合同，恶意进行磋商；

（二）故意隐瞒与订立合同有关的重要事实或者提供虚假情况；

（三）有其他违背诚实信用原则的行为。

第五十八条　合同无效或者被撤销后，因该合同取得的财产，应当予以返还；不能返还或者没有必要返还的，应当折价补偿。有过错的

一方应当赔偿对方因此所受到的损失，双方都有过错的，应当各自承担相应的责任。

第一百八十六条第一款　赠与人在赠与财产的权利转移之前可以撤销赠与。

★违约方放弃定金，就可以解除合同吗

【案例】

2006年9月16日，A汽车制造厂与B进出口公司签订了一份购销合同，规定由A汽车制造厂供给B进出口公司某种品牌的汽车50辆，单价98000元，总计货款490万元。合同规定，B进出口公司须在同年11月底以前将货款汇入A汽车制造厂的账户，款到10日内由A汽车制造厂将货供完。倘若到期不履行合同，承担货款的5%的违约金。另外，从合同签署日起，B进出口公司须于5日内交付15万元定金。同年11月5日，A汽车制造厂向B进出口公司发去传真，要求B进出口公司付款。B进出口公司复电声称：因资金短缺，希望先发货，再付款，A汽车制造厂予以拒绝。在A汽车制造厂多次催促下，B进出口公司于同年11月25日复函正式表示，B进出口公司自愿放弃15万元定金，作为解除合同的代价。A汽车制造厂遂向法院提起诉讼，要求B进出口公司履行合同，支付违约金，并赔偿其一切损失。

【法律解析】

实践中，定金的最基本的形式包括解约定金和违约定金两类。解约定金，是指当事人为保留单方解除主合同的权利而交付的定金，一方在交付解约定金以后可以放弃定金而解除合同，这种定金的特点在于通过定金的放弃给予了当事人解除合同的权利和机会。违约定金，是指在接受定金以后，一方当事人不履行主合同，应当按照定金罚则予以制裁。违约定金设立的目的主要是为了防止一方违约，督促双方履行。此种定金在实践中运用得最为广泛。

从本案来看，当事人在合同中规定定金条款时，并没有规定B进出口公司支付定金以后，可以享有解除合同的权利，因此，合同规定的定金并非解约定金，而是违约定

金。既然是违约定金，即使放弃定金，也不能解除合同，仍应继续履行合同义务。

在B进出口公司已经构成违约的情况下，B进出口公司作为交付定金一方，依据定金罚则自然丧失定金。此案中，当事人在合同中既设定了定金，又规定了货款的5%的违约金，对同一违约行为如果同时运用违约金处罚和定金处罚，对B进出口公司来说显得过于苛刻，且会使A汽车制造厂获得不应该获得的收入。因此，运用定金罚则就不应该再运用违约金制裁。所以A汽车制造厂的其他请求，法院不会予以支持。

【法条链接】

最高人民法院《关于适用〈中华人民共和国担保法〉若干问题的解释》（以下简称《担保法解释》）第一百一十七条　定金交付后，交付定金的一方可以按照合同的约定以丧失定金为代价而解除主合同，收受定金的一方可以双倍返还定金为代价而解除主合同。对解除主合同后责任的处理，适用《中华人民共和国合同法》的规定。

《合同法》第一百一十五条　当事人可以依照《中华人民共和国担保法》约定一方向对方给付定金作为债权的担保。债务人履行债务后，定金应当抵作价款或者收回。给付定金的一方不履行约定的债务的，无权要求返还定金；收受定金的一方不履行约定的债务的，应当双倍返还定金。

第一百一十六条　当事人既约定违约金，又约定定金的，一方违约时，对方可以选择适用违约金或者定金条款。

★双倍返还定金，还是承担一般的违约责任

【案例】

2007年5月，张某与某房地产公司签订了一份房屋预购合同，合同约定首付4万元，2个月内签订正式商品房买卖合同，交付其余房款，逾期则按总房款的5%承担违约责任。张某在签合同的当天按房地产公司的要求交付了4万元定金，房地产公司给他开具了4万元收据。合同签订一个多月后，张某发现没有合

同约定编号的房屋，要求房地产公司双倍返还定金，可是房地产公司说编号是书写错误，而且合同没有约定定金，因此拒绝返还。请问：卖方是否应当双倍返还定金?

【法律解析】

本案中，张某交给房地产公司定金4万元，但房地产公司未按合同约定履行义务，即没有给张某约定编号的房屋，理应双倍返还定金，但由于张某与房地产公司所签定的合同中没有约定定金，只是口头约定，则不能按照定金的规定主张双倍返还，但张某可以要求房地产公司承担违约责任。

【法条链接】

《中华人民共和国担保法》（以下简称《担保法》）第九十条　定金应当以书面形式约定。当事人在定金合同中应当约定交付定金的期限。定金合同从实际交付定金之日起生效。

《合同法》第一百一十五条　当事人可以依照《中华人民共和国担保法》约定一方向对方给付定金作为债权的担保。债务人履行债务后，定金应当抵作价款或者收回。给付定金的一方不履行约定的债务的，无权要求返还定金；收受定金的一方不履行约定的债务的，应当双倍返还定金。

★因他人欺诈而签订的合同可以撤销吗

【案例】

村民姚某经人介绍，以5000元的价格向邻村的梁某买了一辆农用三轮车。梁某告诉姚某说这辆三轮车他只用了不到一年，零部件一个也没有换过，只是自己现在急需用钱，只好低价出售。姚某将三轮车买回三个月后，发现发动机总是自动熄火，于是找朋友检查，结果发现三轮车的发动机更换过，是旧的。姚某觉得自己受了骗，花高价买了一辆旧车，那么姚某能将三轮车退还并要回钱款吗?

【法律解析】

本案中，梁某在订立合同时，向姚某隐瞒了三轮车更换过发动机的事实，令姚某以为自己买到了一辆几乎为全新的三轮车，并为此支付了较高的价款。梁某的行为应当认定为欺诈，其后果是导致了姚某违背自己的真实意思买了辆发动机有问题的旧车。因此，此合同属于可撤销合同，姚某拥有撤销权，可以找到梁某要求撤销合同并要回相关的款项。

【法条链接】

《合同法》第五十四条 下列合同，当事人一方有权请求人民法院或者仲裁机构变更或者撤销：

（一）因重大误解订立的；

（二）在订立合同时显失公平的。

一方以欺诈、胁迫的手段或者乘人之危，使对方在违背真实意思的情况下订立的合同，受损害方有权请求人民法院或者仲裁机构变更或者撤销。

当事人请求变更的，人民法院或者仲裁机构不得撤销。

第五十八条 合同无效或者被撤销后，因该合同取得的财产，应当予以返还；不能返还或者没有必要返还的，应当折价补偿。有过错的一方应当赔偿对方因此所受到的损失，双方都有过错的，应当各自承担相应的责任。

商品买卖

★商品在送货途中损坏，购买人能否要求换货

【案例】

小郑在某商场购买了一台冰箱，当时开箱验完货确定一切正常以后，小郑付清款项。该商场有送货上门的售后服务，于是约定第二天由该商场把冰箱送到小郑家。谁知，第二天小郑收到冰箱，冰箱已摔坏。原来送货车在送货途中为避让一辆小车紧急刹车，导致货物碰撞损坏。小郑遂要求商场换货。但商场认为小郑在商场验完货，并付了款，双方的买卖合同已经成立。至于货物离开商场后的风险就应该由小郑自行承担，因此，商场拒绝换货。那么，小郑要求商场换货有没有法律依据？

【法律解析】

根据《合同法》第一百四十二条的规定，标的物毁损、灭失的风险，在标的物交付之前由出卖人承担，交付之后由买受人承担，但法律另有规定或者当事人另有约定的除外。由此可见，如果货物的交付地点是商场，小郑就不能要求换货；如果是家中，小郑就有权利要求商场换货。根据《合同法》第一百三十三条的规定，标的物的所有权自标的物交付时起转移，但法律另有规定或者当事人另有约定的除外。一般来说，消费者验货付款之后，即取得了商品的所有权，商品即算交付。但是，此案中商场有送货上门这一承诺，这是对商品交付地点的事先约定，即货物送到消费者家中才算交付，在送达消费者家中之前，商品的所有权仍然是属于商场的，那么冰箱途中受损的风险自然应由商场承担，因此，小郑有权要求商场换货。

★货物价格没有达成一致，买卖合同能否成立

【案例】

瓜农马某欲向某农产品公司出售一批西瓜。马某给该公司打电话说自己打算销售西瓜400公斤，每公斤的售价是0.5元。该公司的业务经理表示，公司认为马某的西瓜卖得太贵，公司只同意以每公斤0.4元的价格收购，双方事后没有达成一致意见。后来西瓜价格猛涨，该农产品公司给马某打电话称愿意以每公斤0.55元的价格收购，并且催马某发货，但是此时，马某的西瓜已经销售一空。该农产品公司于是起诉马某违约。

【法律解析】

根据《合同法》第十三条、第十四条的规定，当事人订立合同，采取要约、承诺方式，要约应当内容具体确定，并且表明经受要约人承诺，要约人即受该意思表示约束。案例中，马某向农产品公司发出要约，希望对方购买自己的西瓜。该农产品公司在作出承诺之后，对合同的价格进行了更改，属于实质性变更，即为新的要约，而马某对于这一新的要约没有作出承诺，根据《合同法》第二十一条和第三十条的规定，合同并没有成

立，那么，马某当然有权利把西瓜转卖给别人，马某的行为并不构成违约。

★试用期过后，试用的产品一定要购买吗

【案例】

姚某从商场搬回一台彩电回家试用，双方约定试用期为1个月。1个月的试用期届满以后，姚某对该彩电未表示买与不买。后来，商场要求姚某按彩电的原价支付货款。那么，姚某是否应该按照商场的要求购买此款彩电呢?

【法律解析】

根据《合同法》第一百七十一条的规定，试用买卖的买受人在试用期内可以购买标的物，也可以拒绝购买。试用期间届满，买受人对是否购买标的物未作表示的，视为购买。本案中，姚某在双方约定的1个月试用期届满以后，仍然未对是否购买该产品作出表示，因此，根据《合同法》规定，已经视为其购买了。所以，姚某应当按照商场的要求支付该款彩电的价款。

【法条链接】

《合同法》第一百七十一条　试用买卖的买受人在试用期内可以购买标的物，也可以拒绝购买。试用期间届满，买受人对是否购买标的物未作表示的，视为购买。

★买到东西后发现不符合要求怎么办

【案例】

村民陈某将一头已患病的奶牛卖给邻村村民蔡某，而蔡某对此毫不知情。不久，该奶牛死亡。蔡某于是找到陈某要求其赔偿自己的损失。那么，陈某应否承担责任?

【法律解析】

根据《合同法》第一百一十一条和第一百五十五条的规定，出卖人交付的标的物不符合质量要求的，买受人可以要求其承担违约责任。本案中，陈某将一头患病的奶牛卖给蔡某，并未告知实际情况，他的行为不但违反了诚实信用原则，也违反了标的物不符合质量要求的法律规定。所以，陈某应依法

承担违约责任。

【法条链接】

《合同法》第一百一十一条 质量不符合约定的，应当按照当事人的约定承担违约责任。对违约责任没有约定或者约定不明确，依照本法第六十一条的规定仍不能确定的，受损害方根据标的的性质以及损失的大小，可以合理选择要求对方承担修理、更换、重作、退货、减少价款或者报酬等违约责任。

第一百五十五条 出卖人交付的标的物不符合质量要求的，买受人可以依照本法第一百一十一条的规定要求承担违约责任。

★买卖合同中一定要交付物品，所有权才发生转移吗

【案例】

赵某将自己的旧摩托车卖给李某，并签订了书面合同，但是未将摩托车交付给李某。后来，赵某又将摩托车卖给出价更高的刁某，并且很快将摩托车交付给了刁某。李某得知消息以后，要求赵某承担违约责任，而赵某却以摩托车未实际交付给李某为由，认为两人的买卖合同不成立。那么，赵某的理由成立吗？

【法律解析】

根据《合同法》第一百三十条的规定，买卖合同是出卖人转移标的物的所有权于买受人，买受人支付价款的合同。双方签订合同，所有权就发生了转移，不需要实际交付合同的标的物。本案中，赵某与李某已经签订了合同，即双方的协议成立。赵某将摩托车又以高价卖给刁某，其行为已经构成了违约，根据《合同法》第一百零七条的规定，当事人一方不履行合同义务或者履行合同义务不符合约定的，应当承担继续履行、采取补救措施或者赔偿损失等违约责任。因此，赵某应依法承担违约责任。

【法条链接】

《合同法》第一百零七条 当事人一方不履行合同义务或者履行合同义务不符合约定的，应当承担继续履行、采取补救措施或者赔偿损失等违约责任。

第一百三十条 买卖合同是出卖人转移标的物的所有权于买受人，买受人支付价款的合同。

★没有按约定时间提货导致货物损毁，损失谁来承担

【案例】

郑某向程某购买了一批纸张，双方约定郑某于8月10日自行提货，但是，到了8月10日，郑某没有筹足货款，因此未能提货。当天夜里，突降暴雨，导致部分纸张受潮损坏。郑某要求程某承担损失。那么，程某应该承担损失吗?

【法律解析】

根据《合同法》第一百四十六条的规定，出卖人按照约定或者依照本法第一百四十一条第二款第二项的规定将标的物置于交付地点，买受人违反约定没有收取的，标的物毁损、灭失的风险自违反约定之日起由买受人承担。本案中，程某根据双方的约定履行了自己的职责，其本身不存在过错。而郑某因为未筹足货款而没有提货，违反了约定，导致部分货物受潮损坏，责任在郑某。所以，由此造成的损失理应由郑某自行承担。

【法条链接】

《合同法》第一百四十六条 出卖人按照约定或者依照本法第一百四十一条第二款第二项的规定，将标的物置于交付地点，买受人违反约定没有收取的，标的物毁损、灭失的风险自违反约定之日起由买受人承担。

★交付之后产下小羊，归谁所有

【案例】

村民高某因家中急需用钱，将自己的两只羊卖给同村的齐某。其中一头母羊已经怀孕，但是高某未向齐某说明。合同签订以后，齐某立即将羊款付给高某，并将羊牵走。过了一段时间，母羊产下小羊，高某于是向齐某讨要。齐某认为羊已经卖给了自己，并且双方都签订了合同，现在是自己的羊产下小羊，与高某无关。那么，母羊产下的小羊到底应该归谁?

【法律解析】

根据《合同法》第一百三十三条和第一百六十三条的规定，标的物的所有权自标的物交付时起转移，但法律另有规定或者当事人另有约定的除外。本案中，当羊交付给齐某时，其所有权已经发生转移，齐某已经取得了羊的所有权，合同即履行完毕。至于母羊产下的小羊，当高某将羊交付给齐某时，未说明其中一头母羊已经怀孕，也未就母羊所产下的小羊作相关的约定。那么，根据《合同法》第一百六十三条的规定，标的物在交付之前产生的孳息，归出卖人所有，交付之后产生的孳息，归买受人所有。因此，母羊在交付给齐某以后生产的小羊，属于交付以后产生的孳息，理应归齐某所有。

★货物在承运中损毁，买方还是卖方负责

【案例】

吴某与全某签订了货物买卖合同。双方约定：由吴某代办货物托运。吴某遂与某运输公司签订货物运输合同，合同中载明全某为收货人。运输过程中，由于运输公司的驾驶员操作失误，发生重大交通事故，导致货物严重受损，无法向全某按时交货。全某找到吴某，吴某说不是自己的责任，应该去找运输公司；全某去找运输公司，运输公司的人说与全某没有合同关系，所以也不负责赔偿。那么，全某应找谁赔偿呢？

【法律解析】

根据《合同法》第八条的规定，依法成立的合同，对当事人具有法律约束力，而不能约束当事人以外的第三人。吴某与全某合同中约定由吴某代办托运，其权利主体只能是吴某，而吴某与运输公司签订的货物运输合同，是吴某与运输公司之间的合同关系，与全某无关。根据本法第一百四十二条的规定，标的物毁损、灭失的风险，在标的物交付之前由出卖人承担，交付之后由买受人承担。本案由卖方代办托运，可视为标的物尚未交付给买方，标的物毁损、灭失的风险应由卖方承担。综上所述，本案中

由运输公司造成的货物损失，应当由吴某承担对全某的赔偿责任。在向全某作出赔偿之后，吴某再根据的运输合同，要求运输公司赔偿。

【法条链接】

《合同法》第八条 依法成立的合同，对当事人具有法律约束力。当事人应当按照约定履行自己的义务，不得擅自变更或者解除合同。

依法成立的合同，受法律保护。

第一百四十二条 标的物毁损、灭失的风险，在标的物交付之前由出卖人承担，交付之后由买受人承担，但法律另有规定或者当事人另有约定的除外。

★商品房已交付但没过户，发生火灾谁来负责

【案例】

颜某与高某订立了商品房买卖合同，双方约定：高某先将房屋交付于颜某，但是在颜某付清全部价款之前，房屋的所有权仍然属于高某。在付清全部价款之前，房屋遭遇火灾。那么，由此造成的损失应该由谁来承担？

【法律解析】

根据《合同法》第一百四十二条的规定，标的物毁损、灭失的风险，在标的物交付之前由出卖人承担，交付之后由买受人承担，但法律另有规定或者当事人另有约定的除外。也就是说，在买卖合同中，标的物风险的承担只与标的物是否交付有关，而与所有权是否发生转移无关。本案中，虽然颜某没有付清全款，未获得房屋的所有权，但是高某已将房屋交付于颜某，依照合同法规定，颜某应当承担房屋遭遇火灾而造成的损失。

★货物在途中灭失，未作约定的，损失由买方承担吗

【案例】

安某与单某订立合同，购买属于单某所有的一批正在运输途中的水泥。合同订立后的第二天，正在途中的货物遭遇山体滑坡而灭失。那么，对此造成的损失应当由谁承担？

【法律解析】

根据《合同法》第一百四十四条的规定，出卖人出卖交由承运人运输的在途标的物，除当事人另有约定的以外，毁损、灭失的风险自合同成立时起由买受人承担。本案中，安某与单某就运输途中的货物签订了买卖合同，在合同签订的第二天运输途中，该货物遭遇山体滑坡而灭失，而安某与单某在合同中又未有其他约定，因此，根据合同法相关规定，货物灭失的损失应该由买方即安某来承担。

【法条链接】

《合同法》第一百四十四条 出卖人出卖交由承运人运输的在途标的物，除当事人另有约定的以外，毁损、灭失的风险自合同成立时起由买受人承担。

借款贷款

★未按约定用途使用借款，借款可提前收回

【案例】

2007年11月，乔某打算做花草种植生意，于是向卢某借款2万元，并出具借条一份，载明卢某借给乔某人民币2万元，用于花木经营，借期为两年。但是由于种植花木效益不好，2009年9月，乔某卖掉了他的花木种植场，准备南下做服装生意。卢某怕他一去不回，想要他提前还款。那么，卢某是否可以提前收回这笔借款呢？

【法律解析】

根据《合同法》第二百零三条的规定，借款人未按照约定的借款用途使用借款的，贷款人可以停止发放借款、提前收回借款或者解除合同。乔某出具给卢某的借条实际上就是他与卢某的借款合同，该合同已经明确约定了借款用于花木经营。现在乔某卖掉花木场，准备去南方做服装生意，显然没有按合同约定使用这笔借款，已经危及卢某所期望的经济利益的实现，即按时收回借款本金。因此，卢某可以依法提前收回这笔借款。

★借款合同没有约定还款时间怎么办

【案例】

殷某想要开一家小型饭店，于是向朋友杜某借钱。双方在合同中约定了借款利息以及其他事项，但是并没有约定还款期限。杜某只是对殷某说不能拖欠还款。合同签订以后，殷某有些担心，不知哪一天杜某会让自己还款。那么，殷某应该怎么办呢?

【法律解析】

根据《合同法》第六十一条的规定，合同生效后，当事人就某些内容没有约定或者约定不明确的，可以协议补充或按照合同有关条款或者交易习惯确定。根据本法第二百零六条的规定，对借款期限没有约定或者约定不明确，依照本法第六十一条的规定仍不能确定的，借款人可以随时返还；贷款人可以催告借款人在合理期限内返还。因此，殷某可以与杜某在合同中补充还款期限的条款，或者随时返还借款。杜某也可以随时要求殷某在合理的期限内还款。

★个体工商户贷款，要接受银行的审查吗

【案例】

罗某独自经营一家小型玩具厂，为扩大经营，罗某欲购置一套新的设备，由于资金紧张，于是想向银行贷款。罗某按照规定向某商业银行提出了贷款申请，并准备签订借款合同。但是，银行让罗某提供书面材料、经营状况证明、开户行以及账号等，罗某对此很有异议，认为银行是在调查自己的隐私，但银行却说这是必要的贷款程序。那么，罗某需要配合银行的审查吗?

【法律解析】

根据《合同法》第一百九十九条的规定，订立借款合同，借款人应当按照贷款人的要求提供与借款有关的业务活动和财务状况的真实情况。因此，罗某与银行订立借款合同时，应该完整提供银行所要求提供的与贷款有关的资料，这是借

款人应尽的义务。所以，罗某应该积极配合银行的相关审查。

★未按约定提取借款，也要付利息吗

【案例】

管某经营一家皮革加工厂，为了扩大经营规模，想要再上一条流水线。由于手头资金紧张，决定向银行贷款。很快，管某提供了相关手续后，与银行签订了借款合同，并约定了还款利息以及其他事项。后来，管某的工厂出了问题，导致其于约定提款日后的2个月才去银行提取借款。银行工作人员告诉管某这2个月的利息要一并归还。管某认为自己并没有提款，根本没有使用该贷款，为什么还要向银行支付利息呢?

【法律解析】

根据《合同法》第二百零一条第二款的规定，借款人未按照约定的日期、数额收取借款的，应当按照约定的日期、数额支付利息。也就是说，借款人支付利息应当从约定的提款日期开始计算，并不是从借款人实际提取款项的日期开始计算。本案中，虽然管某未按照约定去提取款项，但是仍然应该按照约定的日期支付利息。

★赌博产生的借贷关系受法律保护吗

【案例】

陈某与朋友打麻将的时候，输了2000元钱，遂决定不再打，但朋友说三缺一怎么玩，于是他们商量每人再借给陈某1000元，并让陈某打了借条约定第二天还钱，但是陈某又输了。陈某借的钱又都被他们赢回去了，能不能不还?

【法律解析】

根据《最高人民法院关于审理借贷案件的若干意见》第十一条的规定，出借人明知借款人是为了进行非法活动而借款的，其借贷关系不予以保护。《民法通则》第五十八条也有规定，违反法律或者公共利益的民事行为无效，从行为开始起就没有法律约束力。因此，因赌博所产生的借贷关系是不受法律保护的，陈某可以不还钱。

★借款的利息可以预先从本金中扣除吗

【案例】

某食品加工厂为扩大生产，需购买一批新的生产设备，考虑到资金周转问题，食品加工厂决定向银行贷款。提供了相关的书面材料以后，食品加工厂很快就与银行签订了书面合同。合同约定：银行提供借款200万元，贷款期限为两年。合同签订以后，当食品加工厂在约定的取款时间去银行取款时，银行却按照扣除两年利息以后的余额发放给食品加工厂。食品加工厂向银行提出了异议，银行则称，为了保证能够收回自己的利息，不得不提前扣除。那么，银行的做法合法吗？

【法律解析】

根据《合同法》第二百条的规定，借款的利息不得预先在本金中扣除。利息预先在本金中扣除的，应当按照实际借款数额返还借款并计算利息。据此规定，本案中，作为贷款人的银行应该按照合同约定，向食品加工厂支付其借款的总额，而不能预先扣除借款总额所产生的利息，否则就会使食品加工厂的借款本金无形中被减少，影响其预期的经济收益。

★“利滚利”受法律保护吗

【案例】

于某做服装生意，近期资金周转不畅，于是向一起做布料生意的谈某借款20万元。双方约定：借款为2年，每年的8月20日支付当年的利息，否则当年利息并入本金。那么，双方的这种“利滚利”的约定受法律保护吗？

【法律解析】

通常所说的“利滚利”实际就是“复利”。根据《合同法》第二百一十一条的规定，自然人之间的借款合同对支付利息没有约定或者约定不明确的，视为不支付利息。自然人之间的借款合同约定支付利息的，借款的利率不得违反国家有关限制借款利率的规定。根据《民法通则意见》第一百二十五条的规定，公民之间的借贷，出借人将利息计入本金计算复利的，不予保护。因此，虽然于某与谈某就借款利息作了约定，但是其约定明显违反了法律规定，因此，这种“利滚利”的约定不受法律保护。

★用假名签的借条有效吗

【案例】

小杨偶然认识一名自称姓黄的男士，黄某谎称遇到了困难，向小杨借款4000元。小杨起草了一张借条，让黄某签名并摁上手印，借款日期为2008年11月24日。黄某口头答应2个月之内还。之后，经小杨多次催讨，黄某总是以各种理由推迟，到后来竟然关掉手机，再没有了消息。后来小杨经朋友调查得知，黄某在借条上所签的名字是假名。那么，这张借条有效吗？如果有效，小杨到哪个法院起诉呢？

【法律解析】

根据《合同法》相关规定，一方以欺诈、胁迫的手段或者乘人之危，使对方在违背真实意思的情况下订立的合同，属效力待定合同，可申请变更或者撤销。黄某用假名向小杨借钱的行为属于欺诈，该借条属于可撤销可变更的合同。小杨可以到黄某的住所地法院起诉，住所地与经常居住地不一致的，到他的经常居住地法院起诉。

★欠款不还又无借据，偷偷录音是否合法

【案例】

小洪向好友小薛借款2万元，说年底归还。出于信任，小薛没有要求签订书面的借款合同。到了年底，小薛向小洪提出还钱的事，小洪百般推脱，告诉小薛自己没钱，不打算还了。小薛有理难辨，后来，小薛将小洪请到自己家，偷偷将自己与小洪的谈话进行了录音。谈话中小洪明确承认了自己借钱一事，还说当初没有任何书面证据，即使小薛告到法院也不可能胜诉。谈话后的第二天小薛就诉至法院，将该谈话的录音作为证据请求法院判决小洪还款。但小洪对借钱一事矢口否认，并且认为小薛对两人的谈话进行偷录，是非法的。那么，小薛偷偷录音是否合法呢？

【法律解析】

根据《中华人民共和国民事诉讼法》（以下简称《民事诉讼法》）第六十四条的规定，当事人对自己提出的主张，有责任提供证据。小薛如果想要诉至法院，需要提供小洪借钱的证据。本案中的谈话录音是否为非法证据，根据《最高人民法院关于民事诉讼证据的若干规定》（以下简称《关于民事诉讼证据的若干规定》）第六十八条的规定，以侵害他人合法权益或者违反法律禁止性规定的方法取得的证据，不能作为评定案件事实的依据。本案中，虽然小薛未经小洪的同意对二人的谈话进行录音，但录音是小薛在自己家中进行，只是针对小洪借钱一事而并非对小洪的隐私等进行录音，并没有侵害小洪的合法权益，因此，不属于应当被排除的非法证据，是合法的。

【法条链接】

《民事诉讼法》第六十四条第一款　当事人对自己提出的主张，有责任提供证据。

《关于民事诉讼证据的若干规定》第六十八条　以侵害他人合法权益或者违反法律禁止性规定的方法取得的证据，不能作为评定案件事实的依据。

★借条被撕毁，其复印件能否作为证据吗？

【案例】

老肖向老史借款8000元，并且出具借条一张：今向老史借款捌仟圆整（8000元），2009年8月底归还。2009年11月，由于老肖到期没有偿还借款，老史于是持借条到老肖家讨要，双方谈话中发生了冲突，老肖抢过老史手中的借条将之撕毁，老史于是报警。后来，老史向人民法院提起诉讼，称老肖拒不清偿到期借款，并在自己索要时强行将借条撕毁，自己曾打电话报警，某派出所民警曾到场处理，现请求人民法院依法判决老肖履行债务。老史还向法庭提交了借条的复印件以及和自己一同前去讨要借款的弟弟的证人证言。经过人民法院调查核实，老史反映的情况属实。那么，老史在没有提供借条原件的情况下，借条的复印件能否作为证据，要求老肖还钱呢?

【法律解析】

根据《关于民事诉讼证据的若干规定》第六十九条的规定，无法与原件核对的复印件不能单独作为定案的依据。根据证据补强规则，复印件作为定案依据须具备以下三个条件：（一）复印件证据应有其他辅助证据加以印证，而且证据之间应能够形成证据锁链，从而证明案件的事实。（二）有客观上不能提供原件的原因（包括有证据证明复印件原件已经灭失，原件在其他人手中等原因）。（三）书证复印件提供人应证明不能提供原件是确有客观原因。

本案中，老史称借据原件被老肖撕毁，其提供的借据复印件无法与原件核对，于是老史提供了与其同去讨债的弟弟的证言，而且还提供了很关键的证据线索：当日老肖拒不还钱，双方言语不合，老肖撕毁借条，自己曾打电话报警，派出所的民警曾经到场处理情况。经过人民法院核实公安民警的出警记录，老史的陈述属实。这就证明了老史不能提供证据原件确实有正当理由，而且与上述证据之间相互印证，证明了老肖向老史借款的事实，老史请求老肖还钱的主张会得到法院的支持。

【法条链接】

《关于民事诉讼证据的若干规定》第六十九条　下列证据不能单独作为认定案件事实的依据:

……

（四）无法与原件、原物核对的复印件、复制品；

（五）无正当理由未出庭作证的证人证言。

《最高人民法院关于适用〈中华人民共和国民事诉讼法〉若干问题的意见》（以下简称《民诉意见》）第七十八条　证据材料为复制件，提供人拒不提供原件或原件线索，没有其他材料可以印证，对方当事人又不予承认的，在诉讼中不得作为认定事实的根据。

★事先没有约定利息，事后可以要求支付利息吗

【案例】

焦某因做生意向黄某借款5万元，双方立下借款字据：焦某向黄某借款5万元，1年之内归还黄某。双方未有其他约定。焦某按期还款时，黄某要求焦某支付利息，焦某以当初没有约定利息拒绝支付。那么，焦某需要向黄某支付利息吗?

【法律解析】

根据《合同法》第二百一十一条的规定，自然人之间的借款合同对支付利息没有约定或者约定不明确的，视为不支付利息。自然人之间的借款合同约定支付利息的，借款的利率不得违反国家有关限制借款利率的规定。案例中，焦某按照约定履行了自己的义务，按期偿还欠款，而黄某要求其支付利息，由于事先并未约定，所以得不到法律的支持，焦某不需要向黄某支付利息。

【法条链接】

《合同法》第二百一十一条　自然人之间的借款合同对支付利息没有约定或者约定不明确的，视为不支付利息。自然人之间的借款合同约定支付利息的，借款的利率不得违反国家有关限制借款利率的规定。

★无息借款给好友，逾期不还要利息

【案例】

陶某和楚某是朋友，2008年2月楚某做生意向陶某借10万元钱，并保证1年之内还上。陶某爽快地答应了，并表示不要利息。于是楚某给陶某出具了一张借条，写明了借款的金额，以及一年内保证归还。但一年半过去了，楚某始终不提还钱的事。陶某由于自己公司资金周转困难，急需用钱，多次向楚某询问何时能还钱，但楚某总是以各种理由拖延。而且，从2009年9月直到11月，楚某的手机由停机变成了空号，陶某又气愤又寒心，向朋友问清楚某老家地址找到楚某，要求其归还自己的10万元钱，且提出要求楚某支付逾期还款的利息。楚某却说当初他们并没有约定利息。那么，陶某可以要求楚某支付逾期利

息吗?

【法律解析】

本案中，双方在借条里没有约定利息，这笔借款属于无偿借款。根据《民法通则意见》第一百二十三条的规定，公民之间的无息借款，有约定偿还期限而借款人没有按期偿还的，出借人要求借款人偿付逾期利息，应当予以准许。根据《合同法》第二百零七条的规定，借款人未按照约定的期限返还借款的，应当按照约定或者国家有关规定支付逾期利息。根据《民法通则意见》第一百二十四条的规定，借款双方因利率发生争议，如果约定不明，又不能证明的，可以比照银行同类贷款利率计息。因此，尽管陶某当初是无偿借钱给楚某，但鉴于楚某不守信用，迟迟不归还借款，因此陶某可以比照银行同类贷款利率计息，要求楚某支付逾期利息。

★借条没有注明年份怎么办

【案例】

2009年7月，安某以借条为据，起诉魏某还款10万元。诉状称：2006年6月3日，魏某因缺钱向我借款10万元，并出具借条一张，但借条上日期只写了“6月3日”，没有写明年份。2007年催收时，魏某在借条的右上角写明“12月底归还”。但是魏某到期后仍不还款，请求判令魏某归还借款本金10万元及支付逾期利息。魏某辩称，借款是在2006年6月3日，“12月底归还”也是写于2006年，现在安某的起诉已经超过了2年的诉讼时效，因此请求判决驳回其诉讼请求。原告则坚持“12月底归还”系2007年向魏某催收的时候书写的。当事人双方均没有申请对借条的书写时间进行鉴定。那么，这种情况下应该怎么办?

【法律解析】

根据《合同法》第六十一条的规定，合同生效后，当事人就质量、价款或者报酬、履行地点等内容没有约定或者约定不明确的，可以协议补充；不能达成补充协议的，按照合同有关条款或者交易习惯确定。本案中，安某举出的本证就是借条，借条上的“12月底归还”没有注明年份而引发争议，属于还款时间不明，此时履行期限应“按照合同有关条款或者交易习惯确定”。由于本案的合同就是借条，从“12月底归还”上无法推测出催收的时间，因此，只能按照“交易习惯”来确定。本案的“交易习惯”就是书写习惯。按照书写习惯，当两个时间写在一起而且只写月、日而没有写年时，这两个时间一般是发生在同一年；如果不是同一年，则应当明确加以区分，这是生活常识。魏某在出具借条的时候没有写“年”，安某在催收的时候魏某也没有写“年”，按照习惯，还款与借款的时间一般是同一年。否则，出借人安某自然会要求借款人魏某写明“2007”，正是因为发生在同一年，才会省略书写年份，这种写法符合书写习惯。因此，根据安某和魏某均承认借款时间是2006年，因此还款时间也应推定是2006年，原告安某的起诉时间为2009年7月，已经超过了诉讼时效。

【法条链接】

《合同法》第六十一条 合同生效后，当事人就质量、价款或者报酬、履行地点等内容没有约定或者约定不明确的，可以协议补充；不能达成补充协议的，按照合同有关条款或者交易习惯确定。

《关于民事诉讼证据的若干规定》第二条 当事人对自己提出的诉讼请求所依据的事实或者反驳对方诉讼请求所依据的事实有责任提供证据加以证明。

没有证据或者证据不足以证明当事人的事实主张的，由负有举证责任的当事人承担不利后果。

融资租赁

★租赁物损毁，承租人能否解除租赁合同

【案例】

2008年5月，赵某与某工厂签订一份租赁合同，约定租赁工厂的一个厂房从事生产活动，租赁期限为3年。2009年1月，由于大雪侵袭，

厂房突然在夜间坍塌，赵某的设备和货物受损不大。但是由于厂房整修需要较长的时间，会影响到生产。因此，赵某想要解除合同，但是某工厂认为合同还没有到期，不能解除。那么，赵某能否提出解除租赁合同？

【法律解析】

根据《合同法》第二百三十一条的规定，因不可归责于承租人的事由，致使租赁物部分或者全部毁损、灭失的，承租人可以要求减少租金或者不支付租金；因租赁物部分或者全部毁损、灭失，致使不能实现合同目的的，承租人可以解除合同。本案中，由于大雪侵袭造成厂房坍塌，此事由不能归责于承租人，而且由于因厂房毁损，需要较长时间整修，影响到了赵某的生产，致使不能实现合同目的，因此，赵某可以要求解除租赁合同。

★承租人违反约定，出租人要求解除合同需要赔偿吗

【案例】

2009年2月，白某将一套三室二厅的房子通过中介出租给了陆某。当时双方约定，对房屋进行装修时不得对墙体进行破坏，在租赁期间有权转租，双方的违约金为1个月房租2000元。但是6月份，白某发现房屋已经被隔成八间转租给了八个人，成了一个集体宿舍。于是白某要求提前解除合同并且按照合同支付相应的违约全，但是陆某不同意，说装修花了不少钱，如果现在就解除合同，预期的收益就没了，所以要求白某赔偿自己2万元才愿意搬出去。那么，白某是否需要赔偿陆某的损失呢？

【法律解析】

案例中，合同约定承租人对房屋进行装修时不得对墙体进行破坏，而陆某未经出租人白某的同意，对墙体进行破坏将房屋隔成八间，因此，陆某的行为已经构成违约。根据《合同法》第二百一十九条的规定，出租人白某可以解除合同并要求陆某赔偿损失。根据《合同法》第二百二十三条的规定，白某也可以要求陆某将房屋恢复原状。

【法条链接】

《合同法》第二百一十九条 承租人未按照约定的方法或者租赁物的性质使用租赁物，致使租赁物受到损失的，出租人可以解除合同并要求赔偿损失。

第二百二十三条 承租人经出租人同意，可以对租赁物进行改善或者增设他物。承租人未经出租人同意，对租赁物进行改善或者增设他物的，出租人可以要求承租人恢复原状或者赔偿损失。

★出租房屋的维修费用应该由谁承担

【案例】

2008年12月，马某与曾某签订了一份租期为2年的房屋租赁合同。合同约定：曾某将自己的两间平房出租给马某一家居住，马某按年支付租金。合同签订以后，马某先支付曾某1年的租金。2009年7月，由于当地雨水频繁，马某租住的两间房中的一间漏雨。马某要求曾某修理但是遭到拒绝，马某只好自己请人维修，并为此支付修理费800元。那么，马某修理房屋支付的800元应该由谁来承担呢？

【法律解析】

本案中马某与曾某签订了合法的租赁合同，双方都应依法履行自己的义务，对于房屋漏雨，曾某作为出租人应当履行租赁物的维修义务，但马某在要求曾某对房屋进行维修时遭拒，于是自行请人修理。根据《合同法》第二百二十一条的规定，马某为维修房屋支付的费用应当由曾某负担。

★维修过房屋的承租人，租金应视情况而定

【案例】

刘某于2008年5月承租了宋某的一间店房，用于经营百货商店。适逢雨季，房屋出现漏雨，刘某要求宋某修理，但是宋某说房屋出租以后修缮义务应由租客自行承担。由于担心货物受损，刘某只好自掏腰包修理。现在，刘某又找了一个店面，打算搬走，但是还有两个月的租金未付，也不打算再付。那么，刘某的做法合法吗？

【法律解析】

案例中，刘某自行修理好了承租的房屋，根据《合同法》第二百二十一条的规定，刘某可以主张宋某支付自己的房屋维修费后，再向宋某支付租金，或者从剩余两月租金中扣除房屋维修费，剩余的租金应照付。

★可以签订租期为40年的租房合同吗

【案例】

小冯长期在市里做生意，想要长期租套房子居住，后来经人联系与周某达成了租房协议。周某将自己的一套住房租给小冯，小冯为避免日后麻烦，与周某签订了为期40年的租赁合同。小冯与周某签订租期为40年的租房合同有效吗？

【法律解析】

根据《合同法》第二百一十四条的规定，小冯最多只能与周某签订期限20年的租赁合同，超过20年的部分不受法律保护。如果小冯想要长期租赁，也只能在20年的租赁期届满之时再与周某续订租赁合同，但是续订租赁合同同样不得超过20年。

★未签订租赁合同是否为不定期租赁

【案例】

李某多年前跟某单位签订了为期10年的土地使用权租赁合同，用来建厂办企业。租赁合同到期以后，双方口头约定按照原先的租赁合同再续租10年，但是没有再签订租赁合同。现在出租方要把该土地的使用权转让给别人，要跟李某解除租赁合同，认为没有签订租赁合同就是不定期租赁，可以随时解除。那么，出租方的说法和做法是否合理？

【法律解析】

根据《合同法》第二百一十五条的规定，租赁期限六个月以上的，应当采用书面形式。当事人未采用书面形式的，视为不定期租赁。由于李某没有跟出租方签订租赁合同，所以该租赁视为不定期租赁。对于不定期租赁，当事人可以随时解除合同，但是根据《合同法》第二百三十二条的规定，出租人解除合同应当在合理期限之前通知承租人。

【法条链接】

《合同法》第二百一十五条　租赁期限六个月以上的，应当采用书面形式。当事人未采用书面形式的，视为不定期租赁。

第二百三十二条　当事人对租赁期限没有约定或者约定不明确，依照本法第六十一条的规定仍不能确定的，视为不定期租赁。当事人可以随时解除合同，但出租人解除合同应当在合理期限之前通知承租人。

★租期到时未签订新合同而继续居住，原租赁合同还有效吗

【案例】

池某于2008年2月租住廖某的住房一套，双方约定租期为一年。三个月后，廖某由于工作原因出国。2009年2月底，双方的租赁合同到期，但是廖某并没有对此作任何表示。廖某于2009年5月底回国，以双方的租赁合同到期为由要求池某立即搬出。但是池某认为双方的租赁合同应继续有效，自己仍然可以继续使用该房屋。那么，双方原来签订的租赁合同还有效吗？

【法律解析】

根据《合同法》第二百三十二条和第二百三十六条的规定，租赁期间届满，承租人继续使用租赁物，出租人没有提出异议的，原租赁合同继续有效，但租赁期限为不定期。不定期租赁的当事人可以随时解除合同，但出租人解除合同应当在合理期限之前通知承租人。本案中，廖某与池某的租赁期限虽然在其回国时已经届满，但是廖某在双方约定的租赁期间届满时没有对是否继续出租房屋作出任何表示，对池某后来继续租住也没有提出异议，所以应依法认定为原租赁合同继续有效，只不过双方的租赁期限为不定期。如果廖某要解除合同，应在合理期限之前通知池某，不能要求立即搬出。

★租赁期满，租约不能“自动续约”

【案例】

柯某在某路段租了一个商铺，当时与出租方约定租赁期为2008年5月至2009年5月。合同期满以后，柯某未与出租方重新签订租赁合同，又继续使用该商铺近四个月，并且交了租金。现在柯某决定不再租这个铺了，出租方认为按照当初约定，柯某必须找到人转租，否则不退回1万元的押金。但是柯某认为与出租方之前签订的合同已期满，自己没有必要再履行合同。那么，出租方和柯某究竟谁的说法是合法的呢?

【法律解析】

按照《合同法》第二百三十二条的规定，当事人对租赁期限没有约定或者约定不明确，依照本法第六十一条的规定仍不能确定的，视为不定期租赁。当事人可以随时解除合同，但出租人解除合同应当在合理期限之前通知承租人。本案中，柯某与出租方的租赁合同期满之后，又继续交租并使用该商铺，该租赁合同已经自动转为不定期租赁，依法律规定，出租方有权随时终止租赁合同，要求柯某搬出该铺，但是要给柯某必要的准备时间；柯某也有权随时终止租赁合同，但是要及时通知出租方。终止租赁合同以后，柯某没有义务为出租方再找新的承租人。至于出租方扣压柯某押金，既没有合同依据，也没有法律支持，出租方应该全额退还押金给柯某，否则柯某可以向法院起诉要求取回押金。

【法条链接】

《合同法》第二百三十二条 当事人对租赁期限没有约定或者约定不明确，依照本法第六十一条的规定仍不能确定的，视为不定期租赁。当事人可以随时解除合同，但出租人解除合同应当在合理期限之前通知承租人。

★出租人未按约定交付租赁物，造成损失谁来承担

【案例】

老王欲将一批服装运送到某服

装厂，于是找到老周，想要租用老周的货车，经协商签订了租赁合同。双方约定了租用期和租金，还约定了违约责任：如果一方违约，应向对方支付2000元的违约金。租期到了，老周却突然告知老王货车被别人租去了。老王无奈只好临时联系其他货车主，最终将服装运到服装厂，但为此多支付了各种费用1500元。事后，老王拿着双方签订的合约要求老周赔偿违约金及其损失，老周不同意。那么，老周应当承担老王的损失吗?

【法律解析】

根据《合同法》的相关规定，出租人应当按照约定将租赁物交付承租人，如果当事人一方明确表示或者以自己的行为表明不履行合同义务的，对方可以在履行期限届满之前要求其承担违约责任。本案中，老王老周双方签订的租赁合同合法、有效，双方应该按合同约定履行自己的义务，而老周却在签订租赁合同以后，单方面反悔，其行为已经构成违约。老周告知老王货车租给别人了，说明其明确表示不履行合同义务，因此，老王可要求老周支付违约金。由于老周未能履行自己的义务，老王不得不雇用别的货车，因此支付了不必要的多余费用，所以，老周应当为因自己的违约给老王造成的损失承担赔偿责任。

【法条链接】

《合同法》第一百零八条 当事人一方明确表示或者以自己的行为表明不履行合同义务的，对方可以在履行期限届满之前要求其承担违约责任。

第二百一十六条 出租人应当按照约定将租赁物交付承租人，并在租赁期间保持租赁物符合约定的用途。

★承租人无权改变承租房屋的用途

【案例】

杨某与冯某签订了两年的租房合同。合同中约定杨某将此房用作小卖部。但是一年以后，杨某因小卖部经营不善，打算开饭店。于是，他在没有与冯某商议的情况下，叫来装修工人对房屋进行改装。冯某发现以后，要求与杨某终止租赁合同，并要求杨某把房屋恢复原样。但是，杨某认为冯某已经把房屋租给自己，就不应该干涉自己用来做什么，况且自己是找人装修，而不是破坏房屋，因此，不同意解除合同。

【法律解析】

根据《合同法》第二百一十七条的规定，承租人应当按照约定的方法使用租赁物。《合同法》第二百一十九条规定，承租人未按照约定的方法或租赁物的性质使用租赁物，致使租赁物受到损失的，出租人可以解除合同并要求赔偿损失。《城市房屋租赁管理办法》也规定，承租人将承租的房屋擅自拆改结构或改变用途的，出租人有权终止合同，收回房屋，因此而造成损失的，由承租人赔偿。因此，出租人冯某有权解除租赁合同，收回房屋，并要求杨某赔偿相应的损失。

【法条链接】

《合同法》第二百一十七条　承租人应当按照约定的方法使用租赁物。对租赁物的使用方法没有约定或者约定不明确，依照本法第六十一条的规定仍不能确定的，应当按照租赁物的性质使用。

第二百一十九条　承租人未按照约定的方法或租赁物的性质使用租赁物，致使租赁物受到损失的，出租人可以解除合同并要求赔偿损失。

《城市房屋租赁管理办法》第二十四条　承租人有下列行为之一的，出租人有权终止合同，收回房屋，因此而造成损失的，由承租人赔偿：

……

（三）将承租的房屋擅自拆改结构或改变用途的；

……

★在出租房内从事非法活动，出租人可随时解除合同

【案例】

2008年9月，曾某、高某通过中介，以每年8000元的价格承租了秦大爷一套房屋，当时说是自己居住，签订了两年的合同。曾某、高

某入住出租房屋后，多次聚众在出租房内赌博，后因群众告发，引起公安机关的注意。2009年4月，曾某、高某等共计10多人在出租房赌博时，被有备而来的公安人员抓获。秦大爷知道曾某、高某租房屋系用于赌博以后，很是气愤，便在他们治安拘留释放以后，提出解除房屋租赁合同。曾某、高某以租赁期未满为由，拒绝解除租赁关系。秦大爷便向法院起诉。

【法律解析】

《城市房屋租赁管理办法》第二十四条规定，承租人利用承租房屋进行违法活动的，出租人有权终止合同，收回房屋，因此而造成损失的，由承租人赔偿。本案中，承租人曾某、高某利用承租的房屋进行赌博非法活动，因此，即使租赁期未满，出租人秦大爷也有权解除合同。

【法条链接】

《城市房屋租赁管理办法》第二十四条　承租人有下列行为之一的，出租人有权终止合同，收回房屋，因此而造成损失的，由承租人赔偿：

……

（六）利用承租房屋进行违法活动的；

……

★不按约定使用租赁物，发生事故谁来承担责任

【案例】

谈某租用老郭的面包车一辆，租赁合同中约定了租金以及租用时间，同时注明：此车用于拉货，上路后时速不得超过90公里，否则易发交通事故。但是双方未就违约事项做约定。合同签订以后，在一次运输过程中，由于超速而发生交通事故，面包车严重损毁，同时车上部分货物损坏。双方对于因此造成的损失发生纠纷。那么，应该由谁来承担责任呢？

【法律解析】

根据《合同法》第二百一十七条和第二百一十九条的规定，承租人应当按照约定的方法使用租赁物。承租人未按照约定的方法或者

租赁物的性质使用租赁物，致使租赁物受到损失的，出租人可以解除合同并要求赔偿损失。本案中，谈某和老郭就车辆的使用方法做了约定，就应当按约定履行自己的义务。但谈某在实际对车的使用过程中，违反合同约定，超速行驶，导致损害发生。因此，谈某的货物损失应自负，而且还应当赔偿因车辆损毁给老郭造成的损失。

【法条链接】

《合同法》第二百一十七条 承租人应当按照约定的方法使用租赁物。对租赁物的使用方法没有约定或者约定不明确，依照本法第六十一条的规定仍不能确定的，应当按照租赁物的性质使用。

第二百一十九条 承租人未按照约定的方法或者租赁物的性质使用租赁物，致使租赁物受到损失的，出租人可以解除合同并要求赔偿损失。

★使用租赁物过程中致人损害，谁来承担责任

【案例】

老张从某出租车公司租了一辆车，从事个体出租业务。龙某在乘坐该车时，发生交通事故导致死亡，经查，司机老张负全责。龙某的家人要求老张赔偿，但是老张经济困难，没有实际赔偿能力。龙某的家人得知该车是某汽车出租公司之后，将出租公司告上法庭，要求出租公司承担赔偿责任。本案中出租公司应当承担赔偿责任吗？

【法律解析】

老张与出租车公司之前的关系是融资租赁关系。融资租赁，是指租赁物由出租人出资购买，并将其租给承租人使用，同时承租人向出租人支付租金。根据《合同法》规定，融资租赁中，承租人占有租赁物期间，租赁物造成第三人的人身伤害或者财产损害的，出租人不承担责任。本案中，老张作为融资租赁的承租人，在其使用汽车期间由于重大过失发生交通事故致人死亡，其责任应当自负，出租公司不对汽车造成第三人龙某的死亡后果承担赔偿责任。

★房东可以随时解除租赁合同吗

【案例】

小陈租赁一个门面房做生意，跟房东签订的租赁合同中约定，租赁期限为3年，合同至2009年10月期满。2008年年底，小陈回了趟家，回来以后房东突然要求小陈在一个星期内搬离租赁房屋。合同本是签到2009年10月初，所以小陈没有想过这么快找房子，一个星期内小陈也根本不可能搬出去。那么，房东可以随时解除租赁合同吗？

【法律解析】

根据《合同法》第一百零七条的规定，当事人一方不履行合同义务或者履行合同义务不符合约定的，应当承担继续履行、采取补救措施或者赔偿损失等违约责任。如果房东在合同尚未到期时，没有解除租赁合同的理由而强制小陈搬出，小陈可以要求房东承担违约责任。如果合同约定违约金，房东须按照合同约定赔偿小陈违约金；如果没有约定违约金，房东须赔偿因其违约给小陈造成的损失。

★承租人享有优先购买权，也享有优先承租权吗

【案例】

刘某和某商场签订了一份租赁合同，合同2009年8月到期。2009年7月的时候，商场开始和其他租户洽谈租赁事项了，并通知刘某，到8月份租赁期满后便让刘某撤场。而刘某和客户还有一份销售合同没有完成，于是刘某提出销售合同结束再撤场。那么，刘某的做法合理吗？如果商场要转租，刘某是否有优先承租权？

【法律解析】

刘某提出销售合同结束后再撤场，如果销售合同结束的日期已经超过了租赁合同的期限，则需要征得商场的同意。因为租赁期届满，承租人应当返还租赁物。合同当事人应该按照合同约定履行合同，所以刘某的要求没有法律依据。除非得到商场的同意，才可以延长租赁期间。另外，《合同法》只是规定了承租人享有优先购买权。所以，除非刘某与商场的租赁合同里约定

了租赁合同到期后，承租人享有优先承租权，否则刘某不享有优先承租权。

★承租人是否应承担报亭的折旧费

【案例】

老季是一名邮政报亭承租人，与本地邮政报刊零售中心签订了承租合同，每年支付几千元的报亭承租金，每月支付投递费。2009年邮政报刊零售中心突然多出了一个收费项目，要求老季等报亭承租人在每年的承租金上再多缴纳5%作为报亭的折旧费。那么，这笔所谓的报亭折旧费是否该由老季这些承租人承担呢？

【法律解析】

老季等与本地邮政报刊零售中心签订的是承租合同，根据《合同法》第二百一十八条的规定，承租人按照约定的方法或者租赁物的性质使用租赁物，致使租赁物受到损耗的，不承担损害赔偿责任。但是，报亭又不同于其他一般的租赁物，邮政报刊零售中心让承租人在自己每年的承租金上多缴纳5%作为报亭的折旧费，可以视作对合同条款的变更。根据《合同法》第七十七条第一款的规定，当事人协商一致，可以变更合同。因此，如果老季等人不同意变更，可以拒绝承担报亭折旧费。

★门窗老化导致损坏，承租人应否承担赔偿责任

【案例】

2008年3月，安某跟张某签订了一份房屋租赁合同，租赁期限为1年，押金1000元，约定到期后退还押金。2009年3月，租赁合同到期了，张某来收房。在查看房屋时，张某发现室内有一个门以及两个窗户坏了，便要扣掉安某的押金。可是安某称，这门和窗户并不是在正常使用时坏的，是因为使用时间长了老化所致，当时门、窗不能使用时，自己还曾经要求张某过来修理，可是张某一直没有修理，租赁合同对屋内设施修理、损害赔偿等问题也没有明确的约定。那么，安某到底应不应该承担赔偿责任呢？

【法律解析】

根据《合同法》的规定，承租人按照约定的方法或者租赁物的性质使用租赁物，致使租赁物受到损耗的，不承担损害赔偿责任。承租人未按照约定的方法或者租赁物的性质使用租赁物，致使租赁物受到损失的，出租人可以解除合同并要求赔偿损失。出租人应当履行租赁物的维修义务，但是当事人另有约定的除外。由于安某和张某在租赁合同中对屋内设施修理、损害赔偿等问题没有明确的约定，因此如果安某能证明该门窗的损害是其老化所致，则不用承担赔偿责任；如果该门窗是由于安某使用不当导致其损害，则要承担赔偿责任。

★转租他人违法经营，谁来赔偿出租人的损失

【案例】

2008年，杨某用租赁的房屋经营大众洗浴，后来由于生意不好，按照合同约定转租给林某。林某在经营期间，利用色情敲诈消费者而被公安机关处罚。现在房主要提前终止合同，要求杨某赔偿损失，理由是杨某利用营业场所违法经营。那么，转租给他人违法经营，是杨某还是林某来赔偿出租人的损失呢?

【法律解析】

根据《合同法》第二百二十四条的规定，承租人经出租人同意，可以将租赁物转租给第三人。承租人转租的，承租人与出租人之间的租赁合同继续有效，第三人对租赁物造成损失的，承租人应当赔偿损失。根据《城市房屋租赁管理办法》第二十四条的规定，承租人利用承租房屋进行违法活动的，出租人有权终止合同，收回房屋，因此而造成损失的，由承租人赔偿。因此，出租人可以终止与杨某的合同，要求杨某承担赔偿责任。杨某在承担了赔偿责任之后，可以根据和林某之间的租赁合同要求林某赔偿自己的损失。

★承租人不交付房租怎么办

【案例】

乔某于2008年9月把自己的一套房租借给纪某，约定租期为3年。在合同签订以后，纪某支付了第一年的租金。2009年，到该收第二年的房租时，乔某找不到纪某本人，纪某的妻子则以各种借口拒不支付租金，也不愿意搬出房屋。周围邻居说纪某与妻子已经离婚，那么乔某该怎么办?

【法律解析】

根据《合同法》第二百二十七条的规定，承租人无正当理由未支付或者迟延支付租金的，出租人可以要求承租人在合理期限内支付。承租人逾期不支付的，出租人可以解除合同。因此，纪某及其妻子不支付租金超过乔某要求的合理期限后，乔某可以解除该租房合同。如乔某主张解除合同，应当通知对方，合同自通知到对方时解除。合同解除以后，乔某有权要求赔偿损失。不管纪某夫妇是否离婚，纪某的妻子作为实际承租人之一，应该承担支付租金的义务。

建设工程

★发包方违约，承包方能否解除施工合同

【案例】

2009年6月，某建筑公司为某房地产开发商建设一处物业用房。签订的建设工程施工合同中约定，工程价款按照工程进度分期支付。10月份，物业用房的框架盖好以后，开发商没有按照合同约定支付相应的工程价款。经过催告，开发商还是没有支付工程价款。由于建筑公司的预算有限，不能垫资继续施工。那么，建筑公司能否跟开发商解除施工合同?

【法律解析】

根据《最高人民法院关于审理建设工程施工合同纠纷案件适用法律问题的解释》（以下简称《建设工程施工合同解释》）第九条的规定，发包人未按约定支付工程价款，致使承包人无法施工，且在催

告的合理期限内仍未履行相应义务，承包人请求解除建设工程施工合同的，应予支持。根据《合同法》的规定，因一方违约导致合同解除的，违约方应当赔偿因此给对方造成的损失。因此，建筑公司可以跟开发商解除施工合同，还可以要求其赔偿相应的损失。

★建设工程合同无效，发包人是否支付工程款

【案例】

沈某自己组建了一个建筑工程承包队，但是没有取得建筑资质。2008年，沈某给某学校盖了一个澡堂。澡堂竣工以后经验收合格，学校给了2万元，剩余的工程款项没有结清。后来学校以沈某没有建筑资质，跟沈某签订的建筑承包合同无效为由，不给沈某剩余的工程款。那么，学校的说法有没有法律依据?

【法律解析】

根据《建设工程施工合同解释》第一条和第二条的规定，承包人未取得建筑施工企业资质或者超越资质等级的，建设工程施工合同应认定无效。建设工程施工合同无效，但建设工程经竣工验收合格，承包人请求参照合同约定支付工程价款的，应予支持。本案中，沈某没有取得施工企业资质，所以跟学校签订的工程施工合同无效，但建设工程竣工后经验收合格，承包人沈某请求参照合同约定支付工程价款，应予支持，学校的说法不合法。

★变更工程量引发价款变化怎么办

【案例】

2008年10月，金某为某宾馆装修。因为老板贾某和金某是朋友，没签订书面合同，只是口头协议，买多少材料报多少，价款按照行情，并约定了初步竣工时间。但是在施工的过程中，由于设计变更延迟了竣工时间。于是贾某便以此为由克扣工程款，而且不按约定支付材料款。那么，因变更工程量引发价款变化如何确定?

【法律解析】

根据《建设工程施工合同解释》第十六条的规定，当事人对工程价款不能协商一致的，可以参照签订建设工程施工合同时当地建设行政主管部门发布的计价方法或者计价标准结算工程价款。因此，宾馆老板贾某应当依法结算工程价款。

★盖了房子拿不到工钱，怎么办

【案例】

2008年3月，某建筑公司与某房地产公司签订了一份建设工程合同。合同约定：房地产公司的一栋商品楼由建筑公司承包建筑，并对工期、质量、价款等作了细致的约定。双方定于2008年10月5日竣工验收，验收合格后支付工程款。2008年10月建筑公司工程完工，并验收合格。建筑公司要求房地产公司支付工程款。房地产公司以资金紧张为由要求延期支付，建筑公司拒绝延期，并拒绝交付完工的商品楼。之后，建筑公司曾多次向对方催讨工程款，直到2009年10月房地产公司仍未支付其工程款。那么，建筑公司应该怎么办呢?

【法律解析】

《合同法》第二百八十六条规定，发包人未按照约定支付价款的，承包人可以催告发包人在合理期限内支付价款。发包人逾期不支付的，除按照建设工程的性质不宜折价、拍卖的以外，承包人可以与发包人协议将该工程折价，也可以申请人民法院将该工程依法拍卖。建设工程的价款就该工程折价或者拍卖的价款优先受偿。本案中，房地产公司在对该栋商品楼竣工验收合格后，应当按约定向建筑公司支付工程款，但房地产公司却在建筑公司催告其在合理期限内支付工程款时依然未有付款的表示，因此，建筑公司可以不向其交付工程，并要求其承担逾期付款的违约责任，可以与房地产公司协商将该商品楼直接折价抵偿给建筑公司，也可以申请人民法院对该栋商品楼进行拍卖，建筑公司对拍卖所得享有优先受偿权。

【法条链接】

《合同法》第二百八十六条 发包人未按照约定支付价款的，承包人可以催告发包人在合理期限内支付价款。发包人逾期不支付的，除按照建设工程的性质不宜折价、拍卖的以外，承包人可以与发包人协议将该工程折价，也可以申请人民法院将该工程依法拍卖。建设工程的价款就该工程折价或者拍卖的价款优先受偿。

★工人能越过包工头直接向建筑公司索要劳动报酬吗

【案例】

某建筑公司将一处楼房建设工程对外发包给穆某，穆某雇佣数十名建筑工人进行施工。工程完工以后，由于建筑公司拖欠穆某的工程款，导致穆某无力支付建筑工人的劳动报酬，于是其中的25名建筑工人状告作为发包人的建筑公司，要求其支付劳动报酬。这些建筑工人可以越过包工头穆某直接起诉建筑公司追索劳动报酬吗?

【法律解析】

根据合同的相对性原则，合同是特定主体之间的协议，一般只在特定的合同当事人之间发生法律约束力。建筑公司作为建筑工人与穆某之间劳务合同的第三人，建筑工人好像不能直接向建筑公司追索劳动报酬。但是，根据《建设工程施工合同解释》第二十六条第二款的规定，发包人在欠付工程价款范围内对实际施工人承担责任，只要发包人没有将工程价款清偿，不管发包人将工程如何转包和分包，发包人都应当依法在欠付工程价款范围内向实际施工人清偿债务。因此，本案中建筑工人可以越过包工头直接向建筑公司要劳动报酬，诉讼请求会得到法院的支持。

交通运输

★擅自变更运输工具，乘客是否可以要求承运人赔偿损失

【案例】

2009年6月10日，蒋某从某市坐

长途汽车到北京，当时蒋某买的是全程高速的空调车票，但是上车以后人很多也没有座位，蒋某只好站着。可是快到收费站时，司机突然停车，让包括蒋某在内的几个站着的下车坐另一辆车，说这辆车已经超员。就这样蒋某就又坐上了一辆面包车，既没有空调走得又慢，到站时间晚了1个多小时。蒋某于是要求客运公司赔偿自己的损失。那么，擅自变更运输工具、降低服务质量，乘客是否可以要求承运人赔偿损失？

【法律解析】

根据《合同法》第三百条的规定，承运人擅自变更运输工具而降低服务标准的，应当根据旅客的要求退票或者减收票款；提高服务标准的，不应当加收票款。本案中，自蒋某购票时起，与承运人之间的运输合同便已成立了。承运人为了避免因超员被罚款，擅自变更运输工具降低服务质量，违反了《合同法》的规定，应当承担违约责任，并根据旅客的要求减收票款。

★货运公司擅自改变路线，是否有权索赔

【案例】

2009年中秋节，赵某为公司职工向某农户购买了100箱苹果、100箱梨。后赵某与某运输公司签订了货运合同，合同约定运输公司应当在2日内按照通常路线，将水果运到自己公司，运费为600元。合同签订以后，运输公司顺利将水果装车拉走。但是，运输公司为了节省高速费而改走乡间小道，不仅走了不少冤枉路，还由于路上坑洼不平，多箱水果跌落损坏。当运输公司将水果送到赵某公司时，比双方约定的时间晚了一天半，有20多箱水果被损坏，赵某要求运输公司赔偿损失，但运输公司以双方没有约定具体路线为由拒绝。那么，赵某能否要求运输公司赔偿呢？

【法律解析】

根据《合同法》的规定，承运人应当按照约定的或者通常的运输路线将旅客、货物运输到约定地

点。本案中，赵某与运输公司在合同中约定按照通常路线运输，运输公司就应当遵守约定，将水果按通常路线运输到目的地。但是运输公司为了节省高速费而擅自改走乡间小道，其行为违反了合同约定，构成了违约。因此，赵某可以要求运输公司承担赔偿责任。

【法条链接】

《合同法》第一百零七条　当事人一方不履行合同义务或者履行合同义务不符合约定的，应当承担继续履行、采取补救措施或者赔偿损失等违约责任。

第二百九十一条　承运人应当按照约定的或者通常的运输路线将旅客、货物运输到约定地点。

第三百一十一条　承运人对运输过程中货物的毁损、灭失承担损害赔偿责任，但承运人证明货物的毁损、灭失是因不可抗力、货物本身的自然性质或者合理损耗以及托运人、收货人的过错造成的，不承担损害赔偿责任。

★延迟运送货物，造成损失谁来担责

【案例】

严某回海边老家度假，打算带一些海鲜回来分给同事，便花1000元买了5箱螃蟹，并与运输公司办理了托运手续，严某随后将货物交给该公司。双方约定当天下午发货。到了中午，运输公司致电严某：公司车辆发生交通事故，可能要延迟送达海鲜的时间。严某要求解除合同，对方不同意，并一再声称会妥善保管该货物。该车到达后，严某拿着托运单去领取，却发现螃蟹已经变质发臭，根本无法食用。严某要求运输公司赔偿损失，运输公司以交通事故属于意外事件为由拒绝。严某的损失应由谁承担呢？

【法律解析】

根据我国《合同法》的规定，承运人延迟运输时应及时通知托运人，并根据当事人要求为其安排其他运输工具或者解除合同。本案中，当运输公司因车辆发生交通事故后，首先应为严某的货物安排其他车辆，或者在严某要求解除合同时同意其要求。显然运输公司并没有采取如上措施，而是擅自推迟了运送时间，其行为属于擅自变更合同内容，已经构成违约，应当承担赔偿责任。

★无正当理由，出租车司机可以拒载乘客吗

【案例】

刘大爷由于交通事故失去双腿，行动很不方便。9月的一天，刘大爷需去医院检查，可是当其坐在轮椅上等在路边打车时，许多司机根本就不停车。无奈之下，刘大爷只好给女儿打电话，让女儿亲自拦了一辆出租车，然后将其带到刘大爷的身边，可是司机一看到坐在轮椅上的刘大爷，便迅速开车走了。那么，出租车司机能否因为刘大爷行动不便而拒载？

【法律解析】

根据《合同法》第二百八十九条的规定，从事公共运输的承运人不得拒绝旅客、托运人通常、合理的运输要求。《城市出租汽车管理办法》第二十四条规定了乘客不得拦车的几种情形。本案中，当刘大爷的女儿将出租车带到刘大爷身边时，双方就建立了运输合同，形成了运输合同关系，而且本案中也不存在法律规定的乘客不得拦车的几种情形。但是出租车司机看到轮椅上的刘大爷却迅速将车开走，其行为已经构成违约，刘大爷可以要求其承担违约责任。

★托运食物变质，铁路部门应该赔偿吗

【案例】

孙某在外省工作，春节期间由于工作原因不能回老家过年，于是到火车站托运了一箱食品给父母作为年货。托运单上写着5日之内就能运到，但是8天以后父母说还没有收到。孙某到铁路部门一查，才知道运错地方了。几经周折之后，等父母收到时已经是第15天了，食品全都变质了。孙某要求铁路部门赔偿，但是铁路部门说这是货物本身的原因造成的。那么，铁路部门是

否应该承担赔偿责任？

【法律解析】

根据《中华人民共和国铁路法》（以下简称《铁路法》）第十七条的规定，铁路运输企业应当对承运的货物、包裹、行李自接受承运时起到交付时止发生的灭失、短少、变质、污染或者损坏，承担赔偿责任：（一）托运人或者旅客根据自愿申请办理保价运输的，按照实际损失赔偿，但最高不超过保价额；（二）未按保价运输承运的，按照实际损失赔偿，但最高不超过国务院铁路主管部门规定的赔偿限额；如果损失是由于铁路运输企业的故意或者重大过失造成的，不适用赔偿限额的规定，按照实际损失赔偿。本案中，食品的变质是由于托运延误造成的，铁路部门应该承担赔偿责任。

★运输途中行李丢失，承运方担责还是自负责任

【案例】

小文于2007年春节期间坐长途汽车回家看望父母。上车时，小文本想随身携带自己的行李箱，司机却要求小文将行李箱放在客车的后备箱内，说这是规定。由于行李内有小文为家人购买的一些年货和礼物，因此，小文特别告知司机要妥善保管，司机表示没问题。后来，当小文下车准备取行李箱时却发现行李箱不见了，于是找到司机要求其承担赔偿责任，遭到司机拒绝。那么，小文的损失应该由谁来赔偿呢？

【法律解析】

根据《合同法》第二百九十三条的规定，客运合同自承运人向旅客交付客票时成立，因此，小文购买车票乘车时，与运输公司之间已形成客运合同关系，运输公司应当根据合同内容履行义务。当小文将行李箱交给司机并提醒其妥善保管时，司机及其他工作人员应当对其行李进行妥善保管，但是工作人员却将该行李箱丢失，并且无法提出有力证据证明自己履行了妥善保管的义务，因此运输公司应当承担责任。

★托运货物受损应按什么标准进行赔偿

【案例】

2009年5月，潘某委托某运输公司托运二十部笔记本电脑至江苏某公司。托运时经运输公司查验并按照其要求的包装方式对电脑进行包装。托运货物到达江苏以后，收货人验收时发现一台笔记本电脑损坏。潘某找到运输公司索赔，运输公司负责人说按照行规最高赔偿标准是运费的十倍。那么，托运货物受损应该如何赔偿?

【法律解析】

根据《合同法》第三百一十一条的规定，承运人对运输过程中货物的毁损、灭失承担损害赔偿责任，但承运人证明货物的毁损、灭失是因不可抗力、货物本身的自然性质或者合理损耗以及托运人、收货人的过错造成的，不承担损害赔偿责任。本案中，如果承运人即某运输公司不能证明电脑的损坏是由潘某或者收货人造成的，则根据《铁路法》第十七条的规定，承担全部的赔偿责任，而不是按照十倍于运费的标准。

【法条链接】

《合同法》第三百一十一条 承运人对运输过程中货物的毁损、灭失承担损害赔偿责任，但承运人证明货物的毁损、灭失是因不可抗力、货物本身的自然性质或者合理损耗以及托运人、收货人的过错造成的，不承担损害赔偿责任。

《铁路法》第十七条 铁路运输企业应当对承运的货物、包裹、行李自接受承运时起到交付时止发生的灭失、短少、变质、污染或者损坏，承担赔偿责任：

(一)托运人或者旅客根据自愿申请办理保价运输的，按照实际损失赔偿，但最高不超过保价额。

(二)未按保价运输承运的，按照实际损失赔偿，但最高不超过国务院铁路主管部门规定的赔偿限额；如果损失是由于铁路运输企业的故意或者重大过失造成的，不适用赔偿限额的规定，按照实际损失赔偿。

★飞机晚点，乘客可以改乘或者退票吗

【案例】

白某购买了某航班的机票欲前往海南。当白某按机票上载明的时间提前赶到机场办理登机手续时，机场方面通知该航班将比预定的时间晚3个小时起飞。此时，白某能否要求航空公司为其办理航班更换手续或退票呢？

【法律解析】

白某可以根据自己的需要要求航空公司为自己办理改乘或者要求其退票。我国《合同法》规定，承运人应当按照客票载明的时间和班次运输旅客。承运人迟延运输的，应当根据旅客的要求安排改乘其他班次或者退票。本案中，当白某购买了机票，与航空公司的运输合同即生效，航空公司因单方面原因导致飞机晚点起飞，在此情况下，白某可以要求航空公司为自己办理改乘或者退票。

【法条链接】

《合同法》第二百九十九条 承运人应当按照客票载明的时间和班次运输旅客。承运人迟延运输的，应当根据旅客的要求安排改乘其他班次或者退票。

★降低服务标准，乘客可以要求退票吗

【案例】

2009年7月，尹大姐欲从市里去郊区一位亲戚家，由于天气太热，尹大姐花5元钱购买了1张空调车票。检票上车以后，尹大姐发现车内根本没开空调，于是要求售票员开空调，车上其他乘客也要求售票员打开空调，可售票员说这辆车没有空调。当大家提出自己购买的车票是空调车票价时，售票员说是因为运输车辆不够，这辆车只是暂时为缓解一下交通压力而临时增设的。尹大姐决定退票改乘其他车辆，但是售票员以票已检不能退为由拒绝。那么，尹大姐有权要求退票吗？

【法律解析】

根据《合同法》第二百九十三条的规定，客运合同自承运人向旅客交付客票时成立，当尹大姐按空调车票价购买车票时，与承运公司即建立了客运合同关系。客运公司应该严格按照合同的约定为其提供服务。但是，客运公司擅自变更合同约定的内容，将空调车改为普通车，降低了服务标准，已经构成违约。根据《合同法》第三百条的规定，承运人擅自变更运输工具而降低服务标准的，应当根据旅客的要求退票或者减收票款；提高服务标准的，不应当加收票款。因此，该承运公司应当根据尹大姐的要求为其办理退票。

【法条链接】

《合同法》第二百九十三条 客运合同自承运人向旅客交付客票时成立，但当事人另有约定或者另有交易习惯的除外。

第三百条 承运人擅自变更运输工具而降低服务标准的，应当根据旅客的要求退票或者减收票款；提高服务标准的，不应当加收票款。

委托代理

★父亲代儿子出具欠条，儿子应该还钱吗

【案例】

2009年2月，乔某在市郊租了套房子，租期为1年。后来由于辞了职，乔某没有了经济来源，拖欠房租2000元。乔某的父亲过来看望乔某时，以乔某的名义出具欠条，并承诺欠款于2009年11月15日之前归还，逾期按5%交纳滞纳金，乔某知道以后未置可否。那么，乔某没钱还欠款，欠条也不是乔某出的，乔某应该承担还款责任吗？

【法律解析】

乔某父亲的行为构成表见代理，所谓表见代理，是指本无代理权，但表面上足以令人相信其有代理权而按有权代理对待的行为。根据乔某与其父亲的密切关系，并代为出具欠条的行为，对方有理由相信乔某的父亲具有代理权，而且乔

某知道以后，也未作明确否认，应视为已同意。根据《民法通则》第六十六条第一款的规定，没有代理权、超越代理权或者代理权终止后的行为，只有经过被代理人的追认，被代理人才承担民事责任。未经追认的行为，由行为人承担民事责任。本人知道他人以本人名义实施民事行为而不作否认表示的，视为同意。因此，欠条对乔某具有约束力，乔某应承担还款责任。

【法条链接】

《合同法》第四十九条　行为人没有代理权、超越代理权或者代理权终止后以被代理人名义订立合同，相对人有理由相信行为人有代理权的，该代理行为有效。

《民法通则》第六十六条　没有代理权、超越代理权或者代理权终止后的行为，只有经过被代理人的追认，被代理人才承担民事责任。未经追认的行为，由行为人承担民事责任。本人知道他人以本人名义实施民事行为而不作否认表示的，视为同意。

代理人不履行职责而给被代理人造成损害的，应当承担民事责任。

代理人和第三人串通、损害被代理人的利益的，由代理人和第三人负连带责任。

第三人知道行为人没有代理权、超越代理权或者代理权已终止还与行为人实施民事行为给他人造成损害的，由第三人和行为人负连带责任。

★公司未及时收回公章，导致合同纠纷谁来担责

【案例】

2009年，某建筑公司由于生产经营需要，委托个体工商户老板张某到某建材厂联系购买建材的相关事宜。建筑公司总经理金某亲自填写了授权委托书，授权范围为“以本公司名义代为购买建筑材料2000吨”，金某把盖有该公司公章和合同专用章的空白合同书若干份交给了张某。张某分几次购买了2000吨建材，建筑公司验货后及时支付了货款。3个月后，某建材厂再次到建筑公司索要货款，建筑公司表示已经支付了所购买的2000吨建材的全

部货款。但是该建材厂却说建筑公司只支付了2000吨的货款，还有600吨的货款没有支付。建筑公司表示自己只购买了2000吨建材，600吨建材一事与本公司无关。经解释，建筑公司才发现原来张某利用自己未及时收回的授权委托书和盖有公章的空白合同书以建筑公司的名义从建材厂购买了600吨建材。现在张某已不知去向，由于这600吨建材建筑公司根本就没有收到，因此拒绝支付。那么，建筑公司该不该为这600吨建材支付货款呢？

【法律解析】

此案也涉及表见代理，根据《合同法》第四十九条的规定，行为人没有代理权、超越代理权或者代理权终止后以被代理人名义订立合同，相对人有理由相信行为人有代理权的，该代理行为有效。本案中，建筑公司授权张某为该公司购买建材2000吨，并把授权委托书及盖有本公司公章和合同专用章的空白合同书一并交与了张某，这一委托关系合法有效。在张某以代理人身份为建筑公司签订了购买建材的合同，买卖双方也已履行完毕之后，张某与建筑公司之间的委托关系已经终止。张某再次以建筑公司名义签订建材买卖合同，购买600吨建材的行为属于代理权终止后的行为。但由于建筑公司在委托关系终止以后未及时将交与张某的授权委托书和盖有公章的空白合同书收回，以至于给交易对方即某建材厂造成了假象，使建材厂认为张某仍然具有代理权，这就构成了表见代理。因此，张某购买600吨建材的行为仍然应该由建筑公司承担相应的责任，建筑公司应该支付这600吨建材的货款。

★委托合同没约定报酬，有偿还是无偿

【案例】

老郑委托老范为其购买一批家具，但是双方没有约定委托报酬。当老范向老郑交付该批家具时要求老郑支付报酬。老郑以双方没有对此进行约定，属于无偿委托而拒绝。老范可以要求老郑支付报酬吗？

【法律解析】

根据《合同法》第三百九十八条的规定，委托人应当预付处理委托事务的费用。受托人为处理委托事务垫付的必要费用，委托人应当偿还该费用及其利息。由此可以推断，委托合同如果没有约定是有偿还是无偿的情况下，应该推定为有偿，委托人有支付相应费用的义务。

【法条链接】

《合同法》第三百九十八条　委托人应当预付处理委托事务的费用。受托人为处理委托事务垫付的必要费用，委托人应当偿还该费用及其利息。

★委托人可以随时解除委托合同，违约责任需分别对待

【案例】

某电器公司欲研制推出新冰箱，便委托某调查公司对该市的冰箱销售进行调查分析。双方签订的书面委托合同约定：调查公司将调查到的信息以数据分析的形式交给电器公司，电器公司支付5万元费用，先支付2万元，剩余部分调查完成以后一并支付。双方不得无故终止合同，任何一方违约，承担1000元违约金。合同签订以后，电器公司暗中检查发现，该调查公司有欺瞒行为，其工作人员对工作也不积极，因此可能导致最终的结果毫无意义，于是决定解除合同，并要求其退还调查费。调查公司以电器公司无故解除合同要求其承担违约金。那么，电器公司可以解除合同吗?

【法律解析】

根据《合同法》第四百一十条的规定，委托人或者受托人可以随时解除委托合同。因解除合同给对方造成损失的，除不可归责于该当事人的事由以外，应当赔偿损失。本案中，尽管电器公司与调查公司约定“任何一方不得无故解除合同”，但是这一约定与法律规定相抵触，因此双方的这一约定无效。而对于调查公司要求电器公司承担违约金的要求，根据《合同法》的规定，因解除合同给对方造成损失

的，除不可归责于该当事人的事由以外，应当赔偿损失。由此可知，法律是不承认解除委托合同有违约责任的。对于调查公司付出的劳动，电器公司如果能证明其确实存在欺瞒并由此导致调查结果无意义的话，则电器公司无须承担责任。

【法条链接】

《合同法》第五十二条 有下列情形之一的，合同无效：

（一）一方以欺诈、胁迫的手段订立合同，损害国家利益；

（二）恶意串通，损害国家、集体或者第三人利益；

（三）以合法形式掩盖非法目的；

（四）损害社会公共利益；

（五）违反法律、行政法规的强制性规定。

第四百一十条 委托人或者受托人可以随时解除委托合同。因解除合同给对方造成损失的，除不可归责于该当事人的事由以外，应当赔偿损失。

★委托他人购买的物品被盗，谁来承担责任

【案例】

小窦由于工作原因到香港学习交流，同事小杨知道以后，交给小窦5000元钱，让其从香港为自己代买一套化妆品。小窦在返回途中，背包被小偷偷走，为小杨买的化妆品也在包内。那么，小杨的损失应该由谁来承担？

【法律解析】

根据《合同法》第四百零六条的规定，无偿的委托合同，因受托人的故意或者重大过失给委托人造成损失的，委托人可以要求赔偿损失。本案中，小窦接受小杨的委托，为其购买了一套化妆品，就负有妥善保管并如约把化妆品交给小杨的义务。而正常情况下，只要加以注意，就不会发生被盗的情况。因此可以认定小窦在物品被盗一事中有重大过失，应当赔偿小杨的损失。

【法条链接】

《合同法》第四百零六条 有偿

的委托合同，因受托人的过错给委托人造成损失的，委托人可以要求赔偿损失。无偿的委托合同，因受托人的故意或者重大过失给委托人造成损失的，委托人可以要求赔偿损失。

★受托人死亡，委托合同是否终止

【案例】

周某委托苗某出售自己的一部旧车，并答应事成之后给其一定的报酬。苗某的朋友刘某看上了该款轿车，于是周某、苗某、刘某三人谈好价格，并签订了车辆买卖合同。合同约定：刘某先支付一半车款，另一半钱款待车辆过户手续办完之后一并付清。任何一方违约将承担1万元违约金。周某还写了一份书面委托交给苗某：卖车和收款全权委托苗某办理。当苗某拿着周某的所有证照与刘某交了过户费用，只需填写一些资料即可过户时，周某突然发病死亡。此时，周某与苗某的委托合同还有效吗?

【法律解析】

根据《合同法》第四百一十一条的规定，委托人或者受托人死亡、丧失民事行为能力或者破产的，委托合同终止，但当事人另有约定或者根据委托事务的性质不宜终止的除外。据此规定，苗某本来可以终止与周某之间的委托合同关系，停止办理委托事务，但是，周某与刘某之间的买卖合同也是合法有效的，并且已经交纳了车辆过户费用，如果此时苗某停止委托合同，将使刘某的利益受损。因此，苗某的委托事务属于法律中不宜终止的情况，他与周某之间的委托合同关系依然有效。

【法条链接】

《合同法》第四百一十一条　委托人或者受托人死亡、丧失民事行为能力或者破产的，委托合同终止，但当事人另有约定或者根据委托事务的性质不宜终止的除外。

第四百一十二条　因委托人死亡、丧失民事行为能力或者破产，致使委托合同终止将损害委托人利益的，在委托人的继承人、法定代理人或者清算组织承受委托事务之前，受托人应当继续处理委托事务。

★写欠条的行为人与落款人不一致怎么办

【案例】

2009年6月15日，周某到某面粉店购买面粉，双方没有即时结清货款。周某给面粉店出具了一张欠条："欠面粉款陆仟元整。"落款为"西同饭店"。事后面粉店多次找周某索要，周某说欠条是受雇于西同饭店期间代西同饭店所写，自己不是债务人，因此拒绝付款。面粉店又去找西同饭店负责人，可他们说没有让周某买过面粉。那么，写欠条的行为人与落款人不一致怎么办?

【法律解析】

根据《关于民事诉讼证据的若干规定》第五条第三款的规定，对代理权发生争议的，由主张有代理权一方当事人承担举证责任。根据《民法通则》第六十六条的规定，没有代理权、超越代理权或者代理权终止后的行为，只有经过被代理人的追认，被代理人才承担民事责任。未被追认的行为，由行为人承担民事责任。本人知道他人以本人名义实施民事行为而不做否认表示的，视为同意。因此，周某说自己为西同饭店代写的欠条，有没有代理权就应该由周某承担举证责任。如果周某不能证明自己有代理权，那么周某应当承担还款责任。

【法条链接】

《关于民事诉讼证据的若干规定》第五条第三款 对代理权发生争议的，由主张有代理权一方当事人承担举证责任。

《民法通则》第六十六条 没有代理权、超越代理权或者代理权终止后的行为，只有经过被代理人的追认，被代理人才承担民事责任。未经追认的行为，由行为人承担民事责任。本人知道他人以本人名义实施民事行为而不作否认表示的，视为同意。

★受人之托购买物品后，委托人不支付货款怎么办

【案例】

某批发公司受某商场委托代购一批箱包，并签订了代购合同。合

同约定：批发公司与箱包厂家成交以后，由批发公司通知商场向箱包厂家支付货款，批发公司验货之后，商场向其支付委托报酬2万元。后来经联系，批发公司与某箱包厂签订了买卖合同，合同约定：箱包厂提供货物，批发公司验收合格后支付货款。合同签订以后，箱包厂即向批发公司交付了货物，经验收后，批发公司通知商场向箱包厂支付货款。该商场随后向批发公司支付了2万元的报酬并取走货物，却没有向箱包厂支付货款。箱包厂由于未收到货款，于是要求批发公司支付货款并承担违约责任。此时，批发公司应该怎么办呢？

【法律解析】

此案涉及行纪合同问题。所谓行纪，即行纪人以自己的名义为委托人从事贸易活动，委托人支付报酬的合同。本案中，批发公司与商场之间是行纪合同关系。根据《合同法》规定，行纪人与第三人订立合同的，行纪人对该合同直接享有权利、承担义务。因此，批发公司与箱包厂签订的买卖合同不能约束该商场，当箱包厂在履行合同而收不到相应货款时，可以依照与批发公司签订的买卖合同要求其支付货款，并承担违约责任，而批发公司却不能以自己与商场之间的行纪合同为由拒绝。当然，批发公司在对箱包厂进行了赔偿之后，可以根据与商场之间的合同向商场进行追偿。

★委托别人卖东西，多卖出的钱应归谁

【案例】

刘某因母亲生病住院急需用钱，决定将家中的一对玉器卖掉，经估价，这对玉器值40万元。刘某于是将该玉器委托给某古玩店寄卖。双方约定：寄售价格为40万元，委托费为寄售价格的1%。古玩店经大力宣传后，最终以47万元将玉器卖出。刘某要求古玩店将47万元交付给自己，但古玩店只同意交付40万元，并要求刘某支付宣传费5万元。那么，多卖出的钱应当归谁？刘某应支付古玩店的宣传费吗？

【法律解析】

本案中，刘某与古玩店之间的

关系即为行纪合同关系，古玩店为行纪人，刘某为委托人。根据《合同法》第四百一十八条的规定，行纪人高于委托人指定的价格卖出或者低于委托人指定的价格买入的，双方可以协商，如果协商不成，则该利益属于委托人。因此，古玩店多卖出的7万元应当归刘某所有。同时，根据《合同法》第四百一十五条的规定，行纪人处理委托事务支出的费用，由行纪人负责，但当事人另有约定的除外。由此可知，在刘某未与古玩店事先约定谁承担宣传费的情况下，该费用应依法由古玩店自行承担。

★买房未成，还要向中介支付中介费吗

【案例】

马某想要在市郊买一套房子，委托一家房屋中介公司为其联系买房。双方签订合同，约定中介公司向马某提供购房信息，马某向中介公司支付购房款的1%作为中介费。如果基于不可抗拒因素导致买卖不成，马某也要向房屋中介支付佣金。后来中介公司为马某找到一处房屋，马某与房主很快签订了买卖合同，但是双方办理过户时，却被告知银行不准转按揭。双方无奈撤销了买卖合同。此时中介公司找到马某，要求马某支付4000元的中介费。马某以房子没有买成为由拒绝。那么，马某需要向中介公司支付中介费吗？

【法律解析】

此案涉及居间合同的问题。所谓居间合同，是指居间人向委托人报告订立合同的机会或者提供订立合同的媒介服务，委托人支付报酬的合同。本案中，马某与中介公司之间的合同属于居间合同，马某是委托人，房屋中介是居间人。根据《合同法》第五十六条的规定，如果合同因法定事由被撤销或者被宣告无效，该合同自始没有法律约束力。本案中，房屋买卖合同因无法转按揭而被撤销，自始没有法律约束力，应被视为中介公司未促成合同成立。合同未成立，马某当然无须支付中介公司报酬，但是中介公司可以要求马某支付从事居间活动支出的必要费用。

物权篇

——私有财产不容侵犯

物权的设立与变更

★一物卖给两人，谁能取得所有权

【案例】

2009年8月12日，熊某将自己的一个艺术花瓶出售给康某，双方约定到8月15日办完展览后再将花瓶交给康某。8月16日，熊某又将花瓶以更高的价格卖给了王某，而王某不知熊某先前已将花瓶卖给了康某。那么，康某与王某谁拥有这个花瓶的所有权？

【法律解析】

王某取得该花瓶的所有权。本案中，熊某将花瓶卖给康某，约定由熊某占有该花瓶至展览结束，属于占有改定。这种情况下，该花瓶的所有权从双方约定生效时起发生改变，此时康某是该花瓶的所有权人，熊某无权再将该花瓶卖给其他人。而受让人王某不知该花瓶已不属于熊某所有，属于《物权法》规定的善意取得。按照有关法律规定，王某最终享有该花瓶的所有权，至于康某的损失，则可以要求熊某赔偿。

★通过判决、拍卖取得的房屋，何时取得所有权

【案例】

债务人甲拖欠债权人乙100万元货款，甲无力偿付欠款，经乙申请，法院强制执行，将甲出资建造的10间房屋，交由拍卖公司公开拍卖，最终房屋被第三人丙以110万元价格购得。请问，丙何时可以取得房屋的所有权？

【法律解析】

通过买卖购得的房屋等不动产，必须要进行登记才能真正取得权利，如果是通过法院判决、强制执行、公用征收、继承，或依法律规定等情形而取得的房屋等不动产，不需要等到登记之后就能取得。本案中，丙在领取执行法院发给的房屋移转证书时，即取得上述10间房屋的所有权。

★抵押的房屋被损坏，所有权人和抵押权人都有权提出赔偿

【案例】

刘某因急需资金，不得已将自己的一套住房抵押给龙某，并依法办理了抵押登记手续。在房屋抵押期间，因史某曾与龙某发生债务纠纷，史某故意损毁刘某抵押给龙某的房屋，给其造成了损失。针对史某的行为，刘某和龙某谁可以提出赔偿?

【法律解析】

刘某与龙某都有权向史某提出赔偿。《物权法》规定，造成不动产毁损，给权利人造成损害的，权利人可以请求损害赔偿。本案中，刘某是该房屋的所有权人，龙某是房屋的抵押权人，二人都属于法律规定的权利人，均有权向史某提出赔偿请求。

【法条链接】

《物权法》第三十七条 侵害物权，造成权利人损害的，权利人可以请求损害赔偿，也可以请求承担其他民事责任。

★车辆买卖未过户发生交通事故，登记车主是否承担赔偿责任

【案例】

大军驾驶轿车造成重大交通事故，经有关部门认定，大军负事故的全部责任。后经查，该车是蔡某购买后转让给大军的，但未办理过户手续。事故受害人要求大军和蔡某赔偿经济损失，蔡某认为自己不应承担责任，遂拒绝。请问，车辆买卖未过户发生交通事故，登记车主是否承担赔偿责任呢?

【法律解析】

不需要。车辆买卖为动产的买卖，依有关法律的规定，其财产所有权从交付起转移。本案中，蔡某将自己的车转让给大军，该车所有权已发生转移，大军成为实际支配车辆运行和取得运行利益的收益者。发生交通事故，理应由大军承担赔偿责任，而原登记车主蔡某不应承担赔偿责任。

【法条链接】

《物权法》第二十三条　动产物权的设立和转让，自交付时发生效力，但法律另有规定的除外。

★买来车辆未登记，不得对抗善意第三人

【案例】

马某将自己的轿车卖给李某，双方订立买卖合同，但是双方没有办理过户登记手续。李某付款后将轿车开回家。后来，马某又将这辆车卖给了杜某，并办理了过户登记。杜某到李某处取车，李某不给，双方发生了争执。那么，这辆车到底该属于谁呢？

【法律解析】

该车应该属于杜某所有。《物权法》规定，车辆的转让，须经登记才发生所有权转移的效力。也就是说，如果未经过所有权转让登记，即使你交了钱把车开回家，车也未必就是你的，一旦原车主把车再转让给其他人并经过登记，这辆车只能属于经过登记的受让人所有。本案中，虽然李某先把车开回家，但是因为没有登记，所以只能把车让给杜某，但他可以要求马某赔偿他购车款及因买车而进行的合理开支。

【法条链接】

《物权法》第二十四条　船舶、航空器和机动车等物权的设立、变更、转让和消灭，未经登记，不得对抗善意第三人。

★什么是指示交付

【案例】

小李因急需用钱，与朋友小秦商议，把自己的汽车卖给他。小秦同意购买，二人签订了买卖合同，但是该车已经租给了孙某，还有一个月才到期。小李急着用钱，车又不能马上交出，应该怎么办呢？

【法律解析】

在取得小秦同意的情况下，小李可以要求孙某在租期届满时，直接把车交给小秦，以此代替自己的交付。这种情况在物权法上被称为“指示交付”，是指一方出卖动

产，而该动产不在自己手中而在他人的占有之下，可以直接要求占有动产的人向买方交付，以代替物的实际交付。

【法条链接】

《物权法》第二十六条 动产物权设立和转让前，第三人依法占有该动产的，负有交付义务的人可以通过转让请求第三人返还原物的权利代替交付。

房屋权益

★交付房产证能否作为房屋所有权转移的依据

【案例】

某公司为了解决员工的住宿问题，向某房地产公司订购了一栋房屋。房地产公司仅仅交付了房产证，并未办理过户登记手续。那么，该公司取得了房屋所有权吗？

【法律解析】

本案例涉及房屋等不动产的交易行为，只有在办理了房屋产权过户登记手续后，房屋的所有权才会由卖方转移给买方。本案中，仅有双方交付房产证的行为而并未办理房屋的过户登记手续，按照《物权法》的规定，房屋的所有权仍然没有发生转移，该公司不能取得房屋的所有权。

【法条链接】

《物权法》第十四条 不动产物权的设立、变更、转让和消灭，应当登记的，自记载于不动产登记簿时发生效力。

★未办理产权过户，房款付清能取得房屋所有权吗

【案例】

赵某有一套房产，2007年10月，赵某将该房产以80万元的价格卖给小周，在合同约定的付款日期内小周将房款付清，同日小周入住，但没有办理房屋的产权过户。不久，赵某又将该房屋以100万元的价格卖给老孙，在老孙付清房款的第二天办理了产权过户手续。半月后，老孙准备搬家时发现小周住着该房屋，便以产权人的名义要求

小周迁出，小周以房屋为自己所有拒绝迁出，双方为此发生争执。那么，谁应该取得该房产的所有权？

【法律解析】

老孙拥有该房屋的所有权。对房屋等不动产来说，要想对它们的归属进行确认或者对它们的归属进行变动，就必须通过登记的形式，这样才能发生效力。本案中，由于老孙先办理了房屋的过户登记手续，因此取得了房屋的所有权，而小周尽管已经住进去了，但其未办理过户手续，因此不能取得房屋的所有权，应该搬出该房屋，所受到的损失应当由赵某赔偿。

★签订合同却未办理登记，房屋属于买方吗

【案例】

甲乙二人签订房屋买卖合同，甲把房屋钥匙交给乙，乙把全部的购房款给了甲，但双方没有办理登记手续。这种情况下，乙是否已经取得了房屋所有权？

【法律解析】

乙还没有取得房屋所有权。根据我国《物权法》的规定，房屋买卖如果没有进行登记，不影响买卖合同的效力。但不登记，买方就不能取得房屋的所有权。因此，在房屋买卖中，并非买方交了钱、卖方交了房，房屋的所有权就转移给买方。如果没有进行登记，即便双方钱货两清，房屋在法律上还是属于卖方所有。所以，买房者要记住，购买房屋只有依法进行登记，才能取得房屋的所有权。

【法条链接】

《物权法》第九条第一款　不动产物权的设立、变更、转让和消灭，经依法登记，发生效力；未经登记，不发生效力，但法律另有规定的除外。

第十五条　当事人之间订立有关设立、变更、转让和消灭不动产物权的合同，除法律另有规定或者合同另有约定外，自合同成立时生

效；未办理物权登记的，不影响合同效力。

★买房没有办理过户登记怎么办

【案例】

林某1988年在县城从亲戚手中买了一套房子，当时房价是1万元，现在已飙升至30万元。买房时房产证并未改名，现在林某想改成他自己的名字。请问，他该怎么办？

【法律解析】

根据有关法律规定，当事人之间订立有关设立、变更、转让和消灭不动产物权的合同，除法律另有规定或者合同另有约定外，自合同成立时生效；未办理物权登记的，不影响合同效力。因此，林某的房屋买卖合同已经成立并生效，他可以要求对方按合同要求，协助他办理过户登记。

★一房两卖如何确定所有权，按照合同还是房产证

【案例】

胡先生与某房地产开发公司签订了购买合同，合同规定，胡先生首付40%的购房款，余款三个月内付清。合同签订后胡先生及时交纳了首付款。谁知，段先生也看中了这套房子，而他并不知房地产公司与胡先生的购房情况，便以更高的价钱与房地产公司办理了购房合同，并很快办好了房产证。那么，这两份合同中，哪份有效？

【法律解析】

胡先生的房屋买卖合同有效。《物权法》规定：不动产的买卖、变更、转让等合同，自合同成立时生效，未办理物权登记不影响合同的效力。因此，胡先生的购房合同有效。但是《物权法》同时规定，不动产物权的设立、变更、转让和消灭只有经过登记才发生法律效力，未经登记不发生效力。因段先生办理了房产证，已取得了该房屋的所有权，所以，胡先生只能根据商品房买卖合同的相关规定要求房地产公司赔偿自己的损失，而不能根据买卖合同取得房屋的所有权。

★有协议能否不办理房屋过户登记

【案例】

小昭是一名公司职员，他决定购买朋友杜某的一处房产。因办理过户手续要缴纳的税数额过大，为了省掉税款，小昭想和朋友签订一个房屋转让协议，产权证上仍保留朋友的名字，协议签好后房子就由小昭处置，也就说依据这份协议小昭仍是房子的实际产权拥有者。请问，这样做可以吗?

【法律解析】

不可以。我国对不动产实行的是登记公示制度，是否为房屋的所有者，主要看房产证书登记的名字。小昭把房款支付给杜某后，为了不交纳契税而不办理房屋的过户登记，则该房屋仍为杜某所有。所以，为避免日后引起纠纷，小昭应当在签订购房协议后，到房屋管理部门办理过户登记。

【法条链接】

《城市房屋权属登记管理办法》第五条 房屋权属证书是权利人依法拥有房屋所有权并对房屋行使占有、使用、收益和处分权利的唯一合法凭证。

依法登记的房屋权利受国家法律保护。

★预告登记为购房者带来了什么

【案例】

小冯与某房产开发商签订了期房买卖合同，并支付了首付款。其后，房价上涨，房产开发商又将该房屋高价卖给了不知情的小李，并且办理了房屋登记手续。因小冯未办理房屋登记手续，还未取得物权。而小李已经办理了登记手续，合法取得了房屋所有权。那么，小冯如何才能有效保护自己的权利呢?

【法律解析】

在本案中，为了防止开发商再次出卖房屋，小冯可以申请预告登记。因预告登记具有物权的排他效力，开发商未经小冯同意，不能将房屋再次出卖给他人；再次出卖的，转让行为也无效，不能取得所有权。

【法条链接】

《物权法》第二十条　当事人签订买卖房屋或者其他不动产物权的协议，为保障将来实现物权，按照约定可以向登记机构申请预告登记。预告登记后，未经预告登记的权利人同意，处分该不动产的，不发生物权效力。

★经过登记预告的房屋，卖方还可以把它抵押吗

【案例】

刘先生向胡先生购买房屋，二人签订了购房合同，约定择日办理过户登记。为保障自己的权利，刘先生进行了登记预告。因胡先生欠陈某50万元债务，于是他又把该房屋抵押给陈某，并办理了抵押权登记。那么，陈某的抵押权对刘先生有效吗?

【法律解析】

陈某的抵押权对于刘先生是无效的。为了保障房屋购买人的权益，《物权法》规定了登记预告制度。即当事人签订买卖房屋或者其他不动产物权的协议，为保障将来实现物权，按照约定可以向登记机构申请预告登记。一旦进行了登记预告，在有效期限内，原房主将此房再次出售或者抵押的行为统统无效。本案中，由于刘先生对该房屋进行了登记预告，所以陈某后设定的抵押权对刘先生不发生效力。

★房子被错误登记，登记机关应负赔偿责任吗

【案例】

租房者杜某将原房主刘先生的相关证件以假证件掉了包后，将所租房屋卖给宋某，并与宋某去登记机关办理了房屋过户手续。后来刘先生得知此事后，要求登记机关赔偿自己的损失。那么，他的请求会得到法院的支持吗?

【法律解析】

刘先生的请求会得到法院的支持。《物权法》规定，因登记错误，给他人造成损害的，登记机构应当承担赔偿责任。本案中，权属登记机关未发现杜某以调包的证件

办理登记手续，造成登记错误，给刘先生造成了损失，应当承担赔偿责任。

【法条链接】

《物权法》第二十一条　当事人提供虚假材料申请登记，给他人造成损害的，应当承担赔偿责任。因登记错误，给他人造成损害的，登记机构应当承担赔偿责任。登记机构赔偿后，可以向造成登记错误的人追偿。

★房屋登记错误，申请异议登记来维权

【案例】

小徐因没有房产，一直与母亲生活在一起，照顾其生活起居，母亲答应在自己去世后将住房留给小徐。几年后，小徐母亲去世，当小徐去办理房屋过户手续时，才发现哥哥已抢先将房屋过户到自己的名下，并准备把房子转让出去。请问，此时小徐应该怎么办？

【法律解析】

如果小徐有充分证据能够证明自己是该房屋的所有权人的话，可以申请登记机关予以更正。小徐还可以采取异议登记的措施维护自己的权益。异议登记有时间限制，即从异议登记之日起的十五天内搜集证据证明自己是房屋的合法所有人。

★房屋被错误登记，异议登记有效期是多久

【案例】

某处房产登记在申某名下，但是申某的妹妹认为登记错误，自己才是房屋的真正所有人，并于2008年1月6日向登记机关提出异议申请。2008年5月15日，申某把房子卖给了魏某，并办理了过户手续。5月20日，申某妹妹向法院起诉。经查，该房属登记错误，申某妹妹才是房屋的真正所有人。在这种情况下，申某的妹妹可以要求魏某返还房屋吗？

【法律解析】

不能，因为她没有在异议登记有效期（自2008年1月6日起15日内）内起诉，异议登记已经失去效力。如果异议登记后15日内没有起诉，则异议登记失效，视为利害关系人放弃异议，这时如果房屋被卖给第三人，买卖有效。即使查明利害关系人是真正的房主，也不能要求已经取得房屋所有权的第三人返还房屋。

【法条链接】

《物权法》第十九条第二款　不动产登记簿记载的权利人不同意更正的，利害关系人可以申请异议登记。登记机构予以异议登记的，申请人在异议登记之日起十五日内不起诉，异议登记失效。异议登记不当，造成权利人损害的，权利人可以向申请人请求损害赔偿。

★通过继承取得的房屋需要登记吗

【案例】

2002年10月，郭某从他的父亲那里继承了一套房产，但没有办理过户手续。2008年5月，他决定把房子卖给吴某，当二人到房管局办理过户手续时，工作人员告诉他必须要先以自己的名义办理过户手续，然后才能将房屋卖给吴某。请问，继承得来的房屋，也需要登记吗？

【法律解析】

郭某通过继承而取得房屋的所有权，按照法律的规定，并不需要办理登记手续。但郭某如果想要转让房屋的话，就需要先办理过户手续，登记为自己的名字，再过户登记卖给他人。

★继承房屋时没有过户，转让给他人有效吗

【案例】

刘某继承了其父一处房产，后因事急需资金，刘某决定将此房卖与赵某。二人签订了买卖协议，赵某交了房款，刘某把尚未过户到自己名下的房子交与赵某。请问，刘某转让房产给赵某的行为有效吗？

【法律解析】

转让行为无效。虽然《物权法》规定，因继承房屋的，自继承开始时起取得房屋的所有权，即成为房子的合法主人，不需要办理登记手续。但《物权法》同时规定，

通过继承取得房屋所有权的，如果要将房屋转让给他人，则必须经过登记才发生物权效力。本案中，因为刘某没有将房屋过户到自己名下，所以他进行的转让行为是不发生法律效力的。

【法条链接】

《物权法》第二十九条　因继承或者受遗赠取得物权的，自继承或者受遗赠开始时发生效力。

第三十一条　依照本法第二十八条至第三十条规定享有不动产物权的，处分该物权时，依照法律规定需要办理登记的，未经登记，不发生物权效力。

★抵押的房子出卖给他人，是否有效

【案例】

2004年10月，李某以他的房产作抵押担保，向张军借款20万元，并作了抵押登记。到期后，张军催李某归还借款，但李某说他暂时没钱。后来张军得知李某在2005年6月已经将抵押给他的房子卖了，卖房子的时候李某没有通知张军。那么，李某卖房子的行为是否有效？

【法律解析】

李某卖房子的行为无效。根据有关法律法规，抵押权存续期间，抵押人转让抵押物未通知抵押权人或者未告知受让人的，如果抵押物已经登记的，抵押权人仍可以行使抵押权；取得抵押物所有权的受让人，可以代替债务人清偿其全部债务，使抵押权消灭。

★公证内容与事实不符能撤销吗

【案例】

何某有一间平房，产权人是他自己。2008年，何某想把老三的名字加到房产证上，与他共有该房子。于是，他和老三到公证处进行公证。由于何某不识字，不知道上面写的是什么，就在上面按了手印，后来才知道，上面写的意思是他把房子赠给老三。现在老三催他办理房屋过户手续。请问，公证内容与事实不符能撤销吗？

【法律解析】

只要证据确凿，可以向法院申请撤销。根据有关规定，当事人、公证事项的利害关系人认为公证书有错误的，可以向出具该公证书的公证机构提出复查。公证书的内容违法或者与事实不符的，公证机构应当撤销该公证书并予以公告，该公证书自始无效；公证书有其他错误的，公证机构应当予以更正。如果有证据证明公证的内容与事实不符，还可以向法院申请撤销该公证。

【法条链接】

《中华人民共和国公证法》（以下简称《公证法》）第四十条　当事人、公证事项的利害关系人对公证书的内容有争议的，可以就该争议向人民法院提起民事诉讼。

★拥有一半产权的房屋可以过户给别人吗

【案例】

2005年，李老赠与儿子房款20万元作为其购房的首付款，房产证上写他儿子的名字。2008年，李老的儿子赠与李老50%产权并进行了公证。事后遭到了儿媳的阻止，儿媳梅某要求把房产过户给她。因此李老的儿子至今仍不敢把房屋过户给李老，李老该怎么办？

【法律解析】

因李老与儿子依法办理了房屋赠予公证，李老已拥有该房屋一半产权。如果他儿子将房屋过户给梅某，因李老儿子无权处分李老所拥有的份额，需要与李老协商。该房屋不是李老儿子儿媳的夫妻共同财产，如果李老的儿子将该房屋过户给李老，李老儿媳无权阻拦。如发生纠纷可协商，协商不成可向法院起诉。

【法条链接】

《关于房产登记管理中加强公证联合通知》　赠与房产，应当办理赠与人的“赠与公证书”和受赠人“接受赠与公证书”或双方共同办理“赠与合同公证书”。

★收受定金一方违约，由此产生的纠纷怎么解决

【案例】

包某从冯某手中买了一套房屋，先交了定金。两人合同约定：冯某把房产证和购房协议交给包某时，包某付清其余房款。但冯某一直没有按合同履行。如今房子重新修建，包工头直接与冯某商谈，声称此房与包某无关。那么，此房归谁所有？如果归冯某，他是否应退还包某交的定金？

【法律解析】

不动产的所有权以登记为准，因此该房屋在过户之前应归冯某所有。本案中，如果冯某不履行合同约定的义务，应当双倍返还定金。另外，包某也可以要求冯某继续履行合同，并承担违约责任。

【法条链接】

《担保法》第八十九条　当事人可以约定一方向对方给付定金作为债权的担保。债务人履行债务后，定金应当抵作价款或者收回。给付定金的一方不履行约定的债务的，无权要求返还定金；收受定金的一方不履行约定的债务的，应当双倍返还定金。

所有权

★不知是赃车而购买是否适用善意取得

【案例】

孙某以低价转让给小赵一辆轿车，后来小赵开车上班时，被警察扣留。经查，小赵的这辆车是孙某偷来的，但小赵并不知情。请问，小赵能否适用善意取得？

【法律解析】

虽然小赵并不知道是赃车，但是他是以明显低于市场价格购买的，因此不适用善意取得。对于赃车，公安机关有权进行追缴和扣押。

【法条链接】

《物权法》第一百零六条　无处分权人将不动产或者动产转让给受让人的，所有权人有权追回；除法

律另有规定外，符合下列情形的，受让人取得该不动产或者动产的所有权：

（一）受让人受让该不动产或者动产时是善意的；

（二）以合理的价格转让；

（三）转让的不动产或者动产依照法律规定应当登记的已经登记，不需要登记的已经交付给受让人。

受让人依照前款规定取得不动产或者动产的所有权的，原所有权人有权向无处分权人请求赔偿损失。

当事人善意取得其他物权的，参照前两款规定。

★产权证上登记谁的名字，谁就是业主吗

【案例】

2007年龙某以儿子的名义办理贷款，购买了一套房屋，产权证上是儿子的名字。入住后，该小区选举业主委员会时，其他业主说龙某不是产权人不能参加业主大会。请问，产权证上登记谁的名字谁就是业主吗？龙某能参加业主大会表决意见吗？

【法律解析】

根据有关法规，产权证上登记的产权人是谁，谁就是业主。但是，龙某可以作为他儿子的委托代理人参与业主大会表决并发表意见，但应当出具授权委托书。

★相机遗失未认领，被拍卖后又遭偷，再度认领归何人

【案例】

邓某在公园游玩的时候，不慎将数码相机丢失。被公园的管理人员拾得以后，交给了有关行政管理部门进行失物招领。由于各种原因，邓某未能在6个月的招领期内进行认领。不久，该行政部门依法对相机进行拍卖，当场由马某购得。可是，马某在一次旅游途中由于疏忽大意，致使该相机被小偷偷走，后来该小偷被公安机关抓获。公安机关依法对相机办理了招领公告。没想到，邓某、马某均到公安机关进行认领，双方为此争执不下。请问，该相机应该归谁所有？

【法律解析】

由于邓某未能在6个月的招领期内对相机进行认领，因此当事人邓某丧失了相机的所有权。此后，马某通过拍卖获得了该相机，依法获得该相机的所有权。因此，该相机归马某所有。

【法条链接】

《物权法》第一百零七条　所有权人或者其他权利人有权追回遗失物。该遗失物通过转让被他人占有的，权利人有权向无处分权人请求损害赔偿，或者自知道或者应当知道受让人之日起二年内向受让人请求返还原物，但受让人通过拍卖或者向具有经营资格的经营者购得该遗失物的，权利人请求返还原物时应当支付受让人所付的费用。权利人向受让人支付所付费用后，有权向无处分权人追偿。

第一百一十三条　遗失物自发布招领公告之日起六个月内无人认领的，归国家所有。

★刊登悬赏广告，说到就应该做到

【案例】

王先生在出差途中，不小心将公文包丢失。因包内有单位重要文件，于是王先生在报纸上刊登广告，声明“送还者酬谢五千元”。两天后，拾得此包的小刘与王先生取得联系，小刘将包交还给王先生，但王先生拒绝给付小刘五千元酬金，两人为此发生争执。请问，小刘有权获得酬金吗？

【法律解析】

小刘有权获得酬金。王先生在报纸上刊登的悬赏广告，是具有法律效力的。失主的悬赏广告可以视为一种要约行为，只不过要约的对象是全社会而不是某一个特定的人。对于这种要约行为，任何人都可以承诺，只要遗失物找到，并且如数返还失主，这种承诺就具备法律效力，双方也因此建立起了一种合同关系，合同双方的权利与义务受法律保护，合同当事人应当按照合同的约定，履行自己的义务。本案中，小刘如数返还遗失物，王先生就应该按照自己的承诺给付酬金。

【法条链接】

《物权法》第一百一十二条　权利人领取遗失物时，应当向拾得人或者有关部门支付保管遗失物等支出的必要费用。

权利人悬赏寻找遗失物的，领取遗失物时应当按照承诺履行义务。

拾得人侵占遗失物的，无权请求保管遗失物等支出的费用，也无权请求权利人按照承诺履行义务。

★拾得人将捡得的遗失物损毁，需要承担责任吗

【案例】

一天晚上，韩某拾到一部手机，通过手机上的电话号码联系到了失主齐某，约定第二天交还手机。谁知当晚韩某不小心将手机损坏。第二天韩某交还手机时说明了情况，齐某要求韩某赔偿损失。韩某认为，如果自己不主动交还手机，齐某连坏的手机都得不到，如今齐某要自己赔偿，实在不近情理。那么，韩某需要赔偿吗？

【法律解析】

韩某需要赔偿齐某的损失。根据《物权法》的相关规定，拾得人对拾到的遗失物负有保管的法律义务，此义务延续到遗失物被送还原所有者或送交有关部门前。如因拾得人的过失导致遗失物毁损、灭失的，拾得人应负赔偿责任。

【法条链接】

《物权法》第一百一十一条　拾得人在遗失物送交有关部门前，有关部门在遗失物被领取前，应当妥善保管遗失物。因故意或者重大过失致使遗失物毁损、灭失的，应当承担民事责任。

★拾得遗失物拒不归还怎么办

【案例】

蔡某在小区花园内拾得一部手机，系小张丢失。后来小张得知被蔡某拾得，于是去找蔡某索要，但蔡某不肯归还，还理直气壮地说：“谁拾到是谁的。”请问，失主小张应该怎么办？

【法律解析】

小张可以去法院起诉蔡某，要求其返还自己的手机。拾得人不能因拾得行为取得遗失物的所有权，还应当承担保管遗失物、寻找权利人的义务。在一定期间内，权利人认领遗失物的，拾得人负有返还遗失物的义务。拾得人将遗失物据为己有，拒不返还的，按照侵权行为处理，赔偿因不返还造成的损失。本案中，蔡某不肯归还小张丢失的遗失物，是对小张财产所有权的侵犯。法院会判决蔡某归还其物，并赔偿小张因此遭受的损失。

【法条链接】

《物权法》第一百零九条 拾得遗失物，应当返还权利人。

《民法通则》第七十九条 拾得遗失物、漂流物或者失散的饲养动物，应当归还失主，因此而支出的费用由失主偿还。

《民法通则意见》第九十四条 拾得人将拾得物据为己有，拒不返还而引起诉讼的，按照侵权之诉处理。

★珍稀动物适用“先占先得”吗

【案例】

沈某在进山狩猎时，发现一只东北虎崽。他听说法律上有“先占先得”一说，于是把虎崽抓回家准备出售。请问，沈某可以依据“先占先得”而取得虎崽的所有权吗?

【法律解析】

沈某无法取得虎崽的所有权。所谓先占取得，通俗地讲就是对于无主动产，谁先占有，谁可以取得该物的所有权。东北虎属珍稀动物，归国家所有，并非无主物，任何人不能通过先占取得它的所有权。

【法条链接】

《物权法》第四十一条 法律规定专属于国家所有的不动产和动产，任何单位和个人不能取得所有权。

★能要回被保管人卖掉的物品吗

【案例】

谢某因出国学习，将自己的一架钢琴委托朋友高某保管。没想到高某却将钢琴卖给范某，谢某回国才知高某已将自己的钢琴卖出。于是谢某找到范某，要求其返还，但范某认为自己是从高某处购得钢琴，不同意返还。谢某能否要求范某将钢琴返还给自己？

【法律解析】

本案中，谢某将自己的钢琴交给高某保管，高某却将钢琴卖给了范某，是典型的无权处分行为。而对于范某而言，在判断高某是否是此钢琴的所有人时，是通过高某对此钢琴的占有来判断的，他不知道此钢琴的真正所有人并不是高某，因此范某是善意的。在谢某回国后发现钢琴被卖时，范某实际上已经取得了对钢琴的占有，因此范某已经取得对钢琴的所有权，谢某不能要求其返还，谢某遭受的损失只能向高某要求赔偿。

★将欺骗得来的房产转让，有效吗

【案例】

大军与小军系兄弟俩，母亲张某有一座住宅，领有产权证。2005年5月，大军谎称母亲张某去世（事实上2005年10月才去世），骗取派出所出具了张某的死亡证明。6月，大军持张某的死亡证明，谎称自己是张某独子，到房管部门将张某的房产过户到自己名下，并领取了房产证。12月，大军持骗领的房产证，与何某签订房屋买卖合同一份，将该房屋卖给何某，何某领取了该房的产权证。那么，房产转让有效吗？

【法律解析】

大军采取欺骗手段单独领取了房屋产权证，无权单独处分该房屋。但何某在与之签订买卖合同时是善意的，因为其并不知道该房屋并非大军一人所独有，况且何某已经领取了该房的产权证，因此从保护善意第三人利益的角度出发，应当判定何某对该房屋享有所有权。

至于因大军出卖房屋而给小军带来的损失，小军可另行起诉要求大军予以赔偿。

【法条链接】

《物权法》第一百零六条 无处分权人将不动产或者动产转让给受让人的，所有权人有权追回；除法律另有规定外，符合下列情形的，受让人取得该不动产或者动产的所有权：

(一)受让人受让该不动产或者动产时是善意的；

(二)以合理的价格有偿转让；

(三)转让的不动产或者动产依照法律规定应当登记的已经登记，不需要登记的已经交付给受让人。

受让人依照前款规定取得不动产或者动产的所有权的，原所有权人有权向无处分权人请求赔偿损失。

当事人善意取得其他物权的，参照前两款规定。

★被征用的物品损毁的，如何赔偿

【案例】

一天，刘某正开车行驶在街上，忽然被几名警察拦住，警察向其出示证件后，称要追劫匪，需要紧急征用刘某的车辆。刘某于是下车，将车交由警察驾驶追劫匪的车辆。为迫使劫匪停车，警察将刘某的车撞向劫匪的车，导致刘某的车身严重损坏。请问，刘某能要求赔偿吗？

【法律解析】

刘某有权要求公安局赔偿他的损失。警察在执行紧急公务时，有权对公民的财产进行临时征用，公民也有配合的义务。但被征用的财产使用后应当返还，财产损毁的，应当给予补偿。

【法条链接】

《物权法》第四十四条 因抢险、救灾等紧急需要，依照法律规定的权限和程序可以征用单位、个人的不动产或者动产。被征用的不动产或者动产使用后，应当返还被征用人。单位、个人的不动产或者动产被征用或者征用后毁损、灭失的，应当给予补偿。

业主权益

★与邻居共用的楼梯平台，可以私自圈占吗

【案例】

董某与冯某同住某单元六楼，两家共用一个楼梯平台。董某在进行房屋装修时，为堆放装修材料，将楼梯平台圈占了起来。冯某认为董某圈占楼梯平台侵犯了自己的合法权益，要求董某恢复原状。董某认为小区有电梯可供上下，自己圈占楼梯平台并未对冯某构成妨碍，不同意拆除。董某的行为合法吗?

【法律解析】

董某私自圈占楼梯的行为是非法的。根据《物权法》的规定，冯某作为业主，享有与其房屋相毗连的楼梯共同部分的共有权。董某占用楼梯平台的共有部分，将其作为自己的专有部分来使用，明显超出了合理的使用范围，构成了对冯某共有权的侵害，因此应当停止侵害，恢复原状。

★业主有权将自家的露天阳台封闭吗

【案例】

赵某等多名业主在购买房屋入住后，发现位于室外的阳台是露天的，认为不安全、不卫生、不保暖。于是他们协商一致决定统一封闭阳台。物业公司认为业主们此举没有经过他们同意，妨碍了他们对小区的正常管理，要求赵某等拆除封闭的阳台，恢复原状。那么，业主有权自行把阳台封闭起来吗?

【法律解析】

业主有权把阳台封闭起来。《物权法》规定，业主对住宅的专有部分享有共有和共同管理的权利。阳台属于专有部分，业主有权决定是否将其封闭。物业公司作为专有部分的阳台所进行的物业管理，主要责任是监督，无权阻止业主们封闭阳台。

【法条链接】

《物权法》第七十条 业主对建筑物内的住宅、经营性用房等专有

部分享有所有权，对专有部分以外的共有部分享有共有和共同管理的权利。

★业主不同意业主大会的决议，可以不执行吗

【案例】

A小区的业主大会通过决议，每户每月需缴纳300元物业费。业主史某因出差在外，没有参加业主大会。到了缴费日期，史某声称自己没有参加业主大会，所以业主大会的决议对自己不生效，拒不按业主大会的决议缴纳物业费。另有小区居民仲某声称自己虽然参加了业主大会，但在会上对业主大会的决议表示了明确的反对，因此不受该决议约束，也不缴纳物业费。史某与仲某的说法有道理吗?

【法律解析】

史某与仲某的说法是错误的。《物权法》规定，业主大会或者业主委员会的决议，对所有业主具有法律约束力。也就是说，无论业主是否参加业主大会，也无论其是否同意业主大会的决定，只要该决定经业主大会或者业主委员会通过，就对业主发生法律约束力。如果业主认为该决议侵犯了自己的权利，可以请求人民法院予以撤销，但在经法院判决确认该决议对其无效前，还是要执行决议。

【法条链接】

《物权法》第七十八条　业主大会或者业主委员会的决定，对业主具有约束力。

业主大会或者业主委员会作出的决定侵害业主合法权益的，受侵害的业主可以请求人民法院予以撤销。

★业主可以更换物业公司吗

【案例】

某小区的物业公司的工作人员没有经过正规培训，管理杂乱无章。后来，小区业主大会一致决定，辞退该物业公司。但物业公司的人坚持不肯走，声称自己是开发商聘请的，只有开发商才可以辞退他们，业主无权干涉。物业公司的说法会得到法律的支持吗?

【法律解析】

物业公司的说法没有法律依据，业主大会可以依法辞退这家物业公司。在物业管理上，《物权法》赋予了业主自行管理与委托物业公司管理的选择权，同时规定，对建设单位聘请的物业公司，业主有权更换。本案中，物业公司不具备相应的资质，无法履行物业管理的职责，业主有权予以更换，不必经过开发商的同意。

【法条链接】

《物权法》第八十一条 业主可以自行管理建筑物及其附属设施，也可以委托物业服务企业或者其他管理人管理。

对建设单位聘请的物业服务企业或者其他管理人，业主有权依法更换。

★小区内的绿地归谁所有

【案例】

李先生见某小区的售楼广告宣传单上及规划图都承诺有绿地，现场看了后确实有大片绿地，虽然靠近绿地的楼房价格要比其他楼房每平方米多100元钱，李先生还是决定在该小区购买靠近绿地的住房一套。可是入住后不久，开发商又打算在原绿地上再盖一座新楼。李先生对开发商的行为提出质疑，开发商的工作人员称，售楼广告不属于合同内容，是没有法律效力的。开发商可以铲除小区内的绿地吗？

【法律解析】

开发商的说法是没有法律依据的，他们不能随意铲除小区内的绿地。《最高人民法院关于审理商品房买卖合同纠纷案件适用法律若干问题的解释》中明确规定，商品房的销售广告和宣传材料中，如果对房屋及相关设施所作的说明和允诺是确定的，并对商品房买卖合同的订立及房屋价格的确定有重大影响的，这部分内容应当视为合同内容，对开发商有约束力。此外，《物权法》也明确规定了建筑区划内的绿地属于业主共有。因此，开发商不能随意铲除小区内的绿地。

【法条链接】

《物权法》第七十三条 建筑区划内的道路，属于业主共有，但属于城镇公共道路的除外。建筑区划内的绿地，属于业主共有，但属于城镇公共绿地或者明示属于个人的除外。建筑区划内的其他公共场所、公用设施和物业服务用房，属于业主共有。

★小区绿地改建停车场，由谁来决定

【案例】

由于花苑小区里轿车越来越多，小区内停车位非常紧张。可是小区内除了一块绿地之外，已经没有可以建停车位的场所。那么，小区的业主可以自行决定把绿地改建成停车场吗?

【法律解析】

小区的业主有权决定把绿地改建为停车场，但要由业主共同决定。具体而言，需要经过专有部分占建筑物总面积三分之二以上的业主且占总人数三分之二以上的业主同意。

★小区内的停车位归谁所有

【案例】

周先生在东方花园小区购买了一套房子，开发商在销售住宅时也承诺：小区配建地下车库供业主停车，在业主的公摊面积中清楚描述了地下车库纳入了公摊范围。但周先生入住后却发现，只有购买车位才能取得停车权。周先生想知道，这些停车位到底是归谁所有?

【法律解析】

这些停车位归全体业主共有。本案中，开发商在销售住宅时已经承诺：小区配建地下车库供业主停车，而且在业主的公摊面积中清楚描述了地下车库纳入了公摊范围，因此，地下车库由全体业主共有。

【法条链接】

《物权法》第七十四条 建筑区划内，规划用于停放汽车的车位、车库应当首先满足业主的需要。

建筑区划内，规划用于停放汽车的车位、车库的归属，由当事人通过出售、附赠或者出租等方式约定。

占用业主共有的道路或者其他场地用于停放汽车的车位，属于业主共有。

★小区道路改建停车位，业主需交车位费吗

【案例】

某物业公司将小区内道路改建成停车位，要求停车者必须交费。业主唐某认为他们是小区的主人，享有物业共用部位、共用设施设备的所有权和使用权，物业公司是为业主服务的，无权用属于业主的资源挣业主的钱，因此，拒绝缴纳车位费。那么，小区道路改建停车位，业主需交车位费吗?

【法律解析】

小区内的道路本就属于业主共有，由其改建的停车位当然也归业主们共有，业主因此完全有权利拒绝交付车位费。

★房子卖了，还有权继续使用原来的停车位吗

【案例】

蔡某卖了自己的住房，又在附近的另一个高档社区买了商品房。可是高档社区的停车位已经出售一空，蔡某的车无处停放。蔡某想到原小区对业主是可以免费停车的，于是把车开回原小区停放，但物业公司要收停车费。蔡某称，自己出售的只是房屋的专用部分，外面的公用部分根本没有卖，因此他有权继续使用小区的停车位。蔡某的说法有道理吗?

【法律解析】

蔡某的说法是没有道理的。《物权法》规定，业主转让建筑物内的住宅、经营性用房，其对共有部分享有的共有和共同管理的权利一并转让。也就是说，如果把房子卖给了他人，那么他对该小区共有部分如楼道、电梯、停车位、地下室等共有权及共同管理权一并转让给受让人，这一点无须在售房合同中另做约定。本案中，蔡某把房子卖掉，停车位应视为一起卖掉了。如果他要在原小区内停车，需缴纳停车费。

【法条链接】

《物权法》第七十二条第二款

业主转让建筑物内的住宅、经营性用房，其对共有部分享有的共有和共同管理的权利一并转让。

★未租赁小区车位能否免费停车

【案例】

2007年3月，康某购买了一处住房，没有购买车库。2007年年底，康某入住新房后，购买了一辆汽车。康某所在小区的物业管理公司规定，凡是没有购买车库的业主都需租赁地面车位，按月缴纳一定的租赁费用。可是，小区出租的车位都是占用业主共有的道路。康某想知道，他能否在小区里面免费停车？

【法律解析】

康某不能免费停车。占用业主共有的道路或者其他场地用于停放汽车的车位，虽然属于业主共有，但这并不表明业主就可以免费在共有的道路上停车。就占用业主共有的道路停放车位的收费和费用管理问题，可以通过召开业主大会进行商定。

★开发商有权将小区停车位卖掉吗

【案例】

某高档住宅小区建有地下停车库。房地产开发商在销售住宅时向购买人承诺，此车库专供业主停车，每户一个车位。入住后，业主们发现，只有购买车位才能停车，而且开发商以高价将大部分车位卖掉，还有一些车位被物业公司租给本小区以外的人使用。该小区业主们认为，地下车库应属业主共有，但开发商及物业公司不予理睬。请问，业主的说法成立吗？

【法律解析】

业主的说法是成立的。《物权法》规定，建筑区划内，规划用于停放汽车的车位、车库，应当首先满足业主的需要。车位、车库的权利归属，由当事人通过出售、附赠或者出租等方式进行约定。本案中，开发商与业主在出售房屋时已经约定了车库专供业主使用，因此，车库应归全体业主共有。开发商应将地下车库移交给业主大会或业主委员会管理，以实现业主的权益。

【法条链接】

《物权法》第七十四条 建筑区划内，规划用于停放汽车的车位、车库应当首先满足业主的需要。

建筑区划内，规划用于停放汽车的车位、车库的归属，由当事人通过出售、附赠或者出租等方式约定。

占用业主共有的道路或者其他场地用于停放汽车的车位，属于业主共有。

★利用房顶经营商业广告，收益归住户还是物业公司

【案例】

陈先生在市区购买了一套临街顶楼的房子。2008年春节，陈先生发现，在自家的楼顶上竖起了一幅巨大的广告牌。陈先生听朋友说，这种情况下如果有广告收益，自己是有权利索要的，于是找物业公司询问此事。物业公司工作人员回答，广告是物业公司联系的，收益归物业公司所有，与住户无关。物业公司的说法正确吗?

【法律解析】

物业公司的说法是错误的。《物权法》规定，业主对房屋专有部分享有所有权，对专有部分以外的共有部分享有共有权和共同管理的权利。本案中所涉及的房顶，应属于专有部分以外的共有部分，陈先生依法对其享有共有权。另据《物业管理条例》规定，利用物业共有部分、共用设施设备进行经营的，应当征得相关业主、业主大会及物业管理企业同意，并办理相关手续。经营收益应当主要用于补充专项维修资金，也可按照业主大会的决定使用。因此，本案中陈先生可以享受楼顶广告的收益。

【法条链接】

《物权法》第七十条 业主对建筑物内的住宅、经营性用房等专有部分享有所有权，对专有部分以外的共有部分享有共有和共同管理的权利。

★小区道路改成停车场，收益应归谁

【案例】

某小区物业公司将小区内道路改建成停车场，由物业公司经营，对停放的车辆收取停车费，小区业主们也不例外。让业主们想不明白的是，小区道路原本归业主共享，现在建成停车场，自己还得交钱，真是太冤；而且他们认为，物业公司经营停车场所获的收益应该归全体业主共有。请问，是这样的吗?

【法律解析】

本案中，小区共有道路上所建的停车位应由全体业主共有，物业管理公司未经业主同意，自行经营侵犯了业主的权利。业主可以要求物业公司停止经营、交出获得的收益并赔偿业主损失。业主也可以通过业主委员会形成决议，将这些车位委托给物业公司经营，在除去必要的成本以外，由全体业主分配盈余。

★物业公司可以自行使用建筑的共有部分吗

【案例】

在某住宅小区，物业以“为方便业主生活”为借口，在每栋楼底层电梯间分割出一个小间出租设立小卖部。由于该小间缺少卫生设施，影响楼内的卫生，居民意见纷纷。小区的业主委员会向物业管理公司提出意见，要求取消小卖部，但遭到物业公司的拒绝。请问，物业公司可以这么做吗?

【法律解析】

物业公司无权这么做。作为小区内业主共有部分的电梯间，其使用、收益理应由全体业主或业主代表业主委员会决定，并且由此所获得的收益也应当归业主共有，物业管理公司无权将其出租。因此，业主有权取消此小卖部，物业公司不得拒绝。前期出租所得的收益，也应当归业主，或作为业主的共同维修基金。

【法条链接】

《物权法》第七十二条　业主对建筑物专有部分以外的共有部分，享有权利，承担义务；不得以放弃权利为由不履行义务。

业主转让建筑物内的住宅、经

营性用房，其对共有部分享有的共有和共同管理的权利一并转让。

★物业有权禁止封闭阳台吗

【案例】

2006年12月，小周买了一套房子，准备装修时考虑到，因为房子有南北两个阳台，北阳台冬天风大很冷所以想封起来。但是物业公司的负责人说统一规定不能封。请问，物业公司有权这么规定吗？

【法律解析】

物业公司没有权利这么规定，但业主大会经过正规的途径和程序，有权决定是否封闭阳台。如果业主大会决定禁止封闭阳台，物业公司有权根据《物业管理服务合同》对此进行监督，但无权对是否封阳台作出规定。

★物业管理公司能否擅自停水、停电

【案例】

江某分期付款购房，其入住后却迟迟未将剩余房款付清。于是物业管理公司称，如果江某不能按期交款，将对他采取停水、停电、停天然气等措施。到期后，江某仍未交款，物业管理公司遂停水停电，使得江某一家无法正常生活。那么，物业管理公司这么做合法吗？

【法律解析】

物业管理公司能不能以用户未缴款为由停水、停电、停气，关键在于业主公约。如果业主公约已经明确约定此项内容，业主接受后双方形成了一种合同关系，用户违约不按期交款，物业管理公司可以依照合同的规定执行。

【法条链接】

《合同法》第一百八十二条 用电人应当按照国家有关规定和当事人的约定及时交付电费。用电人逾期不交付电费的，应当按照约定支付违约金。经催告用电人在合理期限内仍不交付电费和违约金的，供电人可以按照国家规定的程序中止供电。

第一百八十四条 供用水、供用气、供用热力合同，参照供用电合同的有关规定。

共有

★未经一方同意出让共有房屋给邻居，还能追回吗

【案例】

蔡某与妻子感情不和，背着妻子将夫妻共有的一套住宅卖与邻居章某。章某虽然知道他们夫妻二人感情不和，但考虑到蔡某出的价钱比较低，于是章某向蔡某支付了房款并办理了过户手续。后蔡妻得知住宅被卖，向蔡某索要房款不成，遂将蔡某与章某一同诉至法院，要求确认蔡某与章某所订立的房屋买卖合同无效，要求章某归还房屋。法院会支持蔡妻的请求吗?

【法律解析】

本案中，由于章某作为蔡某夫妻的邻居，知道或者应当知道房屋属于双方共有，并且夫妻两人感情不和，仍然购买了该房产，并非善意取得，不能取得房屋的产权。蔡某妻子的请求会得到法院的支持。

★未经其他共有人同意，可以擅自出售共有的房屋吗

【案例】

汪某与儿女共有一处房产。2007年夏，汪某去探望在国外定居的儿子，把该房屋交给女儿管理使用。女儿未征得父亲及哥哥的同意，将房屋卖给李某，并将购房款80万元据为己有。汪某回国后得知女儿擅自出售房屋，便与李某交涉要求收回房屋。李某以已经签订房屋买卖协议为由不肯交回房屋。汪某无奈提起诉讼。汪某的诉讼请求能得到法院的支持吗?

【法律解析】

本案分不同情形处理。如果李某不知此房为汪家父女共有，则买卖协议有效；如果李某明知此房并非汪某之女所有，还与其签订购房协议，则应认定为无效。依《物权法》规定，处分共有的不动产或者动产，应当经全体共同共有人同意。本案中，汪某的女儿未经其他

共有人同意，擅自将房屋出售的行为无效。据此，汪某有权要求收回房屋。

【法条链接】

《物权法》第九十七条 处分共有的不动产或者动产以及对共有的不动产或者动产作重大修缮的，应当经占份额三分之二以上的按份共有人或者全体共同共有人同意，但共有人之间另有约定的除外。

《民法通则意见》第八十九条 共同共有人对共有财产享有共同的权利，承担共同的义务。在共同共有关系存续期间，部分共有人擅自处分共有财产的，一般认定无效。但第三人善意、有偿取得该项财产的，应当维护第三人的合法权益；对其他共有人的损失，由擅自处分共有财产的人赔偿。

★房屋共有人应怎样承担连带债务

【案例】

张某曾与一个亲戚合伙建了一栋旧式的木结构住房，由于年久失修，木料腐朽，存在倒塌的危险。张某经济比较困难，所以多次要求亲戚出钱整修。但该亲戚在城里买了房子，总是以各种借口拖延不肯修。请问：万一房子倒塌伤了人谁负责？

【法律解析】

该房屋是张某与亲戚合伙建造，由他们两人共有。因此，该房屋若倒塌伤人，他们俩应承担连带民事赔偿责任。如果该房屋属于按份共有，如果张某所承担的赔偿数额超过他所应当承担的份额，则可向亲戚追偿。

★共有住房能分割吗

【案例】

史某夫妻在市区的一处共有住房中有45%的产权，该住房在七楼。因为史某已经70多岁了，上下楼不方便，因此史某夫妻于2年前在低层租房居住。一年前，史某的老伴走路不慎遭遇车祸，经济十分困难，史某想处理该房产，共有人不同意史某作任何处理。请问，史某该怎么办？

【法律解析】

处分共有住房，应当经占份额2/3以上的按份共有人或者全体共同共有人同意，但共有人之间另有约定的除外。因此，该共有住房史某夫妇只占有45%的产权，属于按份共有，但份额未达到2/3以上，应与共有人协商解决。史某夫妇可以以经济困难作为重大理由请求分割住房，如果协商不成则可选择向法院起诉。

【法条链接】

《物权法》第九十九条　共有人约定不得分割共有的不动产或者动产，以维持共有关系的，应当按照约定，但共有人有重大理由需要分割的，可以请求分割；没有约定或者约定不明确的，按份共有人可以随时请求分割，共同共有人在共有的基础丧失或者有重大理由需要分割时可以请求分割。因分割对其他共有人造成损害的，应当给予赔偿。

★母子俩共有的汽车撞伤他人，谁来支付医疗费

【案例】

小刘母子共有一辆汽车，母亲考虑到小刘没有固定的工作，于是同意该汽车归小刘用来开出租谋生计。但是小刘开出租却不尽心，经常酗酒、赌博，因此引起小刘母亲的不满。5月份，小刘酒后驾车，将行人孙女士撞伤，孙女士住院共花去医药费2万余元。事后，孙女士要求小刘母子承担全部的医药费，但是小刘母亲认为该事故是儿子小刘一人造成的，自己不应该承担任何责任。那么，孙女士的医疗费该谁来承担呢?

【法律解析】

本案中，小刘酒后将孙女士撞伤，侵犯了孙女士的身体健康权，虽然事故是由小刘一人造成的，但由于该汽车是由小刘母子共有，而且责任并不可分，因此由二人承担连带赔偿责任。具体来说，孙女士可要求小刘母子中的任何一方承担赔偿责任，而承担责任的一方可在

履行义务后向另一方进行追偿。

★共有人之一致人伤亡，其他共有人要承担连带责任吗

【案例】

马军与马龙共有一辆卡车，马军负责运输。在一次长途运输中，马军把钟某撞伤，共花去医疗费2万余元。钟某找马军赔偿，可是马军一下子拿不出那么多钱。那么，钟某可以找马龙要求赔偿吗？

【法律解析】

钟某可以找马龙要求赔偿。《物权法》规定，因共有的不动产或者动产产生的债权债务，在对外关系上，共有人享有连带债权、承担连带债务。也就是说，共有人要对因共有财产而产生的债务承担连带责任。所谓连带责任，是指根据法律规定或当事人有效约定，两个或两个以上的连带义务人都对不履行义务承担全部责任。具体到本案中，马军与马龙因共有这辆卡车而成为连带责任义务人，马军无力履行对外的债务，马龙有履行的义务。马龙履行完义务后，可以向马军要求追偿。

★遗产分割后损坏，能要求与其他继承人分担损失吗

【案例】

2008年11月份李某过世，留给大龙、小龙兄弟二人耕牛各一头。大龙领回耕牛后，该牛因病死亡。经查，该牛早已生病，但兄弟二人均不知情。这头牛的市场价值为5000元左右。那么，大龙能要求弟弟与他共同承担损失吗？

【法律解析】

大龙可以要求弟弟与他共担损失。我国《物权法》规定，共有人分得的动产或者不动产有瑕疵的，其他共有人应当分担损失。本案中，李某遗留的两头牛成为大龙、小龙按份共有的财产，其中大龙分得的牛因生病而死亡，应该视为“有瑕疵”，故此，小龙应该与哥哥大龙共同承担这头牛的损失。

【法条链接】

《物权法》第一百条第二款　共有人分割所得的不动产或者动产有

瑕疵的，其他共有人应当分担损失。

★共有人对共有财产有优先购买权吗

【案例】

史大与史二是兄弟，二人从父亲处继承房屋两间，兄弟各分得一间。后来史大因急需用钱，要把自己的一间卖给龙某，谈妥价钱后签订了协议。这时史二对其兄史大说，房子不能卖给他人，自己在同等条件下有优先购买权，这个房子是多少钱卖给龙某的，自己出钱买。而龙某要求史大履行协议，交付房屋。那么，史二可以优先买这间房子吗？

【法律解析】

在同等条件下，史二可以优先购买房屋。《物权法》规定，按份共有人转让其享有的共有的不动产或者动产份额时，其他共有人在同等条件下享有优先购买权。本案中对于史家的房屋，二人属于按份共有。史大欲出售其共有份额，史二在同等条件下可以优先购买。

土地承包经营权与征地补偿

★“一地两包”，到底应归谁

【案例】

村民老李将自己承包的耕地转包给同村村民唐某，双方签订土地承包经营权转包协议，但是没有办理变更登记。之后，叶某也找到老李要求承包该地，他当时并不知道这块地的经营权已经转包给了唐某。老李一听叶某出的转包费用要高一些，于是将这块地又承包给了叶某，同时办理了变更登记，后来此事被唐某得知。那么，此事应该怎么解决？

【法律解析】

本案中，唐某并没有和老李进行土地转包登记，因此，根据规定，不得对抗善意第三人即叶某。但是唐某可以要求老李退还自己的承包费，并赔偿相应的损失。

【法条链接】

《物权法》第一百二十九条　土

地承包经营权人将土地承包经营权互换、转让，当事人要求登记的，应当向县级以上地方人民政府申请土地承包经营权变更登记；未经登记，不得对抗善意第三人。

《农村土地承包法》第三十八条 土地承包经营权采取互换、转让方式流转，当事人要求登记的，应当向县级以上地方人民政府申请登记。未经登记，不得对抗善意第三人。

★未规定终期的合同什么时间可以终止

【案例】

村民老张，通过投标方式取得该村50亩荒地承包经营权，签订了承包经营合同，但是合同只规定了承包经营权的起始日期，没有规定终止日期。老张通过栽种各种经济作物，赚足了腰包。可是今年，村集体经济组织决定重新调整该50亩荒地的承包，终止与老张签订的合同。那么，这个做法合法吗？

【法律解析】

根据《物权法》第一百二十六条的规定，土地的承包经营期限为30年，这是一个法定的期限。如果双方在合同中约定的期限短于该期限，承包方可以要求延长该期限至法定期限。发包方以没有约定期限为由要求收回土地的，不予支持。村集体经济组织决定重新调整该50亩荒地的承包，终止与老张签订的合同的做法是不合法的。

★户口迁入城镇后，承包的土地要被收回吗

【案例】

某县出台了一项优惠政策，当地农民凡是在县城购房定居的，可以全家落户到县城，实现农转非。老崔这些年做生意挣了不少钱，因此买了一套大房子，全家都搬进县城去住。但是在办理非农业户口的时候，老崔不禁担心，如果自己全家成了非农户口，那自己承包的土地不是要被收回去吗？

【法律解析】

农民农转非以后，在承包期满前，作为发包方的村集体不能随意收回其承包的土地。承包期内全家

落户城镇，如果承包方愿意保留土地，发包方应该予以保留，不得收回；如果承包方依法进行土地承包权流转，发包方也应当允许流转；如果承包方有稳定的非农收入来源，愿意交回承包土地的，发包方也应当接受，而且承包方对其在承包地上投入而提高土地生产能力的，有权获得相应的补偿。本案中，只要老崔的承包期未满，他承包的土地暂时不会收回。

【法条链接】

《中共中央、国务院关于促进小城镇健康发展的若干意见》对进城镇落户的农民，可以根据本人意愿保留承包土地的经营权，也允许依法有偿流转。

★没有土地承包经营权证书就没有承包经营权吗

【案例】

某村村民老崔与村委会签订了土地承包合同书。老崔想在承包的土地上搭建一个温室大棚，但农村土地承包经营权证书迟迟没有办理下来，老崔心里很是着急：是不是土地承包经营权证书没有发放，自己就尚未取得土地承包经营权？

【法律解析】

本案中，承包方老崔作为村民，享有承包土地的权利。发包方是村民委员会，而且经过村民大会讨论通过，符合法律规定的条件。在这种情况下，老崔与村委会签订土地承包合同，双方意思表示真实，该承包合同应当成立而且生效。根据《物权法》以及《农村土地承包法》的相关规定，老崔在合同生效的时候就已经取得土地承包经营权，并不以是否取得土地承包经营权证为标准。老崔可以放心地在自家地上耕种了。

【法条链接】

《物权法》第一百二十七条　土地承包经营权自土地承包经营权合同生效时设立。

县级以上地方人民政府应当向土地承包经营权人发放土地承包经营权证、林权证、草原使用权证，并登记造册，确认土地承包经营权。

《农村土地承包法》第二十二条 承包合同自成立之日起生效。承包方自承包合同生效时取得土地承包经营权。

★土地承包经营权到期后怎么办

【案例】

某村的农民姜某与村委会签订的耕地承包合同是短期合同，现已到期。姜某要求延长承包期限，可村委会却以合同到期为由，另行发包。那么，村委会的这种行为是否合法?

【法律解析】

村委会的行为不合法。村委会与姜某签订的短期的农村土地承包合同，如果未达到国家政策和法律所规定的30年，就以农村土地承包合同期限已到为由，另行发包，这种做法显然有悖于国家政策和法律规定。承包的农户完全有权利拒绝村委会的决定，必要时可以通过法律手段维护自己的权益。

★没有签订书面合同的土地承包合同有效吗

【案例】

某村村委会将耕地按人均分配给村民承包，但村委会没有与村民签订土地承包合同，有村民担心没有签订书面承包合同其承包无效，因为《农村土地承包法》规定，发包方应当与承包方签订书面承包合同。那么，没有签订书面合同的土地承包合同有效吗?

【法律解析】

如果承包方和发包方没有签订书面合同，根据《合同法》的有关规定，只要承包方或者发包方履行了主要义务，而对方予以接受，即使没有签订书面形式的土地承包合同也是有效的。

★转包后引发纠纷怎么解决

【案例】

村委会与村民甲签订了果园的承包合同，承包期15年。此后甲将承包的部分果园转给同村村民乙经营，甲向乙收取承包费。乙又将这部分果园转给丙经营，丙向村委会交了承包费，村委会出具了交款凭证。三年后，丙经营不善，要求终止承包，村委会不同意，丙单方面决定不再缴纳承包费。于是村委会将丙告上法庭，但丙认为自己从未与村委会签订承包合同，村委会根本无权告自己。丙的说法合法吗？

【法律解析】

本案中，甲、乙、丙之间是一种转包关系，村委会无异议地接受丙的承包费，丙自愿向村委会交纳承包费，二者之间已经形成事实上的土地承包合同关系，丙实际上取代了甲成为这部分果园的实际承包人。因此，丙不能单方面决定不再缴纳承包费。

【法条链接】

《农村土地承包法》第三十二条 通过家庭承包取得的土地承包经营权可以依法采取转包、出租、互换、转让或者其他方式流转。

第三十四条 土地承包经营权流转的主体是承包方。承包方有权依法自主决定土地承包经营权是否流转和流转的方式。

第三十六条 土地承包经营权流转的转包费、租金、转让费等，应当由当事人双方协商确定。流转的收益归承包方所有，任何组织和个人不得擅自截留、扣缴。

第三十九条 承包方可以在一定期限内将部分或者全部土地承包经营权转包或者出租给第三方，承包方与发包方的承包关系不变。

承包方将土地交由他人代耕不超过一年的，可以不签订书面合同。

★乡（镇）人民政府有权发包土地吗

【案例】

某村有一荒地，胡某与乡人民政府签订承包荒坡造林合同书，承包此块地。后来，某公司与村委会签订土地转让承包合同书，承包期限50年。当该公司准备开发此荒地时发现此地已被胡某植满树木，该公司与胡某进行交涉，双方都以各自签订的承包合同为凭，各不相让，后来起诉至人民法院。那么，法院会怎么处理呢？

【法律解析】

本案中，胡某与乡人民政府签订承包荒坡造林合同书是一种无权发包行为。因为土地属于村集体所有，乡人民政府无权发包，应认定该合同无效。村委会是合法的土地发包者，其与公司签订的合同系双方真实意思表示，不违反法律、法规的强制性规定，应认定为有效。乡（镇）政府在土地承包中的主要工作是指导土地承包合同的签订和管理，而不能直接干预土地承包，更不能成为发包方。

★发包方可以提前收回土地吗

【案例】

1993年，老周与村委会签订土地承包经营合同，约定由老周承包村里的80亩土地种植水稻，年承包金为2000元。2008年，村里开始了第二轮土地承包，村委会以与老周签订的承包合同没有明确的期限为由，要求收回老周承包的80亩土地，老周不服。那么，村委会可以收回老周承包的土地吗？

【法律解析】

村委会不能收回老周承包的土地。《农村土地承包法》明确规定，耕地的承包期为30年。这是法定期限，当事人不能以约定的形式排除。老周与村委会签订的土地承包经营合同中关于承包期限的约定不明确，则应当按30年处理。根据最高人民法院的相关司法解释的规定，如果约定的承包期低于法定时限，承包人可以要求延长至法定承包期。因此，本案中双方的土地承包经营合同应当延长至30年，村委会不得提前收回。

【法条链接】

《物权法》第一百二十六条第一款　耕地的承包期为三十年。草地的承包期为三十年至五十年。林地的承包期为三十年至七十年；特殊林木的林地承包期，经国务院林业行政主管部门批准可以延长。

★自愿退出承包经营的土地后，能否再要回

【案例】

1997年，朱某因自觉土地税费较高，且自己有谋生手段，就向该村村委会申请，将承包的土地退出，村委会经过协商将退出的土地分给余某，并且也上到了余某的土地承包证上。2006年后，国家取消

了土地税费，并且还给予土地直补，朱某就要求将自己退出去的土地收回去，村委会干部也站在朱某一边，要求余某退还土地，余某不服。那么，自愿退出承包经营的土地后，能否再要回呢?

【法律解析】

本案中，因朱某自愿交出的土地属于通过家庭联产承包方式获得的土地，所以在承包期内不能再要求获得土地。现在的规定是农村土地70年不变，所以2006年还是在承包期内，朱某不能要求余某归还土地。

★破坏基本农田应承担何种责任

【案例】

某村委会主任甄某为了给集体谋取利益，将村里的80亩基本农田以高价非法转让给他人挖沙，并签订了协议。请问，破坏基本农田应承担何种责任呢?

【法律解析】

占用基本农田或从事破坏基本农田活动的，毁坏种植条件的，由县级以上人民政府土地行政主管部门责令改正或者治理，恢复原种植条件，处占用基本农田的耕地开垦费1倍以上2倍以下的罚款；构成犯罪的，依法追究刑事责任。本案中，村委会主任违法将基本农田转让给他人挖沙，应承担法律责任。

【法条链接】

《土地管理法》第七十八条 无权批准征收、使用土地的单位或者个人非法批准占用土地的，超越批准权限非法批准占用土地的，不按照土地利用总体规划确定的用途批准用地的，或者违反法律规定的程序批准占用、征收土地的，其批准文件无效，对非法批准征收、使用土地的直接负责的主管人员和其他直接责任人员，依法给予行政处分；构成犯罪的，依法追究刑事责任。非法批准、使用的土地应当收回，有关当事人拒不归还的，以非法占用土地论处。

非法批准征收、使用土地，对当事人造成损失的，依法应当承担赔偿责任。

★土地承包经营权可以继承吗

【案例】

某村村民龚某与其所在村签订耕地承包合同，双方在合同中约定，承包期为20年，每年交承包费1000元。6年后龚某去世，其妻刘某继续经营该片土地，后来村委会以刘某非承包人为由强行收回耕地，刘某不服，起诉至法院。那么，土地承包经营权可以继承吗？

【法律解析】

可以继承。《农村土地承包法》规定，承包人应得的承包收益，依照继承法的规定继承，林地承包的承包人死亡，其继承人可以在承包期内继续承包。本案中，尽管村民龚某是以个人名义与村委会签订承包合同，但按照法律规定农村土地承包采取农村集体经济组织内部的家庭承包方式，所以龚某实际是以家庭承包方式取得承包经营权，龚某死亡并不影响其妻继续享有承包经营权，村委会强行收回土地的做法是错误的。

【法条链接】

《继承法》第四条　个人承包应得的个人收益，依照本法规定继承。个人承包，依照法律允许由继承人继续承包的，按照承包合同办理。

《农村土地承包法》第五十条　土地承包经营权通过招标、拍卖、公开协商等方式取得的，该承包人死亡，其应得的承包收益，依照继承法的规定继承；在承包期内，其继承人可以继续承包。

★放弃土地承包经营权后，还可以要求继续承包吗

【案例】

2002年10月，杜某因在县城经商将其全家搬至县城，同时书面告知村委会，秋天庄稼收割后，将家里承包的还有15年到期的20亩地交回村里。秋收后，杜某如约把地还回村里。2008年，杜某生意亏本无力经营，回到村里以自己承包的土地还有9年到期为由，要求继续承包那20亩土地。杜某的主张能得到支持吗？

【法律解析】

杜某的主张得不到支持，他已丧失了那20亩土地的承包经营权。按照《农村土地承包法》的相关规定，全家迁至城镇并且提前半年以书面形式表示放弃土地承包经营权的，土地承包经营权消灭，原承包人在承包期内不能再要求承包该土地。本案因杜某提前半年以书面的形式表示放弃该土地的承包经营权，并把土地交回了村里，所以他的承包经营权已经消灭，在承包期内不能再承包土地。

★放弃承包的，能否再耕种承包地

【案例】

1995年，某村村委会重新分配承包地，张某嫌当时承包责任田需缴纳税款负担太重，所以放弃了村里给他分配的几亩责任田。后来这几亩责任田由村委会发包给李某，并且同李某签订了土地承包合同。2007年因为建设用地，李某承包的这几亩地要被征用。张某便多次要求李某把地退给他，并阻止李某继续耕种。请问，张某的要求是否有法律依据？李某能否继续耕种承包地？

【法律解析】

张某的要求没有法律依据，李某可以继续耕种这几亩地。因该土地已经由村委会发包给李某，并同李某签订了土地承包合同，李某是该土地合法的承包方，张某不能把地要回去。因此，李某可以继续耕种该承包地，如果该土地被征用，李某有权得到相应的补偿。

【法条链接】

《农村土地承包法》第九条　国家保护集体土地所有者的合法权益，保护承包方的土地承包经营权，任何组织和个人不得侵犯。

第十六条　承包方享有下列权利：

（一）依法享有承包地使用、收益和土地承包经营权流转的权利，有权自主组织生产经营和处置产品；

（二）承包地被依法征用、占用的，有权依法获得相应的补偿；

（三）法律、行政法规规定的其他权利。

★承包经营土地互换合同可以解除吗

【案例】

村民段某与冯某为了耕作方便，互换了10亩土地，签订了土地承包经营权互换协议。一年后，段某认为冯某的土地低洼，容易受涝，以没有到县政府登记为由要求解除互换土地合同，冯某不同意解除。请问，承包经营的土地互换合同有效吗？

【法律解析】

二人之间的承包经营土地互换合同是有效的，段某不能要求解除。《物权法》规定，承包经营的土地可以互换、转让，当事人可以登记，也可以不登记。如果不登记，不能对抗善意第三人。也就是说，承包经营权人互换土地的合同，即使不登记对当事人也是有法律效力的。

★耕地重新划分以后，还能继续铺设管道取水吗

【案例】

邹某和韩某各自承包了一块耕地，两耕地相连。由于韩某承包的耕地离水源较远，为了取水方便，韩某与邹某协商，借助邹某的耕地铺设一条引水管道，每年支付给邹某600元作为补偿，二人就该约定进行了登记。后来村里重新划分耕地，将邹某承包的地划分给了李某。李某觉得韩某铺设的水管影响了自己的耕种，于是要求韩某拆除取水管道。韩某该怎么办？

【法律解析】

本案中，韩某在邹某的土地上设定了取水权并且经过了登记，因此，当土地被转让给李某后，按照《物权法》的规定，由于土地涉及了地役权的行使，因此，李某应当负担地役权合同约定的义务，为韩某的引水提供便利。同时，李某有权收取韩某支付的每年600元费用。

【法条链接】

《物权法》第一百五十八条　地役权自地役权合同生效时设立。当事人要求登记的，可以向登记机构申请地役权登记；未经登记，不得对抗善意第三人。

第一百六十七条　供役地以及供役地上的土地承包经营权、建设用地使用权、宅基地使用权部分转让时，转让部分涉及地役权的，地役权对受让人具有约束力。

★占用耕地连续两年未使用，其使用权是否就要被政府收回

【案例】

6年前，石某经过审批手续征用了20亩土地用以建厂，后来因为资金没有到位而迟迟没有把工厂建起来。因石某这几年都在联系资金的事，一直没空管理这20亩地。最近，这20亩地规划成了县里的经济开发区。当石某向开发区索要占地费时，开发区负责人说政策规定，占用土地2年不利用就作废了。请问，国家有这个政策吗?

【法律解析】

根据《土地管理法》的有关规定，办理审批手续的非农业建设用地，连续两年未使用的，经原批准机关批准，由县级以上人民政府无偿收回用地单位的土地使用权。

【法条链接】

《土地管理法》第三十七条第一款　禁止任何单位和个人闲置、荒芜耕地。已经办理审批手续的非农业建设占用耕地，一年内不用而又可以耕种并收获的，应当由原耕种该幅耕地的集体或者个人恢复耕种，也可以由用地单位组织耕种；一年以上未动工建设的，应当按照省、自治区、直辖市的规定缴纳闲置费；连续两年未使用的，经原批准机关批准，由县级以上人民政府无偿收回用地单位的土地使用权；该块土地原为农民集体所有的，应当交由原农村集体经济组织恢复耕种。

建设用地使用权

★村委会可以转让土地使用权给房地产公司吗

【案例】

A村环境优美，某房地产公司欲在此地建造一片别墅区，在与村委会商议之后，双方签订了土地使用权转让合同。合同签订以后，房地产公司支付了5000万元的地价款，先后投入3000万元的工程建设款。但是随后，当地政府却下令房地产公司停建。这是为什么呢？

【法律解析】

本案中，房地产公司没有通过依法申请而只是与A村村委会商议签订合同就开始动工，A村村委会擅自将本村的集体土地使用权转让给房地产公司，这些行为都是违法的。因此，当地政府有权将其列为非法用地开发项目且下令停建。

★如何取得建设用地使用权

【案例】

红星中学经批准，以划拨方式取得一块国有土地使用权，批准用途为教育用地，现红星中学提出土地登记申请，要求办理土地登记。那么，应该如何办理？

【法律解析】

首先，红星中学应该在接到国有土地划拨决定书之日起30日内申请办理划拨国有土地使用权设定登记。申请人为红星中学及其法定代表人。其次，还应提交：土地使用权登记申请表，红星中学法人证明、法人代表身份证明和个人身份证明，县级以上人民政府建设用地批准书，国有土地划拨决定书，委托代理的应提交土地登记委托及代理人身份证明等。

★建设用地如何转让

【案例】

A公司以出让方式取得一宗国有土地使用权，批准用途为商业，使用期限为40年，办理了土地登记。现因债务的关系，A公司将这宗地连同房产转让给了某贸易有限公司。那么，如何办理这宗地的土地使用权变更登记手续呢？

【法律解析】

某贸易有限公司应该在与A公司签订了土地转让合同或协议后30日内，办理房产变更登记，15日内，向当地土地管理部门提出土地使用权变更登记申请。某贸易公司实地调查该宗地原来登记状况是否有变化，没有变化的，可直接移交土地登记人员进行审核。权属审核重点是申请人的身份、土地使用期限、土地价格、税费、土地用途及房产变更等事项。A公司对原来的《土地登记卡》进行变更登记，并填写新的《土地归户卡》注销原来的《土地归户卡》。收回并注销原来的《国有土地使用证》，将新的土地证书发给某贸易有限公司。

★公司签土地出让协议在法律上有效吗

【案例】

某公司因欠龙某工程款，经协商将一块住宅用地出让给龙某，占地350平方米，并签订了土地出让协议，但该公司一直没有按照协议约定给龙某办理土地证和准建证。后来，在龙某不知情的情况下，该公司在这块土地上又建起了车间。龙某去要土地时，该公司却说只剩一块150平方米的土地了。请问：该公司和龙某签订的土地出让协议还有效吗?

【法律解析】

该协议无效。我国法律规定，只有市、县级人民政府土地管理部门才有资格代表国家行使出让土地的权利，并依照法定的程序办理出让手续。龙某与该公司签订的出让协议是不合法的，不受法律保护，但龙某可以依据出让协议要回该公司所欠工程款。

【法条链接】

《城镇国有土地使用权出让和转让暂行条例》第十条 土地使用权出让的地块、用途、年限和其他条件，由市、县人民政府土地管理部门会同城市规划和建设管理部门、房产管理部门共同拟订方案，按照国务院规定的批准权限报经批准后，由土地管理部门实施。

★治理水土流失的费用由谁承担

【案例】

某村四面环山，山高坡陡。2006年某公司与该村签订协议，在该村南山陡坡上采石。自从采石以来，水土流失非常严重。当地水利局责令该公司停止开采，并承担治理水土流失的费用。但是该公司认为，与村里签订的合同有效，水利局无权要求停止开采。请问，该公司是否应当承担治理水土流失的费用？

【法律解析】

根据相关法律规定，该公司与某村签订的协议未经有关部门批准，是无效的，水利局有权制止其开采，并且该公司应当承担治理水土流失的费用。

★非法出租土地用于非农业建设，应该如何处罚

【案例】

某村在未依法办理用地审批手续的情况下，擅自与某砖厂签订了土地租赁合同。合同约定，村里将20亩荒地租赁给砖厂，租期为30年，每年租金为2万元，一年一交。请问，非法出租土地应该如何处罚？

【法律解析】

某村未经国土资源管理部门批准，在未依法办理用地手续的情况下，就擅自将土地租赁给砖厂用于非农业建设，属于违法行为。根据有关法律规定，对于该案的直接责任人应当给予行政处分，主管部门责令限期整改，没收违法所得，并处罚款。

【法条链接】

《土地管理法》第八十一条　擅自将农民集体所有的土地的使用权出让、转让或者出租用于非农业建设的，由县级以上人民政府土地行政主管部门责令限期改正，没收违法所得，并处罚款。

《土地管理法实施条例》第三十九条　依照《土地管理法》第八十一条的规定处以罚款的，罚款额为非法所得的百分之五以上百分之二十以下。

宅基地使用权

★宅基地包括住房的附属设施用地吗

【案例】

孙某现在是非农业户，原来他在农村有一处宅基地，持有房产证，房屋产权没有变化，住房依然完好，但附属设施厨房、厕所、柴棚已经倒塌，该地并没有被集体收

回。请问，现在孙某退休回乡定居，能不能在原处修建附属设施？宅基地包括住房的附属设施用地吗？

【法律解析】

宅基地是指住宅用地，包括住房用地及其必要的附属设施用地。宅基地使用权人依法对集体所有的土地享有占有和使用的权利，有权依法利用该土地建造住宅及其附属设施。虽然孙某现在是非农业户，但孙某依然有权依法利用该土地建造住宅及其附属设施。

★宅基地买卖合同和宅基地转让登记谁更有效率

【案例】

村民黄某夫妇决定搬到城里居住，于是打算将房子卖掉，村民柳某听说后，就找到黄某协商购买其房屋，达成一致后，请了村里的长者作为证明人并签订了房屋买卖合同，但没有办理转让登记手续。后来，同村祝某在不知黄某房屋已卖给柳某的情况下，以更高的价格购买了黄某的房屋，并办理了房屋与宅基地的过户手续。请问，黄某的房屋应该归谁？

【法律解析】

黄某的房屋的所有权应该归祝某。本案中，虽然柳某与黄某签订的买卖合同在前，但没有办理过户手续，从法律上来说，房屋仍然属于黄某所有，在登记之前柳某不能取得房屋所有权与宅基地使用权。祝某签订的合同虽然在柳某之后，但是因为它符合宅基地的申请条件，而且祝某也不知道柳某与黄某合同的存在，所以他与黄某签订的合同也是有效的，在办理登记手续后，祝某就取得了黄某房屋所有权与宅基地使用权。柳某可以根据合同的规定，要求黄某承担违约责任。

【法条链接】

《物权法》第九条 不动产物权的设立、变更、转让和消灭，经依法登记，发生效力；未经登记，不发生效力，但法律另有规定的除外。

依法属于国家所有的自然资源，所有权可以不登记。

第一百五十三条　宅基地使用权的取得、行使和转让，适用土地管理法等法律和国家有关规定。

★70年到期后我们的房子怎么办

【案例】

老李通过多年打拼，终于攒够钱买了一套商品房。可当他拿到房产证时，朋友说老李对该房拥有70年产权，老李一时觉得有些迷惑。70年后这个房子就不再是自己的了吗?

【法律解析】

老李的担心是不必要的。《物权法》规定，住宅建设用地使用权期间届满的，自动续期。也就是说，购房者在70年后仍然拥有自己购买住宅的所有权和住宅建设用地的使用权。

★城镇居民可以购买农村宅基地吗

【案例】

赵某是某市城镇户口的居民，几年前在市郊区买了一栋农村村民的房子，有一天他接到了原卖房人电话，说自己反悔了，他们之间签订的合同无效，要求退回赵某的房款，把房子还给卖主。赵某犯了糊涂，合同明明已经签了，为什么不认可我的买卖行为?

【法律解析】

为保护农民的利益，我国有关法律规定，农民的住宅不得向城市居民出售，也不得批准城市居民占用农民集体土地建住宅，有关部门不得为违法建造和购买的住宅发放土地使用证和房产证。因此，赵某虽然签订了买卖合同，但是是无效的。

【法条链接】

《关于加强农村宅基地管理的意见》第十三条　严格日常监管制度。各地要进一步健全和完善动态巡查制度，切实加强农村村民住宅建设用地的日常监管，及时发现和制止各类土地违法行为。要重点加强城乡结合部地区农村宅基地的监督管理。严禁城镇居民在农村购置宅基地，严禁为城镇居民在农村购买和违法建造的住宅发放土地使用证。

★转为城市户口后，还能继承宅基地的使用权吗

【案例】

贺某的父亲以一家三口人的名义，向当地村委会申请宅基地并建造了一所房屋。后来，贺某上了大学，户口随之迁出，毕业后分配到距离家乡不远的一座城市的机关工作，婚后在城里居住。贺某的父母去世后，村里按规定将其老宅的宅基地使用权收回，但贺某认为其父母的房屋连同土地应作为遗产由其继承。那么，转为城市户口后，还能继承宅基地的使用权吗？

【法律解析】

本案中，尽管申请宅基地建房时贺某户口没有迁出，但是当贺某户口迁出并转为城市户口后，其宅基地使用权资格随之消灭。因此，贺某无权继承宅基地，村委会的主张是成立的。

《物权法》第一百五十三条 宅基地使用权的取得、行使和转让，适用土地管理法等法律和国家有关规定。

《土地管理法》第八条第二款 农村和城市郊区的土地，除由法律规定属于国家所有的以外，属于农民集体所有；宅基地和自留地、自留山，属于农民集体所有。

★房屋和宅基地继承时该怎么分割

【案例】

村民潘某夫妇有两个儿子，大儿子已经成家，申请了宅基地并盖了房屋，小儿子刚满20岁，与父母一同居住。年初，潘某夫妇在一次车祸中双双去世。在分割遗产时，两个儿子发生争议，老大认为潘某夫妇的房子和宅基地属于遗产，应当由他们俩平均分割继承，小儿子则认为他一直在父母房屋中居住，所以房屋和宅基地均应归他。那么，谁的主张合理呢？

【法律解析】

本案中，潘某的大儿子已经单独立户，但是这并不妨碍他作为潘某夫妇继承人的地位，他们对于潘某的财产仍然有继承权。潘某的房屋属于其个人财产，依法可以由他的两个儿子继承。但是宅基地属于集体经济组织所有，因为大儿子已经申请宅基地，无权再继承，小儿子尚未申请宅基地，而且已经符合申请宅基地的条件，因此，有权继续使用该宅基地。

★宅基地可以通过遗嘱进行分割吗

【案例】

程某在世时曾立下一份遗嘱，对其所有的财产进行分割。遗嘱中写明：四间瓦房由儿子继承，现有的2万元现金和四间瓦房的宅基地由其女儿继承。不久，程某去世。程某之子打算将四间瓦房拆除，另盖楼房，但程某女儿提出抗议，认为宅基地归自己所有，加以阻止。为此，双方引起矛盾。宅基地可以通过遗嘱进行分割吗？

【法律解析】

程某对其2万元现金和四间瓦房拥有合法的所有权，因而对其处分是有效的，但由于宅基地属集体所有，其遗嘱中涉及将宅基地转归其女儿所有的部分无效。同时，宅基地属于农民集体所有，农民经人民政府批准取得土地建房，对该宅基地只有使用权而无所有权，不得擅自出卖、出租，即使在原宅基地上建房，也得重新获得批准。程某的儿子在拆除房屋后，如果打算继续在该宅基地上建房，必须重新办理相应的审批手续。

【法条链接】

《物权法》第一百五十三条 宅基地使用权的取得、行使和转让，适用土地管理法等法律和国家有关规定。

★未经同意，村委会将宅基地批给他人怎么办

【案例】

村民吴某常年在城里做生意，后来因为做生意发了财，便在城里

买了房子，此后就很少回村。村委会为了节约土地，便将吴某的宅基地批给了符合宅基地申请条件的孙某。后来，吴某因生意失败，卖掉了城里的房子，打算回家住，发现孙某已经在宅基地上盖了房子。吴某遂将村委会告到法院，要求赔偿并重新分配宅基地。法院会支持吗？

【法律解析】

案例中，村委会在未通知吴某并得到其同意的情况下，私自将宅基地批给了他人，在程序上违反了法律规定。当宅基地批给吴某并进行登记后，吴某便拥有了对该处宅基地的占有使用权，宅基地使用权也是当事人财产的一部分。村委会未经吴某同意私自收回宅基地的行为侵害了吴某的利益，因此村委会应当进行赔偿。此外，因为吴某没有了宅基地且符合宅基地申请条件，村委会应当为其分配宅基地。

★盖房时扩大宅基地面积，村委会有权强制拆除吗

【案例】

村民何某在世时，盖有五间平房，按照村内的规划，只能盖四间。何某去世后，儿子小何继承该房，不仅又扩大了一间，且将院子向前和向左各扩大了5米。一个月后，该村委会通知小何，他们只能享受四间房的面积，超出部分按规定要收回，并限定小何在一个月内将超出宅基地的院墙和两间房子全部拆除。那么，村委会的要求合理吗？

【法律解析】

案例中，何某已经超过规定宅基地面积建设房屋，作为该块宅基地继承人的小何也任意扩大宅基地面积，违反了《土地管理法》的有关规定，损害了村集体的权利。村民委员会作为村集体的代表，有权利要求小何退还超标的面积。但是，需要注意的是，即使是违章建筑也应该由相应的国家机关（如法院）采取强制措施，村委会不能直接强制拆除小何的房屋。

★宅基地使用权可以转让吗

【案例】

村民韩某在农村有一处宅基

地。2006年5月，韩某进城打工，随后，在城市安家落户。于是，韩某打算将其在农村的宅基地转让出去。恰好韩某同村村民李某想购买这一宅基地。那么，韩某的宅基地能够转让吗？

【法律解析】

韩某可以转让其在农村的宅基地使用权给同村村民李某。但是，韩某在转让宅基地后，如果以后打算再回村居住，则不能再向集体申请宅基地使用权。

★宅基地使用权是否可以单独转让

【案例】

某村的张某与李某签订宅基地使用权转让合同，张某把自己的宅基地以6万元的价格转让给李某。李某把6万元转让款付给张某后开始动工建房。可是村民小组以这份宅基地是分给张某的为由出面阻拦。那么，李某的宅基地使用权受法律保护吗？

【法律解析】

李某的宅基地使用权不受法律保护，他与张某的宅基地转让协议无效。我国目前的司法实践中，农村宅基地使用权必须与宅基地上的房产一起流转，空白宅基地使用权不得转让、抵押和继承。本案中，张某与李某签订的单独转让宅基地使用权的协议与我国现行法律及政策相抵触，所以应被认定为无效，李某无法依据该协议而取得宅基地使用权。

抵押担保

★为赌债所做的担保有效吗

【案例】

蔡某欠杜某赌债20万元，请求好友孙某为自己的债务向杜某提供担保。孙某不知是赌债，于是以自己的房屋设立抵押担保，并办理了抵押登记。那么，如果蔡某还不上杜某钱，杜某是否有权让孙某还他钱？

【法律解析】

孙某不必承担担保责任。《物权法》《担保法》都规定，主合同无效，担保合同无效。本案中，蔡某与杜某之间的债务可以视为“主合同”，而孙某与杜某的担保合同则为“从合同”。由于赌债是不受法律保护的，主合同无效，所以作为担保合同的从合同也无效。孙某在此事中没有过错，所以不需要承担任何担保责任。

★当物的担保与人的担保同时存在时，谁先承担担保责任

【案例】

某房地产开发公司欲向某银行贷款8000万元，双方约定房地产公司的一块地皮及该地上建造的建筑物作为抵押，双方依法签订抵押合同并办理了登记。可银行仍然不放心，于是，房地产公司便找来某投资公司作保。后来，房地产公司不能按时还款。请问，当物的担保与人的担保同时存在，谁先承担责任？

【法律解析】

当出现物的担保与人的保证同时存在的情况时，物的担保应优先适用。本案中，银行应先与房地产开发公司协商，将抵押物折价或者以拍卖、变卖该项抵押物所得的价款受偿。协商不成的，银行可向法院起诉要求实现其抵押权。在抵押物折价或拍卖、变卖后，其价款不足以清偿债务的，保证人应就剩余部分负责任。

★行使抵押权有期限限制吗

【案例】

甲向乙借款6万元，期限为一年，以自己的轿车作为抵押提供担保。一年的期限届满后，乙要求甲还钱，甲表示现在没钱，暂时不还。又过了一年，乙再次要求甲还钱，甲仍推脱不还。乙要求对甲的轿车行使优先受偿权，甲以乙在借款期限届满时未主张抵押权而使抵押权归于无效为由，拒绝乙行使抵押权。乙的抵押权是否因没有及时行使而消灭？

【法律解析】

乙的抵押权没有超过法定时效期限，仍然可以向甲主张。抵押权人如果过了法定的期限没有行使抵押权，则抵押权归于消灭。根据《物权法》的规定，抵押权的诉讼时效与主债权期间相同。根据《民

法通则》的规定，一般情况下诉讼时效期间为2年。具体到本案，抵押权的诉讼时效期间与主债权相同，即同为2年。乙抵押权的2年诉讼时效期间未满，可以要求就被抵押的汽车优先受偿。

【法条链接】

《物权法》第二百零二条 抵押权人应当在主债权诉讼时效期间行使抵押权；未行使的，人民法院不予保护。

《民法通则》第一百三十五条 向人民法院请求保护民事权利的诉讼时效期间为二年，法律另有规定的除外。

第一百四十条 诉讼时效因提起诉讼、当事人一方提出要求或者同意履行义务而中断。从中断时起，诉讼时效期间重新计算。

★担保物权人对债权可以优先受偿吗

【案例】

龚某分别向龙某、李某及王某借款50万元，并以自己的一幢房屋向龙某提供了担保。债务清偿期到，龚某无力偿还欠款，只好卖了房屋，得款100万元。那么，这100万元应该如何在三个债权人之间分配？

【法律解析】

龚某应首先向龙某清偿50万元，剩余50万元由李某及王某平分。《物权法》规定，担保物权人可以就债务优先受偿，也就是说，把钱借给他人，如果取得了合法的担保，则在实现债务时可以优先于其他债权人。本案中龙某取得了对龚某房屋的担保物权，因此他可以优先于李某、王某受偿。

★重复抵押如何行使抵押权

【案例】

某厂因经营需要资金，用工厂抵押，向当地银行贷款80万元，约定2年后偿还，双方办理了抵押登记，并进行了公证。之后该厂又向刘某借款20万元，借款合同上写明以设备作抵押。当与刘某合同期满时，该厂已负债累累，无奈之下该厂就用设备折价抵偿了欠款。银行得知后认为刘某无权对设备行使抵押权。请问，对于重复抵押如何行使抵押权？

【法律解析】

该厂将工厂抵押给银行，且办理了抵押登记，并进行了公证，其抵押行为有效。之后，该厂又将设备抵押给刘某，虽然动产机器设备不经登记即可生效，但是该厂设备存在重复抵押，而且抵押机器设备不经登记不能对抗第三人。根据《物权法》第一百九十九条规定，同一财产向两个以上债权人抵押的，抵押权已登记的先于未登记的受偿。对于本案，银行已经登记的抵押权效力高于刘某未登记的抵押权。就机器设备而言，应当先由银行行使抵押权。

★担保物损毁获得的保险金，担保权人可以优先受偿吗

【案例】

邹某向武某借款60万元，约定1年以后偿还，同时邹某以价值80万元的房屋作为担保。后来，该房屋因失火被烧毁，邹某获得保险金100万元。到了债务偿还时，邹某没有偿还武某欠款。此时武某才知道原来作为担保的房子已经被烧毁了。那么，武某可以要求就100万元保险金优先受偿吗?

【法律解析】

武某可以要求就保险金优先受偿。本案涉及担保物权的物上代位性相关法律知识。所谓担保物权的物上代位性，是指当担保物因毁损、灭失或被依法征收而丧失了所有权时，担保权人可以就该保险金、赔偿金或补偿金行使优先受偿权。对于这一点，《物权法》有明确的规定。本案中，作为抵押物的房屋被烧毁，抵押权人武某可以就保险金优先受偿。

【法条链接】

《物权法》第一百七十四条　担保期间，担保财产毁损、灭失或者被征收等，担保物权人可以就获得的保险金、赔偿金或者补偿金等优先受偿。被担保债权的履行期未届满的，也可以提存该保险金、赔偿金或者补偿金等。

★债务未经担保人同意而转让，担保人还要负担保责任吗

【案例】

钟某向孙某借款3万元钱，车某以他的一处房产为钟某的借款提供抵押担保。后来钟某与孙某协商，周某欠钟某3万元钱，到时候钟某欠孙某的3万元钱直接由周某偿还，周某也表示愿意；车某对此并不知情。那么，车某对这个债务还要承担担保责任吗？

【法律解析】

车某不再承担担保责任。《物权法》规定，债权人同意债务人转让债务，如果没有经过担保人书面同意，担保人不再承担相应的担保责任。本案中，孙某同意钟某把债务转让给周某，且没有经过担保人车某的书面同意，所以车某不再承担相应的担保责任。

★未经抵押权人同意，抵押物可以转让吗

【案例】

耿某向朱某借款5万元做生意，以自己的轿车作为抵押，双方签订了抵押合同并进行了抵押登记。在还款期到来之前，耿某见生意兴旺，认为没有抵押自己也可以还朱某的钱，于是把轿车卖给程某又买了新车。谁知不久生意萧条，无力偿还朱某的5万元。朱某要行使抵押权时，才知道作为抵押物的汽车已被卖掉。那么，未经抵押权人同意，抵押物可以转让吗？朱某应该怎样行使自己的抵押权？

【法律解析】

为了保护抵押权人的权利，《物权法》规定，如果抵押人转让抵押财产，必须事先求得抵押权人同意，并且将转让抵押财产的钱提前清偿债务或者提存。未经抵押权人同意，不得转让抵押财产，除非受让人同意代为消偿债务使抵押权消灭。本案中，耿某把抵押物轿车卖给程某，没有事先经过抵押权人朱某的同意，朱某可以向人民法院请求撤销轿车买卖合同，或者请求购买耿某汽车的程某代为偿还耿某的欠款。

★抵押的房屋翻盖后卖给他人，如何索还欠款

【案例】

高某欠大军15万元，约定2008年10月偿还，并以自己的一间平房作抵押。抵押期间，小东与高某约定，将高某的平房翻盖成二层小楼，小东取得小楼，给高某20万元经济补偿。到了还款期，高某没有还大军钱，大军想就小楼行使抵押权，遭到了小东的拒绝。大军应如何索还欠款?

【法律解析】

大军不能就行使抵押权，但他可以就高某的20万元补偿金优先受偿。最高法院关于《担保法》的司法解释规定，抵押物因附合、混合或者加工而使其所有权为第三人所有的，抵押权的效力及于补偿金。本案中，原平房被翻盖为二层楼是物权法中所说的“附合”，其所有权为小东所有，这时原来平房上的抵押权消灭，大军可以就高某所得的补偿金优先受偿，但不能要求对小楼行使抵押权。如果本案中翻盖的小楼还属于高某所有，则大军可以就小楼主张抵押权。

★当抵押物变为赃物，债权人享有优先受偿权吗

【案例】

赵某向某银行贷款30万元购买汽车一部，并办理了车辆抵押登记手续。2007年1月，赵某因利用汽车犯罪被抓获，汽车被法院没收。2007年5月，银行对赵某提起民事诉讼，要求法院判令赵某归还贷款本息，并确认汽车抵押关系合法有效。那么，银行享有优先受偿权吗?

【法律解析】

在此案中，对于赵某所有的汽车，由于是抵押在先，而且银行是善意且无过失取得的抵押权，因而司法机关对汽车采取没收等判决并不影响银行汽车抵押权的合法存在，也就是说，银行不仅还拥有抵押权，而且还享有优先受偿的权利。当抵押物变成赃物时，债权人只要是合法取得债权，依然享有优先受偿权。

【法条链接】

《刑法》第六十条 没收财产以前犯罪分子所负的正当债务，需要以没收的财产偿还的，经债权人请求，应当偿还。

《担保法》第五十一条 在抵押人的行为足以使抵押物价值减少的情况下，银行有权要求抵押人恢复抵押物的价值，或者提供与减少的价值相当的担保。

★抵押权人放弃债务人的抵押，担保人可以免除担保责任吗

【案例】

甲向乙借款60万元，以自己的房屋作抵押并办理了抵押登记。同时，甲的好友丙也以自己的汽车为甲的抵押办了抵押登记。后来，甲与乙在合作中成为好友，乙对甲说："我相信你，房子抵押的事就算了。"把抵押合同当面撕毁。丙得知后，要求自己也不再承担抵押责任。丙的要求有法律依据吗？

【法律解析】

丙的要求有法律依据。如果在一个债权债务关系中，既有债务人的抵押，又有第三人的抵押，而债权人放弃债务人提供的抵押担保的，其他抵押人可以请求人民法院减轻或免除其担保责任。本案中债权人乙放弃了债务人甲的抵押担保，作为其他抵押人的丙有权请求人民法院减轻或者免除他的抵押担保责任。

★承包的土地能否用作抵押借款

【案例】

小李做生意急需一笔钱，于是向朋友小石借钱。他们签订了抵押借款合同，约定小石借款10万元给小李，小李把自己承包的五亩土地抵押给小石。后来小李生意亏本，只好按合同约定打算把土地转给小石。但是村干部得知后出面制止了他们，他们订立的合同无效。那么，承包的土地能否用作抵押借款呢？

【法律解析】

承包的土地不能用作抵押借款。根据《担保法》第三十四条和第三十七条的规定，除了抵押人依

法承包并且经发包方同意抵押的荒山、荒沟、荒丘、荒滩等荒地的土地使用权之外，耕地、宅基地、自留地、自留山等集体所有的土地使用权均不得抵押。抵押权作为一种担保物权，其担保物的范围应当符合法律规定，不能以承包的耕地作抵押。因此，小李与朋友小石签订以承包地作抵押进行借款的合同是无效的。

★房屋出租以后又抵押，抵押权人不能要求承租者搬迁

【案例】

乔某有一处楼房价值60万元，于2006年7月5日租给纪某居住，租期1年。同年7月15日，乔某向谢某借款40万元，以出租的楼房作为抵押，并办理了抵押登记手续。2007年3月，乔某欠谢某的债务到期无法清偿，便与谢某商议将该楼折价抵偿债务。谢某取得房屋后，要求承租人纪某搬出去。请问，抵押权人能要求承租者搬迁吗？

【法律解析】

此案中，抵押权人谢某不能要求承租人纪某搬迁。《物权法》规定，订立抵押合同前抵押财产已经出租的，原租赁关系不受抵押权的影响。订立抵押合同后抵押财产出租的，如果抵押经过登记，则抵押权优先于租赁权；如果抵押未经登记，则租赁关系仍不受抵押权的影响。本案中，租赁合同订立时间在抵押合同之前，因此纪某有权在该房内居住至租赁合同期满，谢某不得要求其搬迁。

劳动保障篇

——维护你的职场权益

应聘中的权益

★招工能以身高为由拒人于门外吗

【案例】

一企业在某中专院校招聘缝纫工。当小风兴致勃勃地前往应聘时，该企业却以其录取对象中已规定“男性身高1.70米、女性身高1.55米以上”为由，将身高不足1.70米的小风拒之于门外。那么，该企业的做法对吗?

【法律解析】

毋庸置疑，该企业的行为是错误的，小风有权请求有关部门（如劳动部门）确认该企业身高歧视的行为违法。我国宪法规定公民享有劳动的权利。这种权利除国家特殊职业需要并由法律、法规明确规定外，不分年龄、性别、高矮、长相等，平等地享有，不得含有任何歧视。上述企业招收的是缝纫工，并不属于法定的特殊工种，其以身高为条件，等于剥夺在此身高以下的公民的就业权、选择权，侵犯了公民的平等权，明显与法律抵触，必须予以取消。

【法条链接】

《劳动法》第三条第一款　劳动者享有平等就业和选择职业的权利、取得劳动报酬的权利、休息休假的权利、获得劳动安全卫生保护的权利、接受职业技能培训的权利、享受社会保险和福利的权利、提请劳动争议处理的权利以及法律规定的其他劳动权利。

★用人单位在招聘时应当告知哪些内容

【案例】

2008年11月，李某参加了一次招聘会，之后有一家公司通知李某面试。在面试过程中，该公司详细介绍了自己的发展历程，以及公司的企业文化。当李某问到工作地点及劳动报酬时，公司负责人称：“不确定，只要成为公司的员工就要服从分配，报酬问题根据工作业绩及个人表现来定。”听完之后李某很迷惑。请问：用人单位在招聘时应当告知哪些内容?

【法律解析】

用人单位故意隐瞒与订立合同有关的重要事实，致使劳动者在应聘时不能全面了解信息，这样在履行劳动合同时就会出现纠纷，给用人单位和劳动者造成不必要的麻烦。因此，用人单位在招聘时的如实告知义务包括两部分：一是法定告知内容；二是劳动者要求了解的与工作相关的内容。

★用人单位扣押职工的身份证合法吗

【案例】

小芳和朋友一起到省城一家工厂打工，企业负责人以加强管理为由扣留了她们的身份证。工作一段时间以后，小芳和朋友感觉身份证被扣很不方便。她们听厂里懂一些法律知识的人说，工厂这样做是违法的。那么，用人单位以加强内部管理为由扣押职工的身份证的做法合法吗?

【法律解析】

用人单位扣押职工的身份证是不合法的。用人单位建立完善的内部规章管理制度，加强对职工的管理是必要的，但不得违反法律、法规，不得侵犯职工的合法权益。用人单位以加强管理为由，扣押职工的身份证，变相限制工人的人身自由和择业自由，侵犯了职工的合法权益，也违反了国家法规。小芳她们有权向有关部门反映情况，要回自己的身份证，维护自己的合法权益。

★公司录用新员工时能否收取风险抵押金

【案例】

阿俊高中毕业后和朋友去某公司应聘，公司却提出要收取1000元风险抵押金。公司招聘人员同时还告诉阿俊，不愿意交风险抵押金就不录用。阿俊想知道，这种收取风险抵押金的行为合法吗?

【法律解析】

企业在招录员工与之签劳动合同的时候不能收取风险抵押金等。本案中，阿俊应聘的公司要求阿俊交纳风险抵押金，否则就不录用，这实际上是对劳动者一种变相的要挟、强迫。不仅违背了订立劳动合同应当遵循的平等、自愿、协商一致的原则，而且也违反了不得收取任何形式财物的法律、法规。

★职前培训是否应认为是劳动关系的建立

【案例】

蔡某和朋友一起应聘到一家工厂工作。在上岗前，工厂要对新员工进行为期2个月的培训。工厂主管跟蔡某他们说，培训期间不算正式工作，每个月只发给他们400元生活费。培训期满后，工厂按照蔡某他们在培训期间的表现，决定是否聘用他们。蔡某想知道，工厂主管的说法有法律依据吗?

【法律解析】

工厂主管的说法没有法律依据，因为自蔡某他们参加培训的第一天起即与工厂建立了劳动关系。根据有关法律规定，用人单位未在用工的同时订立书面劳动合同，与劳动者约定的劳动报酬不明确的，新招用的劳动者的劳动报酬按照集体合同规定的标准执行；没有集体合同或者集体合同未规定的，实行同工同酬。

劳动合同的签订与效力

★企业招工不签合同怎么办

【案例】

刘某到南方某企业工作，企业招工时根本不和他们签合同，而且将工资压得很低。厂方的人对他们说：“你们谁要签合同，立刻走人。”工人们害怕被辞退，都不敢提签合同的事。那么，企业招工不签合同怎么办?

【法律解析】

该工厂不签订劳动合同的情况，是严重的违法行为。《劳动法》规定，劳动合同应当以书面形式订立，明确劳动合同的必备条款和约定条款。这样依法订立的劳动合同便于操作，可以起到维护劳动者合法权益以及在发生劳动争议后分清双方法律责任的作用。本案中，工人可以就订立劳动合同以及和劳动合同有关的合法权益等事项向企业行政方面提出合理的要求，也可请厂工会出面协商解决这些问题，或者直接向当地政府和劳动行政管理部门反映情况，请他们依法给予公正解决。

★进入单位后，什么时候开始签劳动合同

【案例】

于某在某公司的试用期已经结束，但公司迟迟不与他签订正式的劳动合同。于某不熟悉法律，也不知道是否现在就与公司签订劳动合同。于某应什么时候与公司签订劳动合同呢?

【法律解析】

按照我国《劳动合同法》的规定，用人单位自用工之日起即与劳动者建立劳动关系。建立劳动关系，应当订立书面劳动合同。已建立劳动关系，未同时订立书面劳动合同的，应当自用工之日起一个月内订立书面劳动合同。因此，本案中，于某自到该公司正式工作之日起即可与公司签订劳动合同，若当时未签劳动合同，于某自他工作之日起一个月内可以要求与公司签订劳动合同。若公司自聘用他之日起，超过一个月不满一年未与他订立劳动合同，应当向他每月支付2倍的工资。

★利用假文凭骗取工作，劳动合同是否有效

【案例】

2008年6月，张某与某公司签订了一份为期2年的劳动合同。不料1个月后，公司发现张某的学历证书是假的，工作经历也是自己编的。请问，张某与该公司签订的劳动合同是否有效?

【法律解析】

张某使用伪造的学历证书与某公司签订的劳动合同是无效的，其行为属于欺诈。根据《中华人民共和国治安管理处罚法》（以下简称《治安管理处罚法》）第五十二条的规定，有下列行为之一的，处十日以上十五日以下拘留，可以并处一千元以下罚款；情节较轻的，处五日以上十日以下拘留，可以并处

五百元以下罚款：（一）伪造、变造或者买卖国家机关、人民团体、企业、事业单位或者其他组织的公文、证件、证明文件、印章的；（二）买卖或者使用伪造、变造的国家机关、人民团体、企业、事业单位或者其他组织的公文、证件、证明文件的。因此，张某的行为违法，应当予以处罚。

★什么样的劳动合同是无效的

【案例】

某公司在与赵某就劳动合同细节问题商谈时，完全背离实际情况，并作出了一些虚假的承诺，使赵某信以为真。赵某与该公司签订了合同后，发现公司当初给人的承诺不可能兑现。该合同是有效的吗？

【法律解析】

该合同无效。依据我国《劳动合同法》的相关规定，以欺诈、胁迫或者乘人之危的手段，使对方在违背真实意思的情况下订立或者变更劳动合同的，无效或部分无效。赵某是在被欺骗的情况下与公司签订劳动合同的，因此，该合同是无效的。

★劳动合同中“发生伤亡事故概不负责”的条款有效吗

【案例】

窦某与某建筑公司签订了一份为期3年的合同，合同中约定“发生伤亡事故，本公司概不负责”。不久，窦某在一次施工中不慎从脚手架上摔落，造成腰椎粉碎性骨折，下肢瘫痪，生活不能自理。事故发生后，窦某一家无力承担巨额的医疗费用，遂要求公司支付医疗费用。建筑公司以早有约定为由，拒绝支付。请问，窦某与公司签订的合同有效吗？

【法律解析】

窦某与建筑公司签订的合同中，“发生伤亡事故，本公司概不负责”的条款是无效的，其余部分，如果没有违反相关的法律规定，应视为有效。建筑行业是比较危险的行业，一些建筑公司为了减少支出，扩大收益，便会要求职工签订包含“发生伤亡事故，本公司概不负责”等类似条款的合同。这些条款加重了劳动者的负担，失之公平，因此不能成为免责事由，公司不能以此作为逃避责任的理由。窦某的家属可以主张权利，要求建筑公司支付医疗费用。

★集体合同只适用于在职员工吗

【案例】

2008年5月，郭某与一家贸易公司签订了劳动合同，合同约定每月工资1200元。工作后郭某得知，公司与工会在2007年曾签订过一份集体合同，约定职工每月工资不低于1500元。之后郭某找公司要求提高工资，但是公司说该集体合同只适用于当时在职的员工。公司的说法正确吗?

【法律解析】

公司的说法不正确。集体合同是由工会或者职工代表与用人单位订立的书面协议，目的是维护企业全体劳动者的合法权益。因此，只要集体劳动合同是经过合法程序订立并报送劳动行政部门审核通过，在合同有效期内，对本单位所有劳动者都具有约束力。即使郭某在集体合同订立后才进入公司，对他也同样有效。

【法条链接】

《劳动合同法》第五十四条 集体合同订立后，应当报送劳动行政部门；劳动行政部门自收到集体合同文本之日起十五日内未提出异议的，集体合同即行生效。依法订立的集体合同对用人单位和劳动者具有约束力。

★劳动合同对劳动报酬和劳动条件约定不明怎么办

【案例】

周某在与某公司签订劳动合同时，约定每月基本工资为2000元，但是没有明确约定奖金的发放规则。同时，休假制度也没明确约定。正式上班后，公司有时要求周某休双休日，有时又采取轮休制。此外，工作了一个月，周某都不知道自己的职位是什么，具体做什么工作，只是一味地做些打杂的工作。这种情况要如何处理?

【法律解析】

根据我国《劳动合同法》的规定，周某可就职位、报酬等与用人单位协商，协商不成的，则适用集体合同规定；没有集体合同或者集体合同未规定劳动报酬的，实行同工同酬。

【法条链接】

《劳动合同法》第十八条　劳动合同对劳动报酬和劳动条件等标准约定不明确，引发争议的，用人单位与劳动者可以重新协商；协商不成的，适用集体合同规定；没有集体合同或者集体合同未规定劳动报酬的，实行同工同酬；没有集体合同或者集体合同未规定劳动条件等标准的，适用国家有关规定。

第五十五条　集体合同中劳动报酬和劳动条件等标准不得低于当地人民政府规定的最低标准；用人单位与劳动者订立的劳动合同中劳动报酬和劳动条件等标准不得低于集体合同规定的标准。

★劳动合同无效，已付出劳动的劳动者还能拿到工钱吗

【案例】

曲某与某公司签订了劳动合同，合同约定曲某的薪金按年计算。最近，曲某的朋友某律师事务所律师孔某到曲某家中做客，无意中看到了这份合同。孔某立即指出该合同有重大瑕疵，是无效合同。曲某很着急，1年的期限将到，如果这份合同是无效合同，这一年岂不是白干了。曲某拿不到工资了吗？

【法律解析】

尽管合同无效，但曲某已经付出了劳动，应该取得这一年的报酬。市场经济中，有付出就会有回报，而且付出与回报一定是等价的。只有遵循这个基本原则，市场经济秩序才不会出现混乱。因此，国家会制定相关的法律保证市场有序运转。本案中，即使曲某与该公司签订的合同被确认为无效合同，但对于曲某已付出的劳动，还是要给予相应的报酬的。

★什么情况下应签订无固定期限劳动合同

【案例】

蒋某是某企业的一名职工，在企业连续工作了9年多时间。企业以前一直跟蒋某签订的是集体劳动合同。蒋某想咨询的是，在企业工作满10年后，如果蒋某愿意继续在企业工作，企业是否应当与蒋某签订无固定期限劳动合同？

【法律解析】

订立无固定期限劳动合同有协商订立和法定订立两种。当蒋某在该企业连续工作满10年后，如果向企业提出签订无固定期限劳动合同的请求，则企业应当与他签订无固定期限劳动合同。

【法条链接】

《劳动合同法》第十四条　无固定期限劳动合同，是指用人单位与劳动者约定无确定终止时间的劳动合同。

用人单位与劳动者协商一致，可以订立无固定期限劳动合同。有下列情形之一，劳动者提出或者同意续订、订立劳动合同的，除劳动者提出订立固定期限劳动合同外，应当订立无固定期限劳动合同：

（一）劳动者在该用人单位连续工作满十年的；

（二）用人单位初次实行劳动合同制度或者国有企业改制重新订立劳动合同时，劳动者在该用人单位连续工作满十年且距法定退休年龄不足十年的；

（三）连续订立二次固定期限劳动合同，且劳动者没有本法第三十九条和第四十条第一项、第二项规定的情形，续订劳动合同的。

用人单位自用工之日起满一年不与劳动者订立书面劳动合同的，视为用人单位与劳动者已订立无固定期限劳动合同。

★用人单位能任意与劳动者约定违约金吗

【案例】

何某在与一家公司就合同问题协商时，规定了这样的条款：何某在合同履行期间，出现违约行为，依照本协议，无条件支付违约金10

万元。请问，用人单位能任意与劳动者约定违约金吗?

【法律解析】

为了维护劳动者的利益，我国《劳动合同法》明确规定，除法律规定的特定情况外，用人单位不得与劳动者约定由劳动者承担违约金。

【法条链接】

《劳动合同法》第二十二条 用人单位为劳动者提供专项培训费用，对其进行专业技术培训的，可以与该劳动者订立协议，约定服务期。

劳动者违反服务期约定的，应当按照约定向用人单位支付违约金。违约金的数额不得超过用人单位提供的培训费用。用人单位要求劳动者支付的违约金不得超过服务期尚未履行部分所应分摊的培训费用。

用人单位与劳动者约定服务期的，不影响按照正常的工资调整机制提高劳动者在服务期期间的劳动报酬。

第二十三条 用人单位与劳动者可以在劳动合同中约定保守用人单位的商业秘密和与知识产权相关的保密事项。

对负有保密义务的劳动者，用人单位可以在劳动合同或者保密协议中与劳动者约定竞业限制条款，并约定在解除或者终止劳动合同后，在竞业限制期限内按月给予劳动者经济补偿。劳动者违反竞业限制约定的，应当按照约定向用人单位支付违约金。

第二十五条 除本法第二十二条和第二十三条规定的情形外，用人单位不得与劳动者约定由劳动者承担违约金。

★没签订劳动合同，如何证明存在劳动关系

【案例】

2007年6月，某公司宣布陈某转正，本应给陈某发全额工资，但一直未发，而且找各种理由不与陈某签订劳动合同。7月份，陈某突然接到通知说公司开不下去，让陈某另谋职业。可是当陈某找老板谈工资

的事，老板却一直推托。请问，没签订劳动合同，如果申请仲裁，如何证明双方存在劳动关系？

【法律解析】

根据《劳动和社会保障部关于确立劳动关系有关事项的通知》的规定，用人单位未与劳动者签订劳动合同，认定双方存在劳动关系时可参照下列凭证：工资支付凭证或记录、缴纳各项社会保险费的记录；用人单位向劳动者发放的“工作证”“服务证”等证件；用人单位招工招聘“登记表”“报名表”等；考勤记录；其他劳动者的证言等。因此，如果用人单位未与陈某签订劳动合同，他可以通过以上途径证明双方存在劳动关系。

劳动合同的解除与终止

★用人单位违法终止劳动合同怎么办

【案例】

2007年5月，阿超到一家物流公司工作，当时公司和阿超签订了1年的劳动合同。但是后来公司将合同收回，重新与阿超签订了一份6个月的合同。现在合同已到期，公司不再与阿超续签，而且任何补偿都不给。请问，公司这种做法合法吗？

【法律解析】

公司的这种做法不合法。《劳动合同法》第四十六条第五项规定，自然终止固定期限劳动合同的也要支付经济补偿金。阿超所在的公司为了尽可能降低解雇成本，将合同期限缩短至半年，是为了避免解除劳动合同时支付劳动者经济补偿金。按照原合同的规定，自然终止时间应该为2008年5月，现在该公司等于是提前终止合同。因此，阿超可以向劳动保障部门反映。

★无固定期限的劳动合同可以提前解除吗

【案例】

2007年，小李与某销售公司签订了劳动合同。1年后，公司认为小李的工作能力很强，于是与小李签订了无固定期限的劳动合同。可自此之后，小李经常迟到早退，有事外出也不请假。2009年1月，单位通知小李已被辞退，理由是小李累计旷工10天，严重违反公司制度。请问，无固定期限的劳动合同可以提前解除吗？

【法律解析】

无固定期限的劳动合同可以提前解除。无固定期限的劳动合同是用人单位与劳动者约定无确定终止时间的劳动合同，它的法律效力可以一直延续到劳动者退出工作岗位或者因发生意外事故而丧失劳动能力时为止。但如果出现法定解除合同的情形，无固定期限的劳动合同也可以提前解除。本案中，用人单位虽然与小李签订了无固定期限的劳动合同，但他严重违反公司制度，根据《劳动合同法》第三十九条的规定，用人单位可以解除劳动合同。

★对于兼职者用人单位可以解除劳动合同吗

【案例】

史某是某县医院的聘用医生，由于她比较擅长外科治疗，经朋友介绍，史某周末到一家民办医院做兼职。后来史某工作的县医院知道了，提出要与史某解除劳动合同。请问，用人单位是否可以因史某兼职就解除与史某的劳动合同？

【法律解析】

根据《劳动合同法》规定，如果劳动者兼职，用人单位要解除劳动合同，需要通过两种方式：一是证明劳动者因为同时与其他用人单位建立劳动关系，严重影响了本单位的工作任务的完成；二是发现劳动者有兼职的现象时，先向劳动者提出，如果劳动者拒不改正的，则可以解除合同。本案中，除非县医院能证明史某因为兼职而严重影响了对本单位工作任务的完成，或经提出，史某拒不改正的，才可以与史某解除劳动合同。

★住院时合同到期，单位可否按期终止合同

【案例】

钱某因病需要住院，因为钱某与单位签的合同还有1个月就要到期，所以公司负责人说住院不能超

过1个月，1个月后要准时回单位办理劳动合同终止手续。请问，住院时合同到期，单位可否按期终止合同？

【法律解析】

住院时合同到期单位不可以终止合同。我国《劳动法》的相关司法解释规定，劳动者在医疗期、孕期、产期和哺乳期内，劳动合同期限届满时，用人单位不得终止劳动合同。劳动合同的期限应自动延续至医疗期、孕期、产期和哺乳期期满为止。本案中，钱某住院时劳动合同期限届满，用人单位不得终止与他的劳动合同，单位应当给他补发工资并报销医疗费至医疗期满为止。

【法条链接】

《关于贯彻执行〈中华人民共和国劳动法〉若干问题的意见》（以下简称《劳动法意见》）第三十四条 除劳动法第二十五条规定的情形外，劳动者在医疗期、孕期、产期和哺乳期内，劳动合同期限届满时，用人单位不得终止劳动合同。劳动合同的期限应自动延续至医疗期、孕期、产期和哺乳期期满为止。

★企业重组能否与职工解除劳动合同

【案例】

段某是一家国有企业职工，企业现在已实施重组。如果企业以重组为理由，说订立劳动合同时所依据的客观情况发生重大变化，致使原劳动合同无法履行，企业能否与职工解除劳动合同？解除劳动关系后，企业需要支付职工经济补偿吗？

【法律解析】

用人单位重组后，应当由重组后的单位继续与职工履行原劳动合同。由于重组导致原劳动合同不能履行的，企业与职工应当依法变更劳动合同。不能变更的，企业可解除劳动合同，但应当支付给职工经济补偿。

★公司董事会决议裁员，就要被辞退吗

【案例】

张某是一名转制企业的职工，

在企业转制前已经在公司连续工作了14年。企业转制后，张某继续在转制后的公司工作，在企业转制时每个职工还都获得了股份。企业转制满3年时，公司董事会决定凡职工年龄超过55周岁便不再继续录用。张某因为年满55周岁，依公司规定，将面临失业。请问：公司能否辞退张某？

【法律解析】

企业裁员或者与本单位职工解除劳动合同，应当符合《劳动法》等相关的法律、法规规定的法定条件和程序。张某所在公司在不符合裁员的法定条件的情况下，只是通过董事会决议作出凡职工年龄超过55周岁便不再继续录用的决定没有法律依据，不符合有关法律的要求。因此，公司不能辞退张某。

★什么情况下劳动者可以解除合同

【案例】

不久前，某污水治理厂的大批职工出现中毒现象。经调查，发现是由于经过治理的水不小心渗入饮水管道，致使食用过饮水管道的水的职工全部中毒。经过抢救，中毒的职工都脱离了生命危险，但职工们决定与该厂解除劳动合同。这样做可以吗？

【法律解析】

职工们可以这样做。我国《劳动合同法》明确规定，用人单位的规章制度违反法律、法规的规定，损害劳动者权益的，劳动者可以解除劳动合同。该厂没有及时地更新污水治理设备，致使大批职工饮水中毒，职工们可以解除合同。

★职工可以随时解除劳动合同吗

【案例】

2008年3月1日，小孙到一家民营企业应聘，当时签了于3月1日至6月1日共3个月试用期的临时合同。6月2日签了正式合同，工资也按转正工资发放。现单位要给小孙调岗位，小孙不接受，他们就直接下发调岗通知，并消除小孙原工作部门上班的签到指纹，告知小孙不到调岗后的部门报到就算小孙旷工。小孙认为自己有权不接受其他的岗位。那么，小孙应该怎样解除劳动合同呢?

【法律解析】

《劳动法》第三十二条规定了劳动者可以随时解除劳动合同的三种情形，如果小孙符合其中情形之一，就可以随时解除合同。否则，他要解除劳动合同，应当提前30天以书面形式通知用人单位。

★解除合同，押金还能要回吗

【案例】

赵某与某公司签订了为期2年的劳动合同，并按约定缴纳了2000元的押金。现在赵某已经在该公司工作了3个月，但该公司一直没有给赵某发工资。请问，如果赵某想离开该公司，他缴纳的押金还能要回来吗?

【法律解析】

根据《劳动合同法》的有关规定，用人单位招用劳动者，不得扣押劳动者的居民身份证和其他证件，不得要求劳动者提供担保或者以其他名义向劳动者收取财物。本案中，赵某所在公司收取押金的行为是违法的，无论他是否离开，押金都应该如数返还。

★劳动者可以不事先通知用人单位，随时解除劳动合同吗

【案例】

冯某与某销售公司签订劳动合同。合同约定，冯某的月薪为2000元。1个月后，冯某足额领到第1个月的工资。但是，自第2个月开始，公司声称冯某的工作业绩不好，要求减薪。冯某不服，向公司抗议无果后，遂宣布与该公司解除劳动关系。公司以单方面不能解约为由，拒绝冯某辞职。冯某可以单方面宣布解约吗?

【法律解析】

冯某可以单方面宣布解约。作为劳动者，在就业关系中本来就属于弱势群体，其合法权益很容易受到侵害。对此，立法机关在立法时，制定相应的保护条款也是理所当然。本案中，公司减少冯某的薪金，与最初的约定相违背。冯某工作业绩的好坏与约定好的薪金是没有关系的，用人单位的行为属于无

故克扣工资的行为，该行为严重地侵害了冯某的合法权益。根据相应的法律规定，冯某可以单方面宣布解除与用人单位的劳动关系。

★员工单方解除合同需要赔偿吗

【案例】

郑某毕业后到某公司应聘成功，双方约定郑某工作岗位为办公室主任。但工作后公司却让郑某去街头发小广告，而且每天都规定任务，要求郑某从早上8点一直发到晚上7点，并称不这样工作就不发工资。郑某向公司提出异议，但公司却拿出劳动合同称：不干可以，但必须按照劳动合同赔偿单位损失2000元。请问：郑某是否有权解除劳动合同？解除后是不是要赔钱呢？

【法律解析】

我国有关法规规定，用人单位的规章制度违反法律、法规的规定，损害劳动者权益的，劳动者可以解除劳动合同。用人单位以暴力、威胁或者非法限制人身自由的手段强迫劳动者劳动的，或者用人单位违章指挥、强令冒险作业危及劳动者人身安全的，劳动者可以立即解除劳动合同，不需事先告知用人单位。本案中，郑某去公司工作后，用人单位未按承诺安排工作，对此，郑某可以理直气壮地解除劳动合同，不必赔偿单位损失。

【法条链接】

《劳动合同法》第三十八条　用人单位有下列情形之一的，劳动者可以解除劳动合同：

（一）未按照劳动合同约定提供劳动保护或者劳动条件的；

（二）未及时足额支付劳动报酬的；

（三）未依法为劳动者缴纳社会保险费的；

（四）用人单位的规章制度违反法律、法规的规定，损害劳动者权益的；

（五）因本法第二十六条第一款规定的情形致使劳动合同无效的；

（六）法律、行政法规规定劳动者可以解除劳动合同的其他情形。

用人单位以暴力、威胁或者非法限制人身自由的手段强迫劳动者劳动的，或者用人单位违章指挥、强令冒险作业危及劳动者人身安全的，劳动者可以立即解除劳动合同，不需事先告知用人单位。

★解除合同后单位拒绝出具证明怎么办

【案例】

房某与某公司签订了一份劳动合同，工作了一段时间后，房某和公司协商解除了劳动合同。之后房某到一家外资企业应聘，但是该外资企业要房某提供与原公司解除劳动合同的证明，而原公司拒绝提供。请问，房某该怎么办？

【法律解析】

房某与原公司协商一致后解除了劳动合同，该公司以各种理由不提供给房某解除劳动合同的证明，这种行为是违法的。《劳动合同法》第八十九条规定，用人单位违反本法规定未向劳动者出具解除或者终止劳动合同的书面证明，由劳动行政部门责令改正；给劳动者造成损害的，应当承担赔偿责任。因此，房某可以向劳动行政部门求助，责令原公司为他出具解除劳动合同的证明。

★开始享受养老保险，劳动合同就应终止吗

【案例】

2007年，杜某与某工厂续订了期限为3年的合同。但是从2008年开始，杜某已经到了法定退休年龄，开始领取养老保险金。厂方要终止与杜某的劳动合同并为杜某办理退休手续，而且从办理退休手续后就不给杜某发工资了。可杜某认为劳动合同还未到期，应该等期满时再办退休手续。请问，厂方这种单方解除劳动合同的行为是否违法？

【法律解析】

厂方的这种行为不违法。劳动者在与用人单位签订劳动合同时，应当考虑年龄因素。一旦开始依法享受基本养老保险待遇，劳动合同就无法继续履行，即使劳动合同未到期，也只能终止合同。本案中，杜某已经到了退休年龄，厂方依法

为他办理退休手续符合法律规定。

★用人单位解除与被判刑劳动者的合同要支付违约金吗

【案例】

某设备制造公司职工崔某工作期间作风懒散，领导批评无效后，就将他调去检修设备。崔某心怀不满，将车间数十台生产设备全部砸烂，被人民法院以破坏生产经营罪判处管制6个月。同时，该公司决定解除与崔某的劳动合同。崔某以合同没到期为由，要求公司承担违约责任，赔偿违约金。崔某的要求合理吗?

【法律解析】

崔某的要求不合理。崔某因破坏公司的生产设备，被依法追究刑事责任，用人单位依据《劳动合同法》第三十九条的相关规定，可以解除与崔某的劳动合同。同时，由于该制造公司是依据法律相关规定解除劳动合同的，因此不存在违约问题，不必承担违约责任，公司也无须给予崔某相应的经济补偿。

★缓刑犯被解除劳动合同是否合理

【案例】

2008年龚某与某企业签订了为期5年的劳动合同。后来，他因故意伤害他人，被法院判处1年有期徒刑，缓刑2年。宣判后，企业通知龚某解除劳动合同。但龚某认为他与单位签订的劳动合同还没有到期，缓刑期间仍可以在企业上班。请问：企业与龚某解除劳动合同的做法是否合理?

【法律解析】

该企业的做法是合理的。宣告缓刑只是犯罪分子在执行刑期时视情况而定，不用到监狱服刑，其本身还是被追究了刑事责任。该企业依照有关法律规定，可以选择与龚某解除劳动合同。

★企业可以辞退即将退休的老员工吗

【案例】

老杨是某电器厂的老员工，再过2年就要退休了。30年前，电器厂刚创办的时候，老杨就成为该厂第一代员工。现在，电器厂由当初的小作坊发展成为几千人的大企业。没想到却遭遇了金融危机，为应对困境，电器厂决定压缩编制、裁减职工。那么，电器厂可以辞退老杨吗？

【法律解析】

电器厂不能辞退老杨。本案中，老杨作为老职工，如果被辞退，再就业的可能性不大。其社会保险以及基本生活来源无法保障，老杨的生活就会陷入困境。对此，法律规定，凡在本单位连续工作满15年，且距法定退休年龄不足五年的职工，用人单位不能与其解除劳动合同。老杨在陶瓷厂工作30年了，距法定退休年龄只有2年，符合条件，所以老杨不能被辞退。

薪酬待遇与休息休假

★工作日怎么计算

【案例】

叶某是某公司职工，月工资标准1500元。公司决定实行日工资制后，叶某拿到工资1046元，比以前少了454元。满头雾水的叶某找到公司经理询问此事。经理称用月工资标准1500元除以每月30天得出日工资50元，每月除去公休日的平均实际工作天数为20.92天，按日工资制计算，50元乘以20.92天，所得月工资就是1046元。工作日是这样计算的吗？

【法律解析】

工作日不是这样计算的。正确的计算方式应是全年日历天数365天减去法定休息日10天，再减去公休日104天，所得天数再除以12，最终得出的是每月平均工作天数20.92天。此处，案例中的某公司恶意混淆概念，用1500元的基准工资除以30天，得出日工资数额为50元，这种算法是错误的。应该用1500元除以每月平均工作天数20.92天，这样得出正确的日平均工资数额71.7元，再乘以实际工作天数20.92，得出叶某的工资还是1500元，没有减少。

★非全日制用工的薪酬是如何计算的

【案例】

蔡某是小时工，工作内容是按照雇佣人的要求，从事清洁工作。因此，蔡某没有固定的工作时间和工作地点，薪金按照一月一结算是不可能的，他的薪酬该怎么计算呢?

【法律解析】

蔡某属于非全日制用工。按照我国《劳动法》的规定，非全日制用工，以小时计酬为主，但也不排除其他合理的计算方式。尽管是按小时计酬，但是每小时的酬金不能低于用人单位所在地人民政府规定的最低小时工资标准。

★非全日制用工每天都要工作吗

【案例】

某知名快餐企业大量雇佣兼职人员，兼职人员与企业签订的是非全日制劳动协议，约定工资以小时计算，但同时要求一周7天都要工作。那么，非全日制用工每天都要工作吗?

【法律解析】

法律没有明确规定非全日制用工每天都要工作，只是对每天工作时间的上限作出了规定。按照规定，非全日制用工的劳动时间平均每日不得超过4小时，每周累计不得超过24小时。需要注意的是，这里规定的工作时间是指在同一用人单位累计的工作时间。也就是说，非全日制用工可以每天在一个或一个以上的用人单位工作。工作时间按照法律规定执行即可。

★加班工资应按照什么标准计算

【案例】

张某在一家信息技术公司从事研发工作。根据公司要求，9月期间，张某周末基本上都在加班。可是在月底结算工资时，公司财务给他的加班日工资是按照张某的月工资除以30天计算的。请问：公司财务计算加班工资的标准是否正确?

【法律解析】

张某公司财务计算加班工资的标准不正确，应当按照他的月工资标准除以21.5天进行折算。

★未签劳动合同，双倍工资应从何时起算

【案例】

康某从2009年10月开始在某公司上班，半年来，该公司给康某涨了工资，但是一直没有签订书面劳动合同，康某听说这样公司应支付双倍工资。请问，应支付双倍工资的时间从什么时候开始起算？

【法律解析】

用人单位自用工之日起超过1个月不满1年未与劳动者订立书面劳动合同的，应当向劳动者每月支付2倍的工资。用人单位违反本法规定不与劳动者订立无固定期限劳动合同的，自应当订立无固定期限劳动合同之日起向劳动者每月支付2倍的工资。因此，康某的双倍工资支付时间应从用工之日起超过1个月时，即2009年11月起算。

【法条链接】

《劳动合同法》第八十二条 用人单位自用工之日起超过一个月不满一年未与劳动者订立书面劳动合同的，应当向劳动者每月支付二倍的工资。

用人单位违反本法规定不与劳动者订立无固定期限劳动合同的，自应当订立无固定期限劳动合同之日起向劳动者每月支付二倍的工资。

★有医保住院后就不发工资吗

【案例】

1999年起，孙某开始在一家钢铁厂工作，厂里为孙某办理了基本医疗保险并按期缴纳了医疗保险费。2008年6月，孙某因脑血栓到医院治疗。可是住院之后，厂里就停发了孙某的工资，理由是公司已经为孙某缴纳了医疗保险费。请问，有医保住院后就不发工资吗？

【法律解析】

《劳动保险条例》规定，工人

与职员疾病或非因工负伤停止工作医疗时，其停止工作医疗期间连续在六个月以内者，按其本企业工龄的长短，由该企业行政方面或资方发给病伤假期工资，其数额为本人工资百分之六十至百分之一百。本案中，钢铁厂的做法显然不符合上述规定，孙某可向劳动仲裁机构申请仲裁，请求补发住院期间的病假工资。

【法条链接】

《劳动保险条例》第十三条 工人与职员因病或非因工负伤停止工作医疗时，其停止工作医疗期间连续在六个月以内者，按其本企业工龄的长短，由该企业行政方面或资方发给病伤假期工资，其数额为本人工资百分之六十至百分之一百；停止工作连续医疗期间在六个月以上时，改由劳动保险基金项下按月付给疾病或非因工负伤救济费，其数额为本人工资百分之四十至百分之六十，至能工作或确定为残废或死亡时止。详细办法在实施细则中规定之。

★加班费能计入最低工资吗

【案例】

魏某在一家塑料厂作裁剪工，双方签订了一份劳动合同。合同约定，合同有效期为3年，月工资300元。后来魏某从电视里得知，当地的最低工资标准为400元，于是魏某要求将每月工资提高至400元。但厂方认为把加班费合算起来，每月实际收入远远高于400元。请问，加班费能计入最低工资吗？

【法律解析】

加班费不能计入最低工资，因为最低工资不包括延长工作时间的工资报酬及食宿补助等其他福利。该塑料厂每月实际给魏某的钱，虽然把加班费合算起来高于最低工资标准，但实际工资却低于最低工资标准。魏某可以要求厂方补足差额部分，如果厂方拒绝，他可向劳动争议仲裁委员会申请仲裁，对仲裁不服，还可以向法院起诉。

★工资可以用实物代替吗

【案例】

2008年，因金融危机，某服装厂生产的大量服装积压，导致资金周转不开，无力向职工发放工资。于是，该厂决定当月的工资用产品代替，职工领取与工资数相符的产品，鼓励职工自己销售产品以换成货币。请问：该服装厂的行为合法吗？

【法律解析】

该服装厂的做法违反了《劳动法》的相关规定。《劳动法》对工资的概念作了明确的解释，是指用人单位依据国家有关规定或劳动合同的约定，以货币形式直接支付给本单位劳动者的劳动报酬，一般包括计时工资、计件工资、奖金、津贴和补贴、延长工作时间的工资报酬以及特殊情况下支付的工资等。工资的支付只能采取货币形式，不能以任何物品代替。本案中，服装厂不发放工资，而是发放产品，让职工自己去卖钱，这种行为是不合法的。

【法条链接】

《劳动法》第五十条　工资应当以货币形式按月支付给劳动者本人。不得克扣或者无故拖欠劳动者的工资。

★什么情况下工资可以延迟支付

【案例】

老李是某楼盘的木工工人，因开发商与承建商发生债务纠纷，导致老李的工资被拖欠。请问：老李能否索要他的劳动报酬？

【法律解析】

根据劳动部《关于印发对〈工资支付暂行规定〉有关问题的补充规定的通知》，用人单位可以延迟支付工资的情况有：（一）用人单位遇到非人力所能抗拒的自然灾害、战争等原因，无法按时支付工资；（二）用人单位确因生产经营困难、资金周转受到影响，在征得本单位工会同意后，可暂时延期支付劳动者工资，延期时间的最长限制可由各省、自治区、直辖市劳动行政部门根据各地情况确定。债务纠纷不是延迟支付工资的理由，老李可以向用人单位索要劳动报酬。

【法条链接】

《工资支付暂行规定》第八条 对完成一次性临时劳动或某项具体工作的劳动者，用人单位应按有关协议或合同规定在其完成劳动任务后即支付工资。

★单位是否应按提高的护士工资标准执行

【案例】

王某在某附属医院从事临床护理20余年，一直享受护龄津贴及提高工资10%的待遇。近几年因工作需要，王某从事护理教学工作，但未脱离护理岗位。可是自2007年11月起单位取消了王某工资标准提高的部分。王某很疑惑自己始终从事护理工作，为什么还要取消那10%的工资待遇？

【法律解析】

本案中，王某在医院从事临床护理已满20年，即使她现在从事的是护理教学工作，只要还在医疗卫生机构工作，就应该按原来的标准执行，医院不应该取消王某工资标准提高的部分。

★合同无效就可拒付工资吗

【案例】

杨某与某公司签订了为期1年的劳动合同。工作1个月后，公司发现杨某的工作能力与学历很不相符，经核实证明，杨某的学历证明是假的。公司以劳动合同无效为由拒付杨某工资。请问，合同无效就可以拒绝支付工资吗？

【法律解析】

本案中，公司应当支付杨某工资。《劳动法》规定，采取欺诈的手段订立的劳动合同无效。不过，虽然无效的劳动合同不受员工法律保护，但是在劳动合同履行过程中，劳动者已经付出了劳动的，用人单位应当向劳动者支付劳动报酬。

★公司被取缔，应找谁讨要工资

【案例】

刘某几个月前到某公司应聘销

售助理，上班后发现这家公司不正规，并且公司一直拖欠他的工资不给。后来，该公司因没有营业执照被工商局取缔。请问，公司被取缔，刘某应该向谁讨要工资呢？

【法律解析】

无营业执照经营的单位不属于《劳动合同法》规定的用人单位，其与劳动者订立的劳动合同因主体违反法律规定属于无效合同。根据公平原则，无营业执照经营的单位被依法处理的，该单位的劳动者已经付出劳动的，仍应获得相应的劳动报酬。刘某可要求被处理的单位或者其出资人向他支付工资。

★因出庭作证而耽误工作，公司可以扣发工资吗

【案例】

梁某是某公司的工作人员，因他是一次交通事故的目击证人而被法院传唤，要求梁某出庭作证。梁某将此事告知公司，希望公司可以批假，但公司拒不批假。梁某无奈，只得旷工去法院出庭作证。没想到公司却以梁某无故旷工为由，将梁某当天的工资扣除。请问：该公司的行为合法吗？

【法律解析】

该公司的行为违反了《劳动法》的相关规定。依法参加社会活动是劳动者的政治权利，受法律保护。劳动者在法定工作时间参加社会活动，应视为提供了正常劳动，用人单位应向劳动者支付工资。本案中，梁某依法院要求出庭作证，应视为参与社会活动，是梁某法定的政治权利和自由，用人单位不能以任何理由扣发作证期间的工资。

【法条链接】

《劳动法》第五十一条 劳动者在法定休假日和婚丧假期间以及依法参加社会活动期间，用人单位应当依法支付工资。

★企业停工期间职工们领不到工资吗

【案例】

某加工厂因为要检修设备，全厂职工停工半个月。厂里宣布，停工期间，因为全厂职工没有参与劳动，因此半个月的工资将被扣除。

请问，该加工厂的行为合法吗？

【法律解析】

该加工厂的行为违反了《劳动法》的相关规定。非因劳动者原因造成单位停工、停产在一个工资支付周期内的，用人单位应按劳动合同规定的标准支付劳动者工资。这里所说的一个工资支付周期，是指前后两个工资发放日之间的时间。本案中，该加工厂每月支付劳动者工资，也就是说加工厂的工资支付周期是1个月。由于检修设备，全厂停工半个月，不到1个工资支付周期，且并非劳动者的原因所致，因此，加工厂要正常支付劳动者工资。

★医疗待遇分正式工和试用期职工吗

【案例】

夏某在某公司正处于试用期，不久前在医院检查身体时，夏某被诊断出患有慢性鼻窦炎，需进行治疗。夏某以前听人说有医疗保险的，在治疗期间可报销一定的医疗费用，但他不知道像他这种还在试用期的员工，有无此项待遇？

【法律解析】

《劳动法》并没有对正式职工和试用期职工作出不同的规定，因此，只要劳动合同有效，试用期职工也享受医疗待遇，用人单位不能以不是正式职工，不享受有关医疗费用为借口，逃避责任。

★具备什么条件才能领取失业保险金

【案例】

邓某是一名国有企业职工。2007年，因为单位一直没有给邓某安排具体工作，只发待岗工资每月400元，邓某就没有上班。后来单位通知邓某60天内不到单位报到就解除劳动关系，之后邓某和单位签订了解除劳动关系的协议，到就业局进行了档案寄存，办理了《再就业优惠证》。可是2008年3月邓某去就业局领失业保险金时，工作人员说邓某不符合条件不能领取失业保险金。请问：具备什么条件才能领取失业保险金？

【法律解析】

相关法规规定，领取失业保险金的条件之一是非因本人意愿中断就业，对于自愿离职而失业的人员是被排除在享受失业保险待遇之外的。本案中，如果是邓某自愿解除劳动关系的，那他就不符合申请领取失业保险金的条件。

★不定时工能否索要加班费

【案例】

高某是有线电视的维修员，隶属于县广播电视局。因为工作的性质高某每天都要上班，只要有用户收看不到有线电视，无论刮风下雨，高某在24小时内必须检修好。请问，高某能否向单位索要加班费？

【法律解析】

高某不能向单位索要加班费。《工资支付暂行规定》对劳动者在法定标准工作时间以外工作的工资支付标准作出了详细的规定，其中明确指出，实行不定时工时制度的劳动者，不执行上述规定。因为高某是有线电视维修员，属于不定时工时制度的劳动者，所以他不能向单位索要加班费。

【法条链接】

《工资支付暂行规定》第十三条 用人单位在劳动者完成劳动定额或规定的工作任务后，根据实际需要安排劳动者在法定标准工作时间以外工作的，应按以下标准支付工资：

……

实行不定时工时制度的劳动者，不执行上述规定。

★申请劳动仲裁超过时效的，工资能要回吗

【案例】

李某所在单位因经营困难，已拖欠李某好几个月的工资，后李某决定辞职，单位同意，但还是没给工资，李某便让单位打了张欠条。1年后李某再去找单位要，仍然不给，李某无奈只好申请劳动仲裁，但劳动仲裁委员会说已超过时效，不予受理。请问，李某该怎么办？

【法律解析】

根据有关法律规定，劳动争议申请仲裁的时效为1年，因此，李某在1年后申请劳动仲裁确已超过时效。但有关司法解释规定，劳动者以用人单位的工资欠条为证据直接向人民法院起诉，诉讼请求不涉及劳动关系其他争议的，视为拖欠劳动报酬争议，按照普通民事纠纷受理。因此，李某可以把该欠条作为证据，采取诉讼方式解决。

★员工自愿加班，索要加班工资无依据

【案例】

谢某是某外资公司的职员，工作期间，谢某努力工作，经常在下班后自动加班完成当日工作任务。合同期限届满时谢某表示不再续签劳动合同，同时要求公司支付其1年内延长工作时间的加班工资。但公司以未安排谢某加班，他加班是个人自愿的行为为由拒绝支付加班工资。那么，谢某自愿加班能否获得加班费呢?

【法律解析】

谢某自愿加班不能获得加班费。用人单位支付加班工资的前提是用人单位根据实际需要安排劳动者在法定标准工作时间以外工作，即由用人单位安排加班的，用人单位才应支付加班工资。如果不是用人单位安排加班，而由劳动者自愿加班的，用人单位依据以上规定可以不支付加班工资。本案中，谢某平时的加班不是由公司安排的，而是他自愿进行的。因此，谢某要求公司支付其加班工资缺乏依据。

★职工未休年假公司是否应当补偿

【案例】

张某是一名公司职员，在公司已经连续工作了3年时间。他想知道，如果是因为公司的原因，导致职工没有在规定的年休假内休假，公司是否应当给予适当的补偿?

【法律解析】

根据《职工带薪年休假条例》

的规定，单位确因工作需要不能安排职工休年休假的，公司应当补偿。因此，张某所在的公司应对张某给予适当补偿。

★用人单位能否对职工进行罚款

【案例】

邓某是公交公司的一名售票员。一次一名乘客要买2元的票，可邓某只撕了1张1元的票给乘客，她少撕票的行为正好被稽查员看到。按照规章制度，少撕票的行为属于贪污票款，按照贪污票款的数额乘以500为罚款数额，故公司罚了邓某500元。请问，公交公司的罚款行为是否合法？

【法律解析】

从行政处罚的角度来说，用人单位是无权对员工进行行政处罚的，行政处罚的实施主体是国家机关。用人单位可以通过与员工民主商议，制定对员工有关的经济责任制度，并经公示后执行。

★用人单位能否因劳动者拒绝加班而扣发工资

【案例】

康某是某玩具厂的职工。因该厂获得一批订货单，订货量较大，交货时间紧迫，所以领导决定全厂职工周六加班。康某因要照顾孩子，周六无法加班，于是她与领导协商，未获领导准许。周六，康某没有执行加班决定，厂领导遂决定扣发康某的工资。请问：玩具厂的做法合理吗？

【法律解析】

玩具厂的做法违反了《劳动法》的相关规定。我国《劳动法》规定，用人单位要严格地执行劳动定额标准，不能随意安排加班。如果确实有必要安排加班，要与职工协商，并且支付相应的加班费。本案中，玩具厂领导与职工康某协商未果，不得以扣发工资的手段强迫职工加班。

★用人单位拖欠劳动者工资，劳动者可获赔偿吗

【案例】

某公司的资金周转出现了问题，公司领导层于是决定暂时扣押职工的工资，用于公司资金周转。结果，公司连续扣押了一个季度的

职工工资。被拖欠工资的职工向法院提起诉讼，要求公司立即支付拖欠的工资，并且作出相应的赔偿。职工们这样的要求合理吗？

【法律解析】

职工们的要求是合理的。我国实行按劳分配的原则，付出了多少劳动，就应该得到多少回报，这是法定的权利。对于被拖欠的工资，应按数支付。同时，劳动者依法取得报酬的权利受到侵犯，按规定也应该支付赔偿。本案中，该公司扣押了职工一个季度的工资，无论基于什么样的理由也是不能免责的。除了将拖欠的工资原数发放外，还应该为侵权行为承担责任，对职工们作出一定的赔偿。

★用人单位可以采用签订协议的方式延长工作时间吗

【案例】

某加工厂经常不定期接到订单，要求职工经常加班。厂领导为了减少成本，就令所有的职工与加工厂签订了一份协议，约定将工作时间延长为每天12小时，如果不签协议就辞职。请问：加工厂可以这样做吗？

【法律解析】

加工厂不能用与劳动者签订协议的方式延长工作时间。劳动者每天工作时间不超过八小时、平均每周工作时间不超过四十四小时的工时制度是法律规定的，是强制性规定，任何合同的签订都不能违反该规定，否则合同视为无效。本案中，加工厂强迫职工签订旨在延长工作时间的协议，该协议的内容已经违反了国家关于工作时间的强制性规定，协议无效。

★用人单位让员工加班要支付加班费吗

【案例】

某设备制造厂接到一笔款额较大的订单，由于时间紧迫，要求全厂职工不分昼夜地加班，采取轮休制度。该厂职工接受厂里的决定，但要求支付一定的加班费。请问，加班要支付加班费吗？

【法律解析】

加班要支付加班费。为了保障劳动者的合法权益，国家在立法时，并不支持用人单位为了业绩而安排职工长时间地从事超出既定时间的工作，因为这在实质上是侵犯职工的合法权益。但是实际上，超时工作的现象不可避免。对此，只能采取一些补偿的措施，例如，给加班的职工支付加班费。本案中，某设备制造厂为了在规定的期限内完成订单，要求职工加班加点，这本也是无可奈何的事。但职工加班加点付出的劳动，应该给予一定的补偿，支付职工加班费。

★用人单位可以采取固定加班费吗

【案例】

韩某在某厂打工，除正常工作8小时外每天都要加班四五个小时，每月除一两天休息外无论任何节假日都必须照常工作。工资为每月1000元另加固定加班费400元。请问，该厂这种做法是否合法？

【法律解析】

该厂的做法不合法。用人单位由于生产经营需要，经与工会和劳动者协商后可以延长工作时间，一般每日不得超过1小时；因特殊原因需要延长工作时间的，在保障劳动者身体健康的条件下延长工作时间，每日不得超过3小时，每月不得超过36小时。而且休息日安排劳动者加班的，应支付不低于工资的200%的工资报酬，法定休假日安排劳动者加班的，应支付不低于工资300%的工资报酬。因此，韩某所在的工厂采取固定加班费的做法严重违反加班规定，应当予以纠正。

★实行计时工资制，可以带薪休假吗

【案例】

赵某是一家公司的职工，公司实行计时工作制。在公司已经工作了3年的赵某向单位申请休年假，被批准休假两周，但公司要扣发赵某两周的工资。请问：赵某休年假是否享受工资待遇？

【法律解析】

赵某在休假期间应该享受工资待遇，赵某所在公司的做法违反了法律规定。计时工资是按照单位计时工资标准和工作时间支付给职工个人的劳动报酬，它是计算发放劳动报酬的一种制度，不是规定工作时间和休息时间的制度。年休假制度是我国法律规定的一种法定休息制度，对企业具有强制力。因赵某在公司工作3年，享有带薪年休假的权利。

★缓刑执行期间工资待遇怎么计算

【案例】

龙某是一家事业单位的职工，由于涉嫌犯罪被起诉。经法院审理，判决龙某有期徒刑8个月，缓刑2年。请问，龙某在缓刑期间和结束后能得到什么样的工资待遇？

【法律解析】

龙某缓刑结束后，从缓刑期满至原单位对他作出处理期间的生活费，按缓刑期间的标准计发。缓刑期满后分配正式工作的，其工资待遇根据新任职务、新任岗位按不高于同等条件人员重新确定。

★服务期内是否应该享受工资调整的待遇

【案例】

2008年，公司派何某到外地接受技术培训。根据培训协议，回来后何某的工资由2500元提高到3000元，服务期为3年。但是何某发现，原来和何某岗位相同的技术人员工资已经上调到3500元。何某找到公司领导要求按此标准调整工资，但公司领导说按培训协议工资应为3000元。请问：服务期内是否可以享受工资调整的待遇？

【法律解析】

本案中，公司与何某约定了为期3年的服务期，虽然当时在培训协议中双方约定培训后工资由原来的2500元提高到3000元，但是在何某培训期间，同岗位工资已经全部上调到3500元，根据同工同酬的原则，何某有权要求公司为他提高工资待遇。

★休婚假期间工资照发吗

【案例】

曾某是一家高科技公司的技术主管。2008年5月，曾某与恋爱多年的女友结婚。年终结算薪金时，公司将曾某休婚假的时间算作旷工，没有按正常工作时间结算工资。请问，休婚假期间，不发工资吗？

【法律解析】

休婚假期间工资照发。根据我国法律规定，享受婚假是劳动者的基本权利。劳动者结婚时，用人单位一般给予一至三天的带薪假期。为了鼓励晚婚晚育，对于晚婚的青年，有的地方除了国家规定的3天假期外，会另给10天左右的带薪假。本案中，曾某结婚，依照国家法律休婚假，工资应该照常结算，该公司不能将婚假算作旷工。

违约金与经济补偿金

★不能胜任工作被解聘，能要求补偿金吗

【案例】

孙某在一家印刷厂从事客户开发工作，并且签订了正式的劳动合同。由于种种原因，孙某工作总是打不开局面，难以按时完成工厂下达的任务。不久，厂里人事部门通知他，已正式决定解聘他。孙某要求给予适当的补偿金，但被公司拒绝。请问：不能胜任工作解除劳动合同可以要求给予补偿金吗？

【法律解析】

因劳动者不能胜任工作而解除劳动合同，如果没有提前三十天以书面形式通知，劳动者可以要求给予补偿金。

【法条链接】

《劳动合同法》第四十条　有下列情形之一的，用人单位提前三十日以书面形式通知劳动者本人或者额外支付劳动者一个月工资后，可以解除劳动合同：

……

（二）劳动者不能胜任工作，经过培训或者调整工作岗位，仍不能胜任工作的；

……

第四十六条　有下列情形之一

的，用人单位应当向劳动者支付经济补偿：

……

（三）用人单位依照本法第四十条规定解除劳动合同的；

……

★未签订劳动合同，辞职能否要求经济补偿

【案例】

钱某在某工厂打工2年，因没有社会保险，单位也没和钱某签劳动合同，钱某打算主动提出辞职。请问，如果钱某辞职，他能否得到经济补偿?

【法律解析】

用人单位未及时足额支付劳动报酬和未依法为劳动者缴纳社会保险费的，劳动者可以解除劳动合同。劳动者依照《劳动合同法》第三十八条规定解除劳动合同的，用人单位应当向劳动者支付经济补偿。经济补偿按劳动者在本单位工作的年限，每满1年支付1个月工资的标准向劳动者支付。此外，用人单位自用工之日起超过1个月不满1年未与劳动者订立书面劳动合同的，应当向劳动者每月支付2倍的工资。本案中，钱某如与单位协商不成，可向劳动局申请仲裁，如对仲裁结果不服，可向法院起诉。

★经济补偿金的工资基数包括哪些项目

【案例】

冯某是某公司的职员，公司准备辞退他，与其协商经济补偿金的支付问题。冯某想知道的是，经济补偿金的工资基数包括哪些项目，加班费和住房补贴算吗?

【法律解析】

《劳动合同法》第四十七条规定，经济补偿按劳动者在本单位工作的年限，每满一年支付一个月工资的标准向劳动者支付。六个月以上不满一年的，按一年计算；不满六个月的，向劳动者支付半个月工资的经济补偿。本条所称月工资是指劳动者在劳动合同解除或者终止前十二个月的平均工资。对工资的范围，《劳动法意见》规定，工资包括计时工资、计件工资、奖金、

津贴和补贴、延长工作时间的工资及特殊情况下支付的工资等。所以，加班费和住房补贴应计算在工资基数之内。

★经济补偿金等需要交纳个人所得税吗

【案例】

2008年，单位与赵某解除了劳动关系，并发给赵某一次性经济补偿金8000元。但是赵某听说，个人因与用人单位解除劳动关系取得的一次性补偿收入要交个人所得税。请问，赵某需要交纳个人所得税吗？

【法律解析】

个人因与用人单位解除劳动关系而取得的一次性补偿收入，在当地上年职工平均工资3倍数额以内的部分，免征个人所得税；超过的部分才计算征收个人所得税。因此，赵某首先要明确当地上年职工平均工资是多少，只有该收入超过当地上年职工平均工资3倍数额的部分，才征收个人所得税。

【法条链接】

《关于个人与用人单位解除劳动关系取得的一次性补偿收入征免个人所得税问题的通知》 个人因与用人单位解除劳动关系而取得的一次性补偿收入(包括用人单位发放的经济补偿金、生活补助费和其他补助费用)，其收入在当地上年职工平均工资三倍数额以内的部分，免征个人所得税；超过的部分按照《国家税务总局关于个人因解除劳动合同取得经济补偿金征收个人所得税问题的通知》(国税发(1999)178号)的有关规定，计算征收个人所得税。

★公司搬迁，辞退员工是否该给予经济补偿

【案例】

上海某公司因发展需要，决定在今年搬至北京。但公司好多员工不愿随公司搬迁，于是公司为他们办理了退工手续，但补偿问题公司却拖延不决。请问，公司是否应该给予他们补偿？

【法律解析】

《劳动合同法》规定，劳动合同订立时所依据的客观情况发生重大变化，致使劳动合同无法履行，经用人单位与劳动者协商，未能就变更劳动合同内容达成协议的，用人单位提前三十日以书面形式通知劳动者本人或者额外支付劳动者1个月工资后，可以解除劳动合同。同时，用人单位还需对劳动者给予一次性经济补偿。本案中，经劳动合同当事人协商一致，由用人单位解除劳动合同的，应按在单位工作的年限，每满1年支付1个月工资的经济补偿金，6个月以上不满1年的，按1年计算；不满6个月的，向劳动者支付半个月工资的经济补偿。

★公司可以约定违约金数额吗

【案例】

2008年，董某进入一家电子仪器公司工作。试用期结束后，公司领导认为董某的表现很好，于是把董某当作技术骨干来培养，为此花去5万元培训费，双方约定服务期3年；如果董某想提前解除劳动合同，应当支付公司10万元违约金。请问：该公司约定的违约金数额是否合法？

【法律解析】

本案中，该公司虽然约定了10万元的违约金，但是超过了实际支付的培训费5万元，违反了违约金封顶的规定，而且违约金的支付数额应当减去已经履行部分分摊的培训费用。因此，该公司这样规定不符合法律规定，属于无效条款。

刑事篇

——趋利避害远离雷区

犯罪与刑罚

★造成恶劣影响但法无明文规定的不为罪

【案例】

李某与其女朋友陈某公开在公园内发生性关系，引起游客的极大愤慨，造成恶劣的社会影响。陈某与李某的行为是犯罪行为吗？

【法律解析】

我国《刑法》遵循的是罪刑法定原则。其内容为法无明文规定不为罪。我国《刑法》中认为犯罪的实质在于社会危害性，但对社会危害性的也认定要与《刑法》明确规定这一形式标准相统一。由于我国现行法中没有关于公然性交罪的规定，因此在公共场合发生性关系的行为属于法无明文规定不为罪的行为，不是犯罪行为。当然，尽管这样的行为不能被认定为犯罪行为，但毕竟造成了恶劣的社会影响，要在道德层面上予以严厉的谴责。

★出卖亲生子女是否构成犯罪

【案例】

张某和丈夫在外打工时生下一女婴，因已经有一个女孩了，怕计划生育检查时罚款，无奈之下打算送人。后来一个朋友帮忙联系了一个想收养女婴的人。在孩子6个多月的时候，对方来接孩子，张某的丈夫向其要了5000元钱。这种情况是否构成犯罪？

【法律解析】

《关于打击拐卖妇女儿童犯罪有关问题的通知》规定，出卖亲生子女的，由公安机关依法没收非法所得，并处以罚款；以营利为目的，出卖不满十四周岁子女，情节恶劣的，借收养名义拐卖儿童的，以及出卖捡拾的儿童的，均应以拐卖儿童罪追究刑事责任。因此，出卖亲生子女是否构成犯罪，不能一概而论，主要看情节是否恶劣以及是否以营利为目的。

★强拘熟人索要财物，是否构成犯罪

【案例】

张某与李某是同村村民。某日，张某约李某吃饭，其间，张某向李某借10000元钱。李某没有答应，张某极为恼怒。次日清晨，张某伙同韩某等4人窜至李某家里，将李某挟至一水库边上，对其进行殴打、威胁并剥去衣物，浸泡在冰冷的水里。威胁李某如不交出现金10000元，就要挑断其脚筋。李某无奈，答应给其现金10000元。

【法律解析】

张某等人的行为同时侵犯了李某的人身权和财产权。张某等人对李某殴打威胁、强迫其脱衣并将其推进冷水浸泡等行为都使李某感受到生命的实际威胁，这种以暴力手段取得财物的行为符合抢劫的特征。应当以抢劫罪定罪处罚。

★与恋人相约自杀而后后悔，对方自杀身亡，算是故意杀人罪吗

【案例】

刘某和女子张某相恋但遭到双方父母的反对。于是，两人决定相约自杀殉情。刘某从家中找到农药，倒在两个杯子里，准备一起喝下。张某拿到农药，立即饮下，然后痛苦地死去。刘某看到张某临死前痛苦的模样，非常害怕，就没喝。刘某立即叫救护车，由于服用药量过重，张某因抢救无效死亡。刘某的行为应如何认定?

【法律解析】

刘某的行为不构成犯罪。所谓相约自杀，是指两人自愿共同自杀的行为。在自杀的过程中，没有强制或者诱骗的因素，不具备故意杀人罪的构成要件，因此，不能认定为故意杀人罪。此外，刘某在看到张某服食农药后，立即采取了积极的救助措施，履行了对张某的救助义务，因此，不构成犯罪。

★贩卖假纪念币违法吗

【案例】

王某平时喜欢收藏。郭某说有古钱币，并拿出几枚“中国人民银行成立四十周年”的1元纪念币，说900元1个，王某前后共花了4500元

买了5枚。后来专家鉴定是假的，王某去找郭某，郭某说王某是自愿买的不肯还钱。郭某这种行为违法吗？

【法律解析】

构成完整的诈骗，应具备五个因素：（一）有欺诈行为，从形式上说包括两类，一是虚构事实，二是隐瞒真相；（二）被害人陷入错误认识；（三）被害人作出财产处分；（四）行为人受益；（五）被害人受损。这几个因素的每个环节都有因果联系。而数额较大的认定，根据《最高人民法院关于审理诈骗案件具体应用法律的若干问题的解释》规定，个人诈骗公私财物2000元以上的，属于“数额较大”。因此，郭某以非法占有为目的，用虚构事实的方法，骗取了4500元，符合诈骗罪构成要件。

★由于“不小心”致人死亡是否构成犯罪

【案例】

李某和曹某是某工地的建筑工人。一天，两人因工作问题发生了激烈的争吵。在拉扯中，李某失手将曹某推倒在地，曹某的后脑撞到了一块石头上，导致颅脑损伤，经抢救无效死亡。李某“不小心”之举，是否构成犯罪？

【法律解析】

李某构成过失致人死亡罪。首先，李某既然是建筑工人，应该很清楚地知道，工地上有很多建筑材料。将人推倒会有什么样的后果，李某应该是了解的，因此，该事件不属于意外事件。此外，之所以认定李某是过失，而不是故意，是由于李某或者已经预见到将曹某推倒可能会有危险，但是轻易地相信可以避免；或者根本由于疏忽大意就没预见，导致了结果的发生。

★临时工玩忽职守会获罪吗

【案例】

梁某是某工商所聘用的市场协管员，对辖区内无照经营行为依法进行查处。2007年11月，许某等人在无合法手续的情况下，在一个废弃的砖窑上新建砖瓦窑一座，并于2008年3月开始生产。梁某在明知砖厂非法经营的情况下，不仅没有向上级汇报也没有采取任何制止措施，而且擅自向该砖厂收取工商管理费1000元，致使该砖厂的非法经营行为造成50亩耕地被破坏。梁某的行为是否构成玩忽职守罪?

【法律解析】

梁某虽是临时工，但属于受国家机关委托代表国家机关行使职权的人，在明知辖区内许某等人未办理营业执照非法经营的情况下，不仅未按照《城乡个体工商户管理暂行条例》的规定对无照经营行为进行处罚，而且擅自收取管理费，致使该砖厂的非法经营行为造成50亩耕地被破坏，公共财产遭受重大损失，其行为已构成玩忽职守罪。

★病理性醉酒患者发病期间杀人，构成犯罪吗

【案例】

何某患有病理性醉酒疾病，平时很少饮酒。2008年8月，何某参加同学聚会，在同学的劝说下，喝了少量的白酒。何某被送回家后，妻子李某非常生气，两人发生了争吵。争吵过程中，何某双手掐住李某的脖子，致使李某窒息死亡。何某酒醒后，对行凶的过程没有任何记忆。经鉴定，何某当时正处于病理性酒醉的发病阶段。何某的行为构成犯罪吗?

【法律解析】

何某的行为构成过失致人死亡罪。病理性醉酒属于精神疾病的一种，在病理性醉酒的情况下犯罪一般不负刑事责任，但是，如果行为人知道自己属于病理性醉酒仍然饮酒的，醉酒后犯罪应当负刑事责任。本案中，何某已经知道自己患有病理性醉酒，饮酒后具有社会危害性，何某在能够明确地预见到这样结果的情况下，轻信了自己可以避免，使自己陷入失去辨认、控制能力的状态，使危害结果发生。因此，何某属过失致人死亡，应负刑事责任。

★犯罪未遂，是否照样要追究其刑事责任

【案例】

许某是某电子厂工人。许某在

本厂举办的露天舞会上看见另一车间的女青年韩某，即起歹念。舞会散场后，许某跟随韩某至僻静处，欲对韩某进行强奸。但因有人路过，许某松手逃离现场。韩某随即报案。法院依法判处许某犯强奸罪（未遂），判处有期徒刑3年。

【法律解析】

许某的行为应当追究其刑事责任。本案中，许某的行为是已经着手实行强奸妇女的行为，但是由于许某意志以外的原因（有人路过）而没有完成其预定的强奸女青年韩某的犯罪行为，已构成强奸罪（未遂）。对于未遂犯，可以比照既遂犯从轻或者减轻处罚。

★恋人一方因拒绝分手而自杀，另一方应负刑事责任吗

【案例】

张某和赵某为同一所大学的学生，大学一年级时确立了恋爱关系。毕业前夕，赵某提出分手，张某不同意，并声称如果赵某与其分手就自杀。赵某坚持分手。不久，张某跳楼自杀身亡。对于张某的自杀，赵某要负责任吗？

【法律解析】

赵某不负有刑事责任。恋爱关系不是法律关系，恋爱关系的男女是无法从法律上认定权利义务关系的。因此，尽管赵某提出分手是张某自杀的诱因，但更主要的原因在于张某本身。如果就此成立赵某的不作为犯罪，这是显失公平的，也违背了罪刑法定的原则。

★不满16周岁的人犯罪就可以不负刑事责任吗

【案例】

梁某15岁，上初中二年级，平时和一些社会上的无业青年混在一起。一天，梁某与同年级的一位同学陈某发生了冲突，梁某纠集了一些社会上的青年，在放学后对陈某进行了殴打，致使陈某伤重身亡。梁某要担负刑事责任吗？

【法律解析】

梁某要承担刑事责任。通常，未满16周岁的人犯罪，不负刑事责任。对于已满14周岁不满16周岁的

人犯罪，只有在犯故意杀人、故意伤害致人重伤或者死亡、强奸、抢劫、贩卖毒品、放火、爆炸、投毒罪的，才予以追究刑事责任。本案中，梁某所犯之罪是故意伤害致人死亡罪，依法应当追究其刑事责任。

★未满18周岁的人致人死亡，可以判处死刑吗

【案例】

17周岁的杨某在读完初中一年级后辍学在家，因无所事事经常纠集社会上的一些无业青年聚众斗殴。一次，在与另一群无业青年的冲突中，杨某将一青年压倒在地，用铁棍猛击该青年的头部，致使该青年当场毙命。杨某犯罪情节恶劣，会判死刑吗？

【法律解析】

杨某不会被判死刑。我国《刑法》规定，犯罪时不满18周岁的人和审判时怀孕的妇女不适用死刑。尽管杨某犯了故意伤害致人死亡罪，且犯罪情节恶劣，但是因其未满18周岁，在量刑上要从轻或减轻处罚，不能判处死刑。

★不满16周岁者盗窃又抗拒抓捕并致人死亡，该如何定罪

【案例】

15周岁的黄某是某市初中一年级的学生。一天傍晚，黄某趁邻居李某全家外出游玩之际，翻墙进入李某家。在一阵翻箱倒柜后，黄某共搜集了现金10000元。正当黄某准备逃跑的时候，李某突然回来。黄某从兜里掏出一把刀，刺向李某的心脏，李某应声倒地，当场毙命。黄某年纪尚幼，其犯罪情节要如何认定？

【法律解析】

本案对黄某应以故意杀人罪论处。本案中，黄某未满16周岁，在盗窃财物之后，当场使用暴力，在明知后果的情况下，依然用刀刺入李某心脏，致使李某当场死亡。主观上应认定为故意，根据上述的司法解释，应认定黄某构成故意杀人罪既遂。

★不满16周岁绑架他人并致人重伤的，该如何定罪

【案例】

梁某和章某均为15周岁。一天，梁某与章某合伙绑架了同班同学赵某。随后，梁某向赵某家打电话，要求赵某的父亲将现金30000元放到指定地点，否则后果自负。赵某的父亲从电话声中听出梁某的声音较为稚嫩，以为是孩子在开玩笑，就没有理会。梁某与章某两个人见赵某的父亲没有行动，便暴打了赵某一顿用来撒气。赵某趁两人不注意逃走。后经医生鉴定，赵某的脊椎骨被打折，已经构成重伤。梁某与章某的行为应承担什么责任呢？

【法律解析】

根据我国《刑法》第十七条规定，已满14周岁未满16周岁的未成年人，只对八种罪承担刑事责任，绑架罪不在此列。梁某和章某的行为已经满足故意伤害罪的构成要件，可以认定为故意伤害罪。对于年满16周岁的未成年人，最高人民检察院出台了相应的司法解释，符合绑架罪的构成要件时，认定为绑架罪。

★不能在我国流通、交换币种的假币，不计入犯罪数额

【案例】

2008年8月，外地来京人员李某来到派出所举报，称有人准备于当天下午在某肉饼店内，以人民币1∶1的价格买卖假美元。民警于当日14时在该肉饼店内，把正准备做交易的犯罪嫌疑人叶某逮个正着。在现场，民警收缴了用于交易的2000美元假钞，又从其身上搜出两张面额分别为10000美元和100美元的假钞。叶某因涉嫌出售假币罪，被移送检察院审查起诉。最终叶某因出售假币罪被判处有期徒刑1年，罚款30000元。

【法律解析】

根据相关司法解释，货币犯罪中的货币既包括人民币，也包括在国内市场流通的和可兑换的境外货币。出售假币时被抓获的，除现场查获的假币应认定为出售假币的犯

罪数额外，现场之外在行为人住所或者其他藏匿地查获的假币，亦应认定为出售假币的犯罪数额。但是，本案中在认定犯罪嫌疑人叶某的犯罪数额时要注意，虽然面值10000美元的钞票确实存在，但此种面值的美元仅在美国境内流通，并不能在我国外汇市场流通。因此，该10000美元的假钞就没有在我国流通和交换的可能性，也就不可能对我国金融管理秩序造成破坏，社会危害性较小，不宜认定为刑法意义上的货币，故不应计入犯罪数额。

★第二次被公安机关逮捕会从重处罚吗

【案例】

梁某曾因盗窃罪被判处有期徒刑3年。刑满释放之后，梁某重操旧业，不久又因盗窃 金融机构被公安机关逮捕。鉴于梁某此次属于“二进宫”，在量刑时，会从重处罚吗?

【法律解析】

对此问题的认定，要区别对待。该问题的关键在于是否构成累犯，构成累犯，即从重处罚。本案中，梁某在第一次服刑期满之后，没有改造好，立刻又开始从事犯罪活动，并且再次被捕，其罪行会被判处有期徒刑以上刑罚，这已经符合构成累犯的要件。因此，应认定梁某已构成累犯，在量刑时应从重处罚。

★犯罪后主动投案会减轻处罚吗

【案例】

一天，肖某看见一辆崭新的摩托车，且车钥匙还在车上。肖某见四下无人，便仓皇地骑上车跑了。回到家的肖某感到十分害怕，遂即刻到派出所自首。犯罪行为发生后主动投案，在量刑时，会减轻处罚吗?

【法律解析】

我国《刑法》规定，犯罪以后主动投案，如实供述自己罪行的，是自首。对于自首，可以从轻或减轻处罚。对于犯罪较轻的，可以免除处罚。本案中，肖某在犯案后主动到公安机关投案并且交代自己的罪行，应当认定为自首，而且其行为危害不大，因此可不作为犯罪处理。对其量刑处罚时，会从轻或减轻或者免除处罚。

★被迫自卫致人死亡要负刑事责任吗

【案例】

李某和曹某是同一家公司的员工，平日素有仇怨。一天，李某和曹某又发生了一次争吵，虽然在同事们的劝阻下事情没有闹大，但心有不甘的曹某决定下班后伺机报复。下班以后，曹某在公司附近埋伏，看见李某走出公司大门后，便从兜里掏出一把菜刀，向李某砍去。李某夺过菜刀，本能地一划，菜刀砍中曹某的脖子，曹某当场毙命。对于曹某的死，李某要负刑事责任吗？

【法律解析】

李某的行为属于正当防卫，不必负刑事责任。正当防卫是国家赋予公民的一种面对危险时的防卫权，在适用时是有条件的。本案中，尽管李某在防卫时造成了曹某的死亡，但是，曹某的行为属于故意行凶的暴力犯罪，因此，李某的行为不构成防卫过当，不负刑事责任。

★犯罪分子对因其造成的损害负担民事赔偿吗

【案例】

周某带着几个朋友去一家餐厅吃饭。饭后，周某以饭菜难吃为由，拒绝支付用餐费用。餐厅经理随即出来与周某交涉，引发争执，周某一行人将餐厅经理打成重伤，并打坏了餐厅的桌椅和灯具，造成损失共计2万余元。周某等人除要追究其刑事责任外，还要附带民事赔偿吗？

【法律解析】

周某等人不仅要受到刑事处罚，还要依法赔偿餐厅的经济损失。犯罪分子违法犯罪后，不仅要承担刑事处罚，对在实施犯罪行为时造成的经济损失，还要承担赔偿责任。一般情况下，在向法院提起诉讼时，可以要求附带民事赔偿。

★被判了管制的人，要进监狱服刑吗

【案例】

高某是尽人皆知的校霸。一天，高某与邻县一所高中的学生陈某发生了口角。事后，高某纠集本校20余名学生，到陈某所在的学校寻仇。听闻此消息的陈某也组织了一些人，双方发生了大规模的械斗。虽然没造成人员伤亡，但此事影响较为恶劣。高某和陈某作为首要分子，被法院依法判处管制15个月。两人要进监狱服刑吗？

【法律解析】

高某与陈某不用去监狱服刑。我国刑法规定的五大主刑，除死刑是剥夺人的生命权外，其他几类都是限制人的人身自由。本案中，高某和陈某被判处管制，即不必到监狱服刑，不用实行关押，只是限制一些人身自由。

★判死刑缓期执行的，缓期结束后就执行死刑吗

【案例】

邢某是某烟花厂的职工，听说附近的山区蕴藏有铜矿脉，于是从厂里偷运出一部分火药，准备私自炸山寻找矿脉。一天，邢某将火药偷运上山，在引爆的时候，没有注意到有一群学生在附近野炊，造成5人死亡、20余人受伤的严重后果。邢某因爆炸罪被判处死刑，缓期2年执行。该判决指的是两年结束后，立即对邢某执行死刑吗？

【法律解析】

死缓并不是指2年结束后，立即执行死刑。死缓制度是我国独特的死刑执行制度，是针对那些已经足够执行死刑，但又不必马上执行的犯罪分子，留待察看，以观后效。在2年的缓期内，如果表现良好，期满后，就不必执行死刑了，改为无期徒刑。如果冥顽不灵，期满后，执行死刑。

★什么情况下，在监狱服刑的犯罪分子可以假释

【案例】

吴某因盗窃罪被判处有期徒刑5年，入狱服刑3年后，因表现良好，被假释出狱。什么是假释？获

得假释需要什么条件?

【法律解析】

假释是指被判处有期徒刑或者无期徒刑的犯罪分子，在执行了一定时间的刑罚之后，如果认真遵守监规，接受教育改造，确有悔改表现，不致再危害社会的，司法机关将其附条件地予以提前释放的一种刑罚执行制度。获得假释，还要满足服过的刑期占原刑期的一半以上。

★缓刑期间也有退休待遇吗

【案例】

黄某是一名退休职工，因妨碍公务罪被判处有期徒刑2年缓刑2年，但没有被剥夺政治权利。那么，在缓刑期间黄某能否继续享受退休待遇?

【法律解析】

依黄某的情况来看，黄某因犯妨碍公务罪被判处有期徒刑2年缓刑2年，没有被剥夺政治权利。根据《关于宣告有期徒刑缓刑人员退休待遇问题给江苏省人事局的答复》，黄某在2年缓刑考验期间可以继续享受退休待遇。

★被假释的犯罪分子等于结束服刑了吗

【案例】

李某因犯强奸罪被判处有期徒刑7年，服刑4年期间，表现良好，获得假释。李某回到家中，家人以为李某服刑已经结束了，非常高兴，遂一起去外地旅游。李某尚在假释中，可以随便去外地旅游吗?获得假释就意味着服刑结束了吗?

【法律解析】

李某不能外出旅游。获得假释不同于刑满释放，假释期间还要接受公安机关的监督，并须遵守一些规定，如未经监督机关批准不得离开居住的市、县等。否则会被撤销假释，收监执行尚未执行完毕的刑罚。

★在羁押期间怀孕的妇女可以判处死刑吗

【案例】

韩某伙同杨某等3人为劫取财物

共杀害15人。侦查人员将其逮捕并关押于看守所。韩某听说怀孕的妇女不会被判死刑，于是请求看守所的工作人员张某与其发生性关系。至案件交付审判时，韩某向法庭声称自己已经怀孕。经鉴定，韩某的确已经怀孕1个月。此时，法院还能判处韩某死刑吗?

【法律解析】

不能对韩某适用死刑立即执行，也不能对其适用死刑缓期2年执行。我国《刑法》规定，审判时怀孕的妇女及未满18周岁的未成年人不适用死刑。对于妇女而言，除怀孕期间不能适用死刑，妇女在羁押期间流产以及分娩后，也不能适用死刑。

★犯罪后逃跑能够“一逃了之”吗

【案例】

刘某与同村的李某发生争吵，刘某抄起铁锹，向李某头部砸去，李某应声倒地身亡。刘某非常害怕，因其曾听说犯罪后过了一定的时间如果还没有被抓捕的话，就不会再被追究刑事责任，于是立即奔到家中，收拾东西企图一跑了之。刘某的行为会随着时间的流逝而不被追究刑事责任吗?

【法律解析】

犯罪行为的追究是有时效限制的，称为追诉期限。简单地说，就是犯罪嫌疑人在实施犯罪之后逃跑了，经过一段时间，就不会被追究刑事责任了。追诉期限的时间是不一定的，但是最多为20年。对于本案而言，犯罪嫌疑人刘某所犯之罪有可能被判处无期徒刑或者死刑，追诉时效为20年。也就是说，如无其他特殊情况，犯罪20年后可以不再追究刘某的刑事责任。

★无限防卫是什么

【案例】

韩某的次子平日不学无术，而且经常无端地打骂韩某。一日，次子与妻子发生争吵，韩某过来劝说。次子转而对韩某破口大骂，并从桌上抓起一把水果刀，欲刺向韩某。韩某的长子见状，随手从门边拿起扁担将其砸晕了。韩某看到次子跌倒在地，便顺手从地上捡起一块砖，朝他的头部猛砸数下，致使其当场死亡。韩某的行为属于无限正当防卫吗?

【法律解析】

无限防卫是指我国《刑法》赋予公民在特定情况下的防卫权，具体是指对正在进行的行凶、杀人、抢劫、强奸、绑架以及其他严重危及人身安全的暴力行为采取正当防卫措施时，如果造成了不法侵害人伤亡，不属于防卫过当、不负刑事责任。在本案中，次子被长子打晕在地后，韩某在不法侵害已经结束了的情况下，仍然拿起砖块猛砸次子的头部。韩某明知这样做会导致次子的死亡，在主观上形成了杀人的故意，因此，被认定为故意杀人罪既遂。

★紧急避险要负刑事责任吗

【案例】

郑某是某路公交车司机。一天，郑某驾驶汽车驶过某繁华地段时，车上一恐怖分子突然跃起，手中挥舞着手枪，叫嚣着要司机直接将车驶向当地市政府，中途不许停车，否则就杀害车上的乘客。经验丰富的郑某利用拐弯的机会，驾车撞向路边的一棵大树，恐怖分子站立不稳，摔倒在地，昏迷过去。车上乘客无一人死亡，客车车身破坏得较为严重。对此事故，郑某要负刑事责任吗?

【法律解析】

郑某的行为构成紧急避险，不用承担刑事责任。紧急避险是国家针对公民的对个人、他人、国家及社会的利益采取保护行为的一种授权。经过这种授权，公民可以根据情况的紧急程度，决定采取何种措施来保护需要保护的利益。本案中，郑某面对恐怖分子劫车的情况，作出的反应是合理且不过当的。因此，不必承担刑事责任。

【法条链接】

《刑法》第二十一条　为了使国家、公共利益、本人或者他人的人身、财产和其他权利免受正在发生的危险，不得已采取的紧急避险行为，造成损害的，不负刑事责任。

紧急避险超过必要限度造成不应有的损害的，应当负刑事责任，但是应当减轻或者免除处罚。

★没造成损害，中止犯可免刑罚吗

【案例】

孙某高中毕业后来北京找工作，几天后便把身上的钱花光了。一天，孙某租乘了王某驾驶的出租车。当出租车行至某偏僻路段时，孙某持刀对准王某肋部，威胁其交出200元。王某见其有些哆嗦，于是便冷静地劝他。听了王某的话，孙某放下了刀，说自己只想要200元钱回家。对此孙某需要负刑事责任吗?

【法律解析】

孙某虽持刀抢劫，但在王某的教育下放下凶器，放弃抢劫念头，且没有对出租车司机造成损害。根据《刑法》的规定，在犯罪过程中，自动放弃犯罪或者有效防止犯罪结果发生的，是犯罪中止，对于中止犯，没有造成损害的，应当免除处罚；造成损害的，应当减轻处罚。孙某属于犯罪中止犯，因其没有给王某造成损害，故予以免除处罚。

★职务上负有特殊义务的人能否紧急避险

【案例】

梁某是一名火车司机。一天，梁某驾驶一列火车从A城市驶向B城市。在行进过程中，梁某猛然发现前方的铁轨被截去了一段，怕刹车来不及避免火车脱轨，情急之下，梁某打开火车的窗户，跳车逃生。火车随即脱轨，引发事故，造成100多人死亡，200多人受伤。梁某的跳车行为构成紧急避险吗?

【法律解析】

梁某跳车的行为不能构成紧急避险。紧急避险不能适用于职务上、业务上负有特定责任的人。本案中，梁某为了保命，自己跳车的行为不属于紧急避险。梁某在危险面前没有履行自己的特定义务，致使事故发生，造成重大的损失，在法律上已经构成不作为犯罪。

★抢劫时被熟人认出而放弃犯罪的，还要处罚吗

【案例】

一天深夜，胡某携带着凶器拦路抢劫。看见一个人在不远处的车站独自等车，胡某见状，便快步跑过去，实施暴力。厮打之时，胡某发现此人是自己的熟人方某，与此同时，方某也认出了胡某。胡某立即停手，还向方某道歉，说自己认错人了。胡某的这种情况还要接受刑事处罚吗？

【法律解析】

本案涉及故意犯罪形态的区分。我国《刑法》中，根据犯罪实施的程度将犯罪行为划分为四个阶段，分别是犯罪预备、犯罪未遂、犯罪中止、犯罪既遂。本案中，胡某构成抢劫罪的犯罪中止。我国《刑法》规定，犯罪中止，没有造成损害的，应当免除处罚，所以本案胡某无须接受刑事处罚。

★教唆未满18周岁的孩子去抢劫，是否构成犯罪

【案例】

钱某一直从事犯罪活动。几年以来，钱某的身边聚集了一群十五六岁的孩子，跟随钱某从事犯罪活动。一天，钱某让手下的一个不满十六岁的孩子曹某去持刀抢劫，曹某在实施抢劫时，失手将被劫人扎死了。曹某抢劫杀人，性质恶劣，必须追究刑事责任。教唆曹某抢劫的钱某要承担责任吗？

【法律解析】

钱某教唆曹某犯罪，必须承担刑事责任。在《刑法》中，叫教唆犯。在教唆犯中，有一种特殊情况，就是教唆未达到刑事责任年龄或者没有刑事责任能力的人（例如，未成年人和精神病患者）犯罪的，属于间接正犯，实际上就是正犯。本案中，钱某教唆不满十八周岁的未成年人曹某犯罪，应被认定为间接正犯，从重处罚。

危害国家、公共安全罪

★剥夺政治权利是什么意思

【案例】

某知名高校的在校三年级学生黄某，平日思考问题激进暴力，总是在公共场合表现对国家及社会现状的不满，大肆宣扬反动言论，甚至秘密地召集一些所谓的同道中人，成立了一个政党，将推翻中国共产党的领导作为政治目标写入了所谓的“党章”。后被学校发现。黄某以危害国家安全罪被判处有期徒刑10年，剥夺政治权利3年。什么是剥夺政治权利?

【法律解析】

我国《刑法》在规定了五种主刑外，还规定了三种附加刑，包括罚金、剥夺政治权利以及没收财产。附加刑可以与主刑附加使用，也可以单独使用。剥夺政治权利，顾名思义就是限制政治权利的行使。《宪法》赋予每个公民选举权、被选举权、言论结社自由等政治权利，将这些权利剥夺，显然是一种惩罚性的措施。政治权利的意义是重大的，我国是人民民主专政的国家，人民群众参与政权是立国之本，而公民参与治国依据的就是政治权利。将这些权利剥夺，公民国家主人的地位就无法体现了。

★把山路上的断崖提示牌拿走导致车祸，构成犯罪吗

【案例】

赵某负责某风景区卫生的环卫工作。一天，他看到一处断崖前的标志牌倒地摔坏了，便捡起来拿到山下，当作废铁卖了。不久，雾气降临，一辆满载着观光客的旅游大巴沿公路上山。由于司机对此地不熟悉，拐入了岔道。大雾弥漫，再加上没有标志牌的提示，大巴冲破围栏，掉下山，造成20余人死亡、10余人重伤的严重后果。环卫工赵某要承担什么样的刑事责任?

【法律解析】

环卫工赵某破坏交通标志，构成犯罪，要依法追究其刑事责任。本案中，风景区所处的山区，断崖

和岔路密集，赵某作为此地的环卫工人，对该处地形应是十分了解的。赵某将断崖标志牌拿走时，就应该能够明确地意识到会引发的后果。但是，尽管如此，赵某还是这样做了，并且造成了非常严重的社会危害，赵某应对此承担刑事责任。

★私藏枪支犯罪吗

【案例】

钱女士一家居住在离市区较远的郊区，附近环境比较荒野，治安条件也不太好。钱女士的丈夫常年不在家，家里只有钱女士和孩子居住，于是便私藏了一把枪，以备不时之需。一天，孩子无意中发现了手枪，便拿出来玩耍。附近的邻居看到孩子手中的枪后，惊慌之余便大声喊叫，引起了不小的恐慌。直到警察闻讯赶到，局面才得以控制。钱女士私藏枪支构成犯罪吗?

【法律解析】

钱女士私藏枪支构成犯罪。我国对于枪械的管理是非常严格的，任何单位或者个人非法持有、制造、买卖、运输、出租、出借枪支等的行为都要受到严厉的惩罚。严格的枪械管理是为了防止枪支泛滥的情况发生，以便保证国家安全，维护社会稳定。本案中，钱女士私藏枪支，并引起了周围群众的恐慌，构成犯罪，应承担刑事责任。

★买卖炸药犯罪吗

【案例】

黄某想要亲身体验一下身在爆炸现场的感受，于是通过朋友购买了1公斤的炸药。此事被邻居杨某得知，感到十分恐惧，于是向公安机关举报。公安机关遂对黄某依法拘留审讯。黄某购买炸药的行为是违法的吗?

【法律解析】

黄某的行为是违法的。目前，炸药被广泛地用于军事领域，也会用于科学技术领域。这是一种破坏力极大的物质，当然不能在日常生活中随意地买卖、借贷和使用。和枪支类似，炸药也是受国家严格控制的。本案中，黄某为追求个人刺激，私自买卖炸药，必须被给予严厉的处罚。

【法条链接】

《刑法》第一百二十五条　非法制造、买卖、运输、邮寄、储存枪支、弹药、爆炸物的，处三年以上十年以下有期徒刑；情节严重的，处十年以上有期徒刑、无期徒刑或者死刑。

非法买卖、运输核材料的，依照前款的规定处罚。

单位犯前两款罪的，对单位判处罚金，并对其直接负责的主管人员和其他直接责任人员，依照第一款的规定处罚。

★挪动电线杆造成大面积停电，要负刑事责任吗

【案例】

郭某想要翻盖房子，在房子原有的基础上进行了扩建。工程进行当中，郭某发现大门口的电线杆特别碍事，就把电线杆移到了五米之外的地方。移动之后，电线杆出现了问题，造成全村停电，并影响到了附近的村子。郭某的行为违法吗?

【法律解析】

郭某随意移动电线杆，破坏电力设施，要依法追究其刑事责任。电线杆是重要的基础设施，国家指派专业人员建造、维修以及拆除，没有有关部门的授权，任何人不能随便对其改动，如果造成了严重的后果，就以破坏电力设施罪论处，追究其刑事责任。除电线杆外，对其他国家修建的基础设施起破坏作用的行为，一律依法追究刑事责任。

★炸毁他人机器，构成爆炸罪吗

【案例】

李某靠手工打石子维持生计。张某购置了一台碎石机，从事出售碎石业务，因质量好，使李某的生意大受影响。李某决定破坏张某的碎石机。一天凌晨，李某在张某的碎石机下放置了2公斤炸药，点燃后逃离现场，致使张某的碎石机被炸毁。此路段附近2公里以内没有任何建筑物，也没有造成人员伤亡。请问，李某构成爆炸罪吗?

【法律解析】

李某以打击对手为目的，故意毁坏对手的设备，其行为符合《刑法》关于破坏生产经营罪的犯罪构成要件。虽然李某实施了爆炸行为，但爆炸发生在凌晨，没有危及不特定多数人的生命、财产安全，不应构成爆炸罪。

★伪造身份证、毕业证等证件的行为将受到什么处罚

【案例】

曾某是一个不满18周岁的女孩。一次，曾某得知一家纺织企业招收工人，便想去应聘。后来发现应聘条件是必须高中以上学历，曾某为此特意置办了一套假的证件，包括身份证、高中毕业证等。曾某的行为是违法的吗?

【法律解析】

曾某的行为是违法的。身份证是我国公民证明身份的唯一有效证件，公民的合法身份要通过身份证来核实，其重要性不言而喻。我国《刑法》规定，对伪造、变造身份证的行为，要处以三年以下有期徒刑、拘役管制或者剥夺政治权利。毕业证、学位证等证件，是学历证明，代表了公民的受文化教育程度。司法实践中，伪造毕业证的行为一般以伪造事业单位印章罪论处。

★盗用他人身份证复印件应当承担什么责任

【案例】

2008年8月，章某收到一张移动公司寄来的手机话费催缴单，而手机号码并不是章某使用的。催缴单上载明2008年5月至8月期间，共欠缴手机话费高达3000元。在对机主的信息核实中，发现根本没有机主本人签名和任何资料信息，这说明章某的身份证复印件已被人盗用。章某是否要承担欠缴的电话费?盗用他人身份证复印件应当承担什么责任?

【法律解析】

章某不用承担欠缴的电话费，因为这不属于经济纠纷，有经济犯罪嫌疑，应送公安部门处理。盗用

他人身份证复印件的行为从法律的角度看属于侵犯他人姓名权的违法行为。因此，章某只要积极配合公安机关查明案情真相就行了。

★国家机关工作人员上报伪造发票应当受到什么处罚

【案例】

国家机关工作人员闫某伪造了一部分发票，并将这些假的发票混在真的发票当中，上报税务机关，企图蒙混过关，骗取退税。闫某的做法是违法的吗？

【法律解析】

闫某的行为是违法的。伪造发票，骗取退税的行为严重地危害了税收的征管，破坏了社会主义市场经济的正常发展，构成危害税收征管罪，要依法追究刑事责任。

破坏市场经济秩序罪

★以假消息严重影响股市交易，是否违法

【案例】

薛某炒股票已经有10年了。不久前，股市大幅上涨，薛某分析股市的上涨不会持续很长时间，很快就会下跌，遂在网上散布消息，并称这是内部人员提供。结果，很多股民闻讯，纷纷抛售股票，股市的秩序遭受了严重的冲击，濒临崩溃。薛某的行为构成犯罪吗？

【法律解析】

薛某的行为构成犯罪。本案中，薛某将自己预测的消息，以内部消息的名义，利用网络进行传播，故意散布股市行情的假消息，严重扰乱股市正常的秩序，造成不可预计的后果，构成破坏金融管理秩序罪，应受到严厉的惩处。

★这种销售方法是非法传销吗

【案例】

李小姐向同事刘小姐推荐一种卫生巾，并称购买产品可成为公司会员，买1套398元是一级会员，买5套1990元是二级会员，而三级会员要买12套4770元。成为会员后介绍别人购买可以拿到提成，而且不同级别的会员拿的提成也不一样。如果你介绍的人再去介绍别人购买，

你也可以再提成。但是刘小姐觉得这种销售方法有点问题。这属于非法传销吗?

【法律解析】

这种行为属于非法传销。通过对被发展人员以其直接或者间接发展的人员数量或者销售业绩为依据计算和给付报酬，或者要求被发展人员以交纳一定费用为条件取得加入资格等方式牟取非法利益都属于传销行为。对于介绍、诱骗、胁迫他人参加传销的，由工商行政管理部门责令停止违法行为，没收非法财物，没收违法所得，处10万元以上50万元以下的罚款；构成犯罪的，依法追究刑事责任。

★恶意透支信用卡是否构成诈骗罪

【案例】

徐某做生意，但是缺少资金，听说信用卡可以透支，便先后在几家不同的银行办理了信用卡。后来做生意连续亏损，徐先生利用信用卡透支已经达到10万元，而且超过规定的期限仍无力偿还。徐先生的行为是否会构成犯罪?

【法律解析】

恶意透支，是指持卡人以非法占有为目的，超过规定限额或规定期限透支，并且经发卡银行催收后仍不归还的行为。利用信用卡进行透支，数额较大，而且明知在规定的期限内可能还不了透支款，会给发卡银行造成较大损失，却对这种危害结果的发生持放任态度。如果经发卡银行催收后仍不归还，那么根据《刑法》第一百九十五条的规定，可能构成信用卡诈骗罪。

【法条链接】

《刑法》第一百九十五条　有下列情形之一，进行信用证诈骗活动的，处五年以下有期徒刑或者拘役，并处二万元以上二十万元以下罚金；数额巨大或者有其他严重情节的，处五年以上十年以下有期徒刑，并处五万元以上五十万元以下罚金；数额特别巨大或者有其他特别严重情节的，处十年以上有期徒刑或者无期徒刑，并处五万元以上五十万元以下罚金或者没收财产：

（一）使用伪造、变造的信用证或者附随的单据、文件的；

（二）使用作废的信用证的；

（三）骗取信用证的；

（四）以其他方法进行信用证诈骗活动的。

★以虚假合同骗取银行贷款应负什么责任

【案例】

某商贸公司的资金周转出现了问题，为了能够得到银行的贷款，该公司用虚假的合同蒙蔽银行，说是履行合同后，将有很大的收益。银行在不查明真相之下，发放了巨额的贷款。该商贸公司的行为构成犯罪吗？

【法律解析】

该商贸公司的行为构成金融诈骗罪。金融诈骗罪是指以非法占有为目的，采用虚构事实或者隐瞒事实真相的方法，骗取公私财物或者金融机构信用，破坏金融管理秩序的行为。本案中，该公司为了骗取银行的贷款，伪造合同，在主观上属于故意为之，在客观上是以非法占有财产为目的，而且诈骗的数额比较巨大，构成金融诈骗罪。

★虚报遭窃的数额骗取保险金构成犯罪吗

【案例】

贾某是某公司总裁，给自己的财产上了巨额的财产保险附加盗窃险。一次，贾某带着全家去外地旅游。回来时，发现家中遭窃，清点了财产后，发现丢失现金大概2万元，金项链1条。贾某遂向保险公司谎报了失窃的数额，称丢失现金5万元，金项链3条。这样的行为是违法的吗？

【法律解析】

贾某的行为已经构成了犯罪。本案中，贾某向保险公司虚报遭窃的数额以骗取保险金，这是一种保险欺诈的行为，如果犯罪危害轻微，一般给予行政处罚；如果情节严重，则认定构成金融诈骗罪，依法追究其刑事责任。

【法条链接】

《刑法》第一百九十八条 有下

列情形之一，进行保险诈骗活动，数额较大的，处五年以下有期徒刑或者拘役，并处一万元以上十万元以下罚金；数额巨大或者有其他严重情节的，处五年以上十年以下有期徒刑，并处二万元以上二十万元以下罚金；数额特别巨大或者有其他特别严重情节的，处十年以上有期徒刑，并处二万元以上二十万元以下罚金或者没收财产：

（一）投保人故意虚构保险标的，骗取保险金的；

（二）投保人、被保险人或者受益人对发生的保险事故编造虚假的原因或者夸大损失的程度，骗取保险金的；

（三）投保人、被保险人或者受益人编造未曾发生的保险事故，骗取保险金的；

（四）投保人、被保险人故意造成财产损失的保险事故，骗取保险金的；

（五）投保人、受益人故意造成被保险人死亡、伤残或者疾病，骗取保险金的。

有前款第四项、第五项所列行为，同时构成其他犯罪的，依照数罪并罚的规定处罚。

单位犯第一款罪的，对单位判处罚金，并对其直接负责的主管人员和其他直接责任人员，处五年以下有期徒刑或者拘役；数额巨大或者有其他严重情节的，处五年以上十年以下有期徒刑；数额特别巨大或者有其他特别严重情节的，处十年以上有期徒刑。

保险事故的鉴定人、证明人、财产评估人故意提供虚假的证明文件，为他人诈骗提供条件的，以保险诈骗的共犯论处。

★强买强卖犯法吗

【案例】

小张和朋友逛街买衣服时，看见一套款式比较新颖的连裤装，于是上前仔细查看，并伸手摸了摸，想看看是什么材质的。结果，店主抓住小张，说他把衣服弄坏了，硬要他买下这套衣服。店主的行为构成犯罪吗？

【法律解析】

店主强买强卖的行为，如果造成了极为严重的后果，就构成犯罪；如果情节比较轻微，应依法给予相应的行政处罚。强买强卖明显地破坏了自由、平等的社会主义市场经济秩序。对于这样的违法行为，要严厉制裁，以保证市场经济能够健康、平稳地向前发展。

★承诺未兑现是合同诈骗吗

【案例】

2006年4月15日，孙某与某公司签订了一份代销空调的合同。合同约定先交3.8万元定金，进货另外拿钱，公司负责交产品质量保险，并建立售后服务点，每销售一台空调给物流费、安装费等150元。之后，孙某进了5台空调，但质量都不合格，物流费、安装费也不给；维修点也没有建立。期满后，孙某决定不干了，要求退回定金，但是该公司已经人去楼空。该公司的行为是合同诈骗吗？

【法律解析】

合同诈骗罪是以非法占有为目的，在签订、履行合同中，骗取对方当事人财物，数额较大的行为。具体表现手段如：以虚假的身份或者证明文件订立合同；合同本身真实，但根本就不具备履行合同的能力，接受合同预付款或定金后，逾期不履行合同；行为人能够履约，但根本不想履约，收了对方给付的货物、货款等财产后逃匿的。孙某与公司订立的合同本身是真实的，但该公司根本不想履约，其目的是想骗取对方当事人财物的。因此该公司的行为涉嫌合同诈骗罪，应该向公安机关举报。

侵犯公民人身权利、民主权利罪

★随便诬陷诽谤别人构成犯罪吗

【案例】

夏某被公司作为新的接班人大力栽培。同级别的人事部门主管韩某出于忌妒，遂在公司内部散布谣言，说夏某经常召妓，同时还涉嫌侵吞公司财产。此举严重地损坏了夏某的声誉，连公司的高层也开始对夏某重新考量，甚至夏某的妻子也吵闹着要和夏某离婚。韩某的行为构成犯罪吗？

【法律解析】

韩某的行为构成诽谤罪。本案中，韩某出于忌妒，散布虚假的事实，严重地损坏了夏某的名誉，给夏某的生活造成了恶劣的影响，情节非常恶劣，已经构成了诽谤罪，要依法追究其刑事责任。

★公然进入他人住宅进行搜查是否构成犯罪

【案例】

杨某家遭窃了，除丢失铂金项链两条，现金十万元外，杨某心爱的小狗也不见了，杨某非常着急。经过检查，杨某发现狗的足迹一直延伸到邻居申某家。杨某便向申某提出要搜查其住宅，遭到申某的拒绝，两人遂发生冲突。情急的杨某遂强行进入申某家，翻天覆地地进行检查。杨某可以随便进入申某的家搜查吗?

【法律解析】

杨某不可以随便进入申某的家搜查。本案中，杨某怀疑邻居申某偷盗了自己的财物和宠物狗，但这仅仅只是揣测，没有任何实质的证据。况且，即使是司法工作人员在证据确凿的情况下，也要先申请搜查令，再对怀疑对象的住宅进行搜查，否则视为非法。公民的人身权利和民主权利不容任何人践踏。无论基于任何理由，杨某都不能随便地侵入申某的住宅。因此，杨某的行为已经构成了犯罪。

★派出所工作人员帮朋友找东西进行搜查也违法吗

【案例】

娄某说要到外地出差想借用韩某的笔记本电脑。1个月后，韩某向娄某要电脑时，他却找借口拖延不还。后来娄某说他家被盗了，手机和电脑都被偷走了。韩某不信，让在派出所工作的同学杨某帮忙。杨某以搜集盗窃证据为由对娄某家进行了搜查。结果电脑找到了，杨某却因非法搜查行为被处罚。

【法律解析】

本案中，杨某在未经侦查机关负责人批准也没有搜查证的情况下对娄某家进行搜查，属于违法行为。当然，如果娄某一直不还电脑，韩某可以向法院起诉要求娄某归还电脑或者赔偿损失，不应该违法搜查。

【法条链接】

《刑法》第二百四十五条 非法搜查他人身体、住宅，或者非法侵入他人住宅的，处三年以下有期徒刑或者拘役。

司法工作人员滥用职权，犯前款罪的，从重处罚

★殴打侮辱他人，寻衅滋事受惩罚

【案例】

4名少年在公交站台下避雨，后某女士也来此避雨。其中一女孩因多次碰撞该女士，该女士出言指责后，4名少年将该女士挟持到附近一拆迁房屋内，他们分别持木棍殴打该女士的面部和身体，并胁迫该女士脱掉衣服，最后抢走该女士1000元和1部小灵通。该女士因创伤失血性休克合并蛛网膜下腔出血死亡。

【法律解析】

4名少年在本案中主要表现为无端寻衅、打人发泄，其侵害是寻衅滋事罪的本质特征。本案中，4名少年将该女士殴打致死，情节恶劣，符合寻衅滋事罪的犯罪构成，所以，以寻衅滋事罪对4名少年定罪量刑。

【法条链接】

《刑法》第二百九十三条 有下列寻衅滋事行为之一，破坏社会秩序的，处五年以下有期徒刑、拘役或者管制：

（一）随意殴打他人，情节恶劣的；

（二）追逐、拦截、辱骂他人，情节恶劣的；

（三）强拿硬要或者任意损毁、占用公私财物，情节严重的；

（四）在公共场所起哄闹事，造成公共场所秩序严重混乱的。

★囚禁他人索债构成犯罪吗

【案例】

张某因做生意跟朱某发生经济纠纷，朱某欠他50万元货款一直拖着不还。张某在多次追讨不到货款的情况下，把朱某的弟弟骗到自己家中囚禁起来，以此为要挟要求朱

某还给他拖欠的货款。囚禁他人索要债务的行为是否构成犯罪?

【法律解析】

张某将朱某弟弟囚禁于自己家中的行为涉嫌非法拘禁罪。而且根据法律规定，如果张某具有殴打、侮辱情节，还要从重处罚。如果致人重伤，则处三年以上十年以下有期徒刑；如果致人死亡的，则处十年以上有期徒刑。

★虐待家人，情节恶劣要被治罪

【案例】

丁某与妻子赵某从孤儿院收养了一个男孩。男孩长大成人后经常因为一些生活琐事与养父母吵架。一天，男孩酒后回到家中，因为赵某的一句问话即对其大骂并拳打脚踢，致赵某头面部、前额多处受伤。第二天凌晨，赵某因不堪忍受虐待，跳入湖中自杀身亡。

【法律解析】

虐待家庭成员，情节恶劣的，处二年以下有期徒刑、拘役或者管制。致使被害人重伤死亡的，处二年以上七年以下有期徒刑。如果造成被害人重伤或是死亡，可以到派出所或检察院报案，由检察院提起公诉。

行政篇

——与政府打交道

治安管理

★什么样的情况下人民警察可以当场收缴罚款

【案例】

人民警察发现严某参与赌博，但是情节较轻，所以决定对其作出罚款50元的治安管理处罚。在当事人没有异议的情况下，当场对其收缴了罚款。请问，人民警察可以当场收缴罚款吗?

【法律解析】

根据我国法律的规定，受到罚款处罚的人应该在法定的期限内向指定的银行缴纳罚款，但是在某些情况下，也可以直接收缴罚款。具体的情况是：五十元以下的罚款，可以由人民警察当场作出处罚决定。在人民警察当场作出罚款决定，被处罚人对罚款无异议的情况下，人民警察就可以在作出罚款决定后当场进行收缴。

★什么样的情况下，可以申请暂缓执行行政拘留的处罚

【案例】

韩某在浴室洗浴后要求叶某为其提供特殊服务，双方在商谈价格时被公安机关当场查获。公安局依据上述查明的事实，作出公安行政处罚决定，给予韩某拘留5日，并处罚金人民币1000元的处罚。韩某不服，向上一级公安机关申请复议。其间韩某提出暂缓执行行政拘留的申请。

【法律解析】

本案中，韩某因为涉嫌嫖娼，公安机关决定对其作出行政拘留5日的决定。韩某不服，提出行政复议。在复议期间，其可以申请暂缓执行行政拘留，行政机关可以要求其提供保证人或者缴纳保证金。

★不服治安管理处罚决定的，当事人可以采取怎样的救济措施

【案例】

杨某等300多人到国土资源局上

访。上访人中有打标语、喊口号、围堵大门等行为，上访人滞留在院内长达6个小时。杨某是煽动聚众扰乱正常办公秩序的首要分子。该地公安机关决定给予杨某行政拘留15日的处罚。杨某对该决定不服，向上一级公安机关申请复议。

【法律解析】

对行政机关作出的警告、罚款、没收违法所得、没收非法财物、责令停产停业、暂扣或者吊销许可证、暂扣或者吊销执照、行政拘留等行政处罚决定不服的，公民、法人或者其他组织可以依法申请行政复议。本案中，杨某可以向作出行政处罚的机关即当地公安机关的上一级公安部门提出复议申请，也可以向该公安机关所在地的基层法院提起行政诉讼。

★公安机关接到报案有受理期限吗

【案例】

宋某在上班途中发现钱包丢失，于是急忙赶往公安机关报案。公安局的值勤民警肖某告诉宋某说，他今天很忙，让宋某明天再来。肖某的做法符合法律规定吗？

【法律解析】

肖某的做法是违法的。我国《治安管理处罚法》规定，公安机关对报案、控告、举报或者违法行为人的主动投案，以及其他行政部门、司法机关移送的治安管理案件，应当及时受理并进行登记。本案中，对于受害人宋某的报案，公安局的民警肖某应当依法立即受理并及时登记，而不能以“忙”为借口加以推脱。

【法条链接】

《治安管理处罚法》第七十七条　公安机关对报案、控告、举报或者违反治安管理行为人主动投案，以及其他行政主管部门、司法机关移送的违反治安管理案件，应当及时受理，并进行登记。

第七十八条　公安机关受理报案、控告、举报、投案后，认为属于违反治安管理行为的，应当立即进行调查；认为不属于违反治安管理行为的，应当告知报案人、控告人、举报人、投案人，并说明理由。

★公安机关办理治安案件时，能否扣押物品？扣押物品的范围是什么

【案例】

程某用自用的摩托车送一朋友至车站。出租车驾驶员李某认为程某抢了客源，由此引发矛盾。李某赶到车站门口，对程某进行殴打。公安机关作出行政处罚决定：对违法行为人李某给予行政拘留5日，同时认为李某持有的一辆吉利牌微型车与殴打他人案件有关，需要作为证据，对该车予以扣押。

【法律解析】

公安机关不应该扣押李某的车。李某持有的吉利牌微型车与本案所认定的打架斗殴行为没有直接的利害关系，也不是本案的证据，所以不应该扣押。

【法条链接】

《治安管理处罚法》第八十九条　公安机关办理治安案件，对与案件有关的需要作为证据的物品，可以扣押；对被侵害人或者善意第三人合法占有的财产，不得扣押，应当予以登记。对与案件无关的物品，不得扣押。

对扣押的物品，应当会同在场见证人和被扣押物品持有人查点清楚，当场开列清单一式二份，由调查人员、见证人和持有人签名或者盖章，一份交给持有人，另一份附卷备查。

对扣押的物品，应当妥善保管，不得挪作他用；对不宜长期保存的物品，按照有关规定处理。经查明与案件无关的，应当及时退还；经核实属于他人合法财产的，应当登记后立即退还；满六个月无人对该财产主张权利或者无法查清权利人的，应当公开拍卖或者按照国家有关规定处理，所得款项上缴国库。

★公安机关作出的处罚有失公平怎么办

【案例】

田某开车将同向骑自行车的丁某刮倒。之后田某把丁某送到医

院，并支付了医疗费，检查脾脏一切正常。后来丁某向派出所报案说田某无证驾驶，公安机关对田某作出了治安拘留15日的处罚裁决书。但是田某在出事前已经通过了驾驶员资格考试，而且事后第二天就取得了驾驶证。公安机关对田某的处罚是否有失公平？

【法律解析】

行政机关在对违法人进行处罚时应考虑违法情节和动机等客观情况。在事发前田某已经通过了驾驶员资格考试，事后第二天就取得了驾驶证，而且在出事后积极带丁某治疗，显然其违法情节并不严重。

公安机关作出了治安拘留15日的处罚裁决书，属于显失公平。因此，田某可以向上级机关提出复议或者向法院请求变更。

★公安人员可以当场作出行政处罚吗

【案例】

范某在装修厨房的时候，凿穿了墙面损坏了邻居赵某家的壁橱，双方便争执了起来。两人争吵的声音惊扰了周围的邻居，邻居遂报了警。闻讯而来的警察经过现场勘查，依照《治安管理处罚法》作出相应的处罚，两人都没有异议。公安人员可以当场作出行政处罚吗？

【法律解析】

公安人员可以当场作出行政处罚。该问题主要涉及了行政处罚的简易程序的问题。适用简易程序是要符合一定的条件的，其必须是有法定依据；违法事实确凿；较小数额罚款或者警告的行政处罚。此处，较小的罚款是指对公民处以50元以下，对法人或其他组织处以1000元以下的罚款。如果符合以上的条件，执法人员就可以适用简易程序，当场作出行政处罚。

本案中，事件的脉络很清晰，范某与赵某双方对违法事实的认定没有异议，争议比较集中，执法人员可以当场作出行政处罚。

★公安局有权吊销经营者的营业执照吗

【案例】

某市公安局接到举报称某发廊

介绍并容留妇女卖淫，公安局经突击检查发现情况属实，于是对该发廊老板处以拘留15日、罚款3000元并吊销该发廊的营业执照的行政处罚。发廊老板对前两项处罚都没有异议，但是对于第三项，认为那不属于公安局管的事，公安局无权吊销其营业执照。本案中，公安局有权吊销发廊的营业执照吗?

【法律解析】

公安局无权吊销营业执照。本案中公安局对发廊介绍、容留妇女卖淫所做的前两项处罚是没有问题的。但对于吊销营业执照的处罚，公安机关只能吊销由公安机关发放的许可证，而营业执照是工商行政部门发放的，公安机关无权吊销。

★违反治安管理处罚的案件，能否进行调解

【案例】

夏某与石某为前后邻居。石某在自己家宅基地上建养鸡房，夏某以给自己家中生活造成污染为由阻拦，双方发生争执并厮打在一起，事后两人均住院治疗。后经公安机关的调解，双方达成调解协议。

【法律解析】

违反治安管理处罚的案件可以进行调解。调解是我国长期以来解决纠纷的一种行之有效的方法。公安机关处理治安管理处罚的案件，也可以进行调解。公安机关可以调解处理的治安案件的范围，是因民间纠纷引起的打架斗殴、损毁他人财物等违反治安管理行为，情节较轻的。

【法条链接】

《治安管理处罚法》第九条　对于因民间纠纷引起的打架斗殴或者损毁他人财物等违反治安管理行为，情节较轻的，公安机关可以调解处理。经公安机关调解，当事人达成协议的，不予处罚。经调解未达成协议或者达成协议后不履行的，公安机关应当依照本法的规定对违反治安管理行为人给予处罚，并告知当事人可以就民事争议依法向人民法院提起民事诉讼。

★工商行政管理人员有权实施行政拘留吗

【案例】

杨某夫妻两人经营一家小型超市。工商局的工作人员到超市检查，认为超市所售的产品有质量问题，双方发生争吵。工商局的工作人员随即将两人扭送到市场管理办公室，并用手铐把两人铐在办公室窗户的铁栏杆上，扣留时间长达3个小时。工商局工作人员的行为违法吗？

【法律解析】

工商局工作人员的行为是违法的。根据《治安管理处罚法》的规定，只有公安机关才有剥夺或限制他人的人身自由的处罚权和强制权，除公安机关外，其他任何机关、组织和个人都无权限制和剥夺公民的人身自由。本案中，工商局的工作人员将杨某夫妻两人铐起来并限制人身自由的行为是严重侵犯公民人身权利的行为，应当马上撤销，并且要针对此行为造成的损害给予相应的赔偿。

★什么情况下可要求办案警察回避

【案例】

钱某与姚某发生冲突，钱某把姚某打伤。二人被带到公安机关接受讯问。公安机关办案的民警是姚某的姐夫，钱某心里非常害怕，心想这下可坏了，警察一定偏袒姚某，自己要倒霉了。这种情况下，为了不使姚某受到偏袒，钱某可以采取什么措施吗？

【法律解析】

钱某可以要求姚某的姐夫回避。回避是指警察在出现一定的情况之下，应当退出案件办理的一种制度。这是为了保证治安处罚案件的公正性。本案中，由于办案警察是姚某的姐夫，如果由他办理案件，会有不公正的嫌疑，因此钱某有权要求其回避。

【法条链接】

《治安管理处罚法》第八十一条　人民警察在办理治安案件过程中，遇有下列情形之一的，应当回避；违反治安管理行为人、被侵害人或者其法定代理人也有权要求他们回避：

(一)是本案当事人或者当事人的近亲属的；

(二)本人或者其近亲属与本案有利害关系的；

(三)与本案当事人有其他关系，可能影响案件公正处理的。

人民警察的回避，由其所属的公安机关决定；公安机关负责人的回避，由上一级公安机关决定。

★对违反治安管理查获的违禁品和财物应该如何处理

【案例】

公安机关派出所发现某村村民林某欺骗卫生所的医务人员，开具了过量的麻醉药品，公安机关对其作出罚款500元的治安处罚决定，并决定没收麻醉药品。

【法律解析】

公安机关在办理涉毒、赌博、盗窃等治安案件时，会同时查获与违反治安管理案件相关的毒品、淫秽物品等违禁品，赌具、赌资，吸食、注射毒品的用具以及违法行为人直接用于实施违法行为的本人的工具。如何处理好这些物品，既是法律问题，也是政策问题。法律上要严格规定，依法办事；政策上要区别对待，以维护社会稳定。

本案中，林某骗取了大量的麻醉药品，而麻醉药品属于违禁物品，所以公安机关作出了没收麻醉药品的决定，是符合法律规定的。

【法条链接】

《治安管理处罚法》第十一条　办理治安案件所查获的毒品、淫秽物品等违禁品，赌具、赌资，吸食、注射毒品的用具以及直接用于实施违反治安管理行为的本人所有的工具，应当收缴，按照规定处理。

违反治安管理所得的财物，追缴退还被侵害人；没有被侵害人的，登记造册，公开拍卖或者按照国家有关规定处理，所得款项上缴国库。

★醉酒的人违反治安管理的，是否应当给予处罚

【案例】

沈某高中毕业后经常拉帮结派，横行乡里。有一天，沈某和一帮人在某小酒馆喝完酒醉醺醺地走出时，看见同村的周某一行，沈某便说："这个人我平时就看着不爽，大家帮我教训一下他。"之后一帮人打作一团。沈某被处以行政拘留十天的治安管理处罚。沈某辩解说，当时自己已经喝醉，行为不受自己控制。醉酒的人违反治安管理的，是否应当给予处罚呢？

【法律解析】

醉酒，是指人因饮酒过量而不能控制行为或者说控制行为的能力大大降低的一种状态。醉酒的人虽然不能有效地控制自己的行为，但并不是完全丧失行为辨认和控制能力，并且这种状态是完全可以避免的。因为造成醉酒完全是本人在清醒状态时过量饮酒所致，完全是在正常情况下自己意志支配的结果。因此，醉酒的人不属于无责任能力或者限制责任能力的人，醉酒的人违反治安管理的，应当与有完全责任能力的人一样负完全责任。

本案中，沈某辩解说自己当时处于醉酒状态，所以可以不承担法律责任，这是没有法律依据的。其应当接受治安管理处罚。

★警察可以对治安案件进行调解吗

【案例】

薛某到一家饭店吃饭，席间多喝了点酒，便开始酒后闹事。薛某不顾服务员的劝阻，砸坏了饭店内的许多桌椅，共造成经济损失1000余元。派出所接到报警后赶到饭店，制止了薛某的行为。酒醒后的薛某得知自己的行为，遂表示愿意赔偿损失，饭店方面也没有异议，此事就此解决。对此治安案件，警察可以进行调解吗？

【法律解析】

对于这种治安案件，警察是可以进行调解的。调解制度是我国民事诉讼、刑事自诉和赔偿诉讼中的特有制度，是在尊重当事人意愿的

前提下进行的调解。本案中，薛某酒后打坏了该饭店的桌椅，虽造成了一定的财产损失，但情节比较轻微，公安机关在尊重双方意愿的情况下，可以进行调解，达成调解协议。但是，如果双方不愿意履行调解协议，则公安机关应依法作出行政处罚。

★干扰无线电业务的行为要受到行政处罚吗

【案例】

某市广播电台所开办的音乐频道通信频率经常受到干扰，不能正常发出信息，影响了节目的播放。电台向无线电管理处投诉。无线电管理处经过调查，发现在电台附近有一个塑料加工厂，其使用的塑料焊接机用高频产生热能，辐射出宽带信号，对电台造成干扰。无线电管理处要求加工厂采取措施消除影响，被加工厂拒绝，无线电管理处遂向公安局报警。公安局应对此作出处罚吗?

【法律解析】

公安局应对此行为作出行政处罚。本案中，该塑料加工厂设置的塑料焊接机辐射出的宽带信号干扰了广播电台的工作，危害了无线电业务的正常开展，具有一定的社会危害性。无线电管理处要求该塑料加工厂解决此问题，该厂拒不理会，也不改正，其危害照旧。当然，无线电管理处不能采取什么强制措施。公安机关可以依照法律规定，对该塑料厂的行为给予行政处罚，采取一些强制措施，以监督加工厂改正错误。

★派出所民警可以作出拘留的处罚吗

【案例】

叶女士在自己经营的美容美发店照常营业时，当地派出所干警突然闯入美发店，将叶女士强行带到派出所，并对其进行严格的审讯，要其承认暗娼的行为。在长达20多个小时的非法讯问后，便出具了一份《治安管理处罚决定书》，以暗娼为由拘留叶女士15日。派出所民警的行为是合法的吗?

【法律解析】

派出所民警的行为不合法。公安派出所是公安机关的派出机构，被派出机构不是独立的行政主体，除非法律的授权，否则不能以自己的名义对其行为负责。根据法律规定，派出所尽管也可以作出行政处罚，但是只能是警告，或者是500元以下的罚款的行政处罚，不能超出这个范围，否则就是越权。其他的行政处罚由县级以上的公安机关作出。

本案中，拘留15日的行政处罚显然已经超出了派出所的职权范围，该处罚是越权作出的，是无效的。

★违反治安管理的，有哪些法定的减轻或从重情节

【案例】

柳某在自家宅基地建造房屋时，郑某用石头将其石棉瓦砸毁，属于故意损毁公私财物的行为。当地公安机关在作出行政处罚决定时，认为郑某在事发之后，主动向柳某道歉并给予了赔偿，属于法定的减轻处罚或免除处罚的情节，所以决定对其免除处罚。

【法律解析】

我国《治安管理处罚法》规定的减轻处罚和不予处罚的情形，主要是考虑到行为人的行为特征、行为后果、社会危害等客观因素。主要情形有：一是情节特别轻微的。这里规定的“情节特别轻微的”，主要是指违反治安管理的行为没有造成危害后果或者危害后果很轻微等情况。二是主动消除或者减轻违法后果，并取得被侵害人谅解的。

★哪种情况下，应给予行政拘留处罚的，不再执行行政拘留处罚

【案例】

朱某是网络爱好者，在网友聚会上认识马某。马某后来多次发出侮辱朱某人格的帖子。公安机关以马某诽谤他人情节特别严重，决定对其作出拘留5日的决定，但是由于马某不足16岁，且是初犯，遂决定不再执行行政拘留处罚。

【法律解析】

《治安管理处罚法》中关于不执行行政拘留处罚的规定目的在于体现对弱势群体的特殊保护。行政拘留毕竟是剥夺人身自由的严厉处罚，应当慎重适用，并且为了避免行政拘留给某些人带来消极影响，坚持对未成年人治安处罚为辅教育为主的方针，充分保障老人和未成年人的权益，充分尊重和保障人权。法律规定对某些违反治安管理行为人不执行行政拘留处罚。

行政处罚

★私刻公章会受到什么处罚

【案例】

贾某在报纸上看了一个产品，觉得不错，也不需要太大的投资，所以就联系做销售，并在网上开了一家店。开张后有人来订货，但要贾某开具带有公章的正式发票，贾某想看产品销路如何，然后再到工商部门登记，就找熟人帮忙刻了一枚公章。贾某的行为违法吗?

【法律解析】

贾某的行为是违法行为。我国法律对国家机关、企业、事业单位、公司、人民团体或者其他组织的公章刻制有严格的规定，必须取得工商登记后到公安机关备案，在合法的刻章单位刻制公章。本案中，贾某私自找人刻制公章是违法行为。

★私自买卖外汇会受到什么处罚

【案例】

曾某是某外贸公司的法人代表。公司准备派曾某到欧洲办理一项涉外业务，于是曾某到银行申购了部分欧元。但是由于某种原因最终取消了行程，之后曾某托人将欧元在黑市上交易，赚了8000元。曾某私自买卖外汇会受到什么处罚?

【法律解析】

我国实行严格的外汇管制，法律禁止在银行和指定的外汇调剂市场以外从事私下外汇交易。对于申购的外汇如果暂时不用，可以存入银行或者卖给外汇指定银行。但是曾某擅自到黑市上抛售，扰乱了金融管理秩序，应当予以处罚。

★卫生部门是否可以没收无卫生许可证食品加工点的营业收入

【案例】

卫生监督所对一个无卫生许可证的外卖盒饭加工点进行调查时，发现该加工点隶属于一家饭店，于是没收了该加工点经营期间的纯收入2万元，并对饭店作出了罚款2万元的决定。卫生部门的做法是否有法律依据？

【法律解析】

食品生产经营企业和食品摊贩，必须先取得卫生行政部门发放的卫生许可证方可向工商行政管理部门申请登记。未取得卫生许可证的，不得从事食品生产经营活动。因此，卫生部门的做法符合法律规定。

★超市有权对顾客“偷一罚十”吗

【案例】

一天，宋某带着女儿去买东西。超市入口处有一个标有“偷一罚十”的警示牌。宋某买完东西后，到出口处结账。结完账，宋某带着女儿准备离开超市，刚走到超市门口，保安就拦住了宋某，并用手指了指宋某女儿手里的玩具娃娃。宋某这才发现，女儿手中的娃娃还没付款。保安以宋某违反了超市规定为由，要按照货款十倍的数额罚款。超市有权这样做吗？

【法律解析】

超市无权规定“偷一罚十”。我国法律明确规定，行政处罚的主体是行政主体，主要的行政主体是指国家行政机关，当然，还有其他的行政主体，比如行业协会等。也就是说，有权作出行政处罚的只有行政主体，而超市不在此列。本案中，超市无权作出“偷一罚十”的行政处罚，其处罚行为是无效的。

★罚款要当场收缴吗

【案例】

卢某从一非法卷烟市场购买了进口卷烟100条，在无准运证的情况下企图运到别处。运输途中，被烟草专卖局委托的执法人员查获。执法人员经过调查，没收了这100条卷烟，并作出了罚款3000元的行政处罚，并当场要求卢某缴纳。执法人员的行为是合法的吗?

【法律解析】

执法人员的行为是不合法的。根据我国法律的相关规定，作出罚款决定的机构和收缴罚款的机构是相分离的，这是行政处罚中“职能分离”的原则。本案中，卢某被处以罚款的情况不符合当场收缴罚款的条件，卢某应到指定银行交款。

★公民听证的权利是什么样的权利

【案例】

某市一广场发生火灾，造成直接财产损失达20万。该区公安分局消防处经过调查，发现该广场属于某公司。夏季，该公司将广场出租给小商贩，由于管理不善，发生火灾。消防处遂令该公司对此事故负责，并罚款10万元。该公司以行政处罚决定作出之前未告知其听证权利、被处罚的主体不明确等理由向区人民法院提起行政诉讼，要求撤销公安消防机构作出的行政处罚决定。

【法律解析】

听证程序是指行政机关为了查明案件事实、公正合理地实施行政处罚，在作出行政处罚决定前通过公开举行由有关利害关系人参加的听证会广泛听取意见的程序。但并非所有的行政行为前都要举行行政听证，而是有特定的范围。本案中，行政机关对该公司作出的10万元罚款，其数额较大，应当依法告知该公司听证的权利。

★被行政拘留而后被判刑的，之前被监禁的时间怎么算

【案例】

邢某因吸毒被公安机关行政拘留。随着调查的深入，发现邢某还涉嫌走私毒品和贩卖毒品。法院经过审理，判处邢某有期徒刑10年。邢某之前被行政拘留的刑期应怎么算?

【法律解析】

邢某之前被行政拘留的刑期不会忽略不计。行政拘留，又称为治安拘留，是指公安机关依法对违反行政法律规范的人，在短期内限制其人身自由的一种处罚。剥夺人身自由，是一种很重的处罚。期限应该严格计算，即使多计算一天，也是严重的侵犯人权。

本案中，邢某在被判决有期徒刑10年前，被行政拘留了一段时间，邢某先前被羁押的期 限按照1：1的比例算在有期徒刑的刑期里。

★该处罚决定是否违反法定程序

【案例】

梁某是一名出租车司机。2008年6月，梁某在市长途汽车站内拉客时，被派出所民警发现，以扰乱公共场所秩序为由，当场处以200元罚款，而且该民警当场收缴了罚款。该处罚决定是否违反法定程序？

【法律解析】

《治安管理处罚法》规定，扰乱车站、港口、码头、机场、商场、公园、展览馆或者其他公共场所秩序的，处警告或者200元以下罚款；情节较重的，处5日以上10日以下拘留，可以并处500元以下罚款。派出所民警对梁某当场作出的200元罚款决定违反法定程序，而且不应该当场收缴罚款。

★对同一违法行为，可以多次处罚吗

【案例】

万某是某商店的店主，经常使用高音喇叭招揽顾客，造成噪声污染，严重影响周围居民的日常生活。接到周围群众的举报，执法人员经过现场勘察、调查等取证程序，责令万某在两天内整改，并处罚款。两天后执法人员再次检查时，发现万某根本没改，执法人员可以再次对万某罚款吗？

【法律解析】

执法人员不能就同一件事再对万某罚款了。罚款是行政处罚中财产处罚的一种形式。行政处罚，是指有处分权的行政机关组织，对违反行政法律、法规的行政相对人给予行政制裁的具体行政行为。本案中，执法人员对万某的行为已经罚过款了，按照“一事不再罚”的原则，就不能再罚了。

★罚款时可以用“白条”代替收据吗

【案例】

某市一家农药公司运送农药、种子的货车途经某县时，被该县农业局执法大队查明该公司未出示经销种子的证件，并且部分农药也有问题。于是，该县农业局将部分物资没收，并处10000元罚款。农业局当场收取了8000元的罚款，但是没有出示任何正式的收据，只是将写有“待结案时换正式票据”字样的随便的一张纸交给了货车司机。执法人员这样的行为合法吗？

【法律解析】

农业局执法人员罚款打白条的行为是违法的。通常情况下，行政处罚机关应当与收缴罚款的机关分离，这是为了避免出现执法人员违法执法的行为。但是，也会有当场收缴罚款的情况，作出行政处罚并当场收缴罚款的行政执法人员必须出具统一的收据，否则，当事人有权拒绝缴纳罚款。

统一的收据是具有权限的执法人员依法执法的凭证，没有收据，就难以证明执法的合法性，很可能会造成混乱。因此，执法人员在收缴罚款时出具统一的收据是必要的。本案中，该农业局的执法人员当场罚款10000元，并收缴了8000元，但是，没有出具统一的收据，而是随便找了张纸条。该农药公司的运输司机可以拒绝缴纳罚款。

★税务机关的二次处罚决定违法吗

【案例】

范某经营的汽车配件经销部因开具收款收据代替正规发票，偷税10万元，税务机关作出处理决定：追缴所偷税款10万元；根据《中华人民共和国税收征收管理法》处以所偷税款一倍罚款，计人民币20万元。税务机关是否违反有关行政处罚的法律规定？

【法律解析】

税务机关违反了对一个违法行为不得给予两次以上罚款的规定。税务机关对一个违法行为依据不同的法律规定给予两次以上罚款，违反了《行政处罚法》第二十四条的规定， 即对当事人的同一个违法行为，不得给予两次以上罚款的行政处罚。

★业主违规装修，物业公司无权越级“行政处罚”

【案例】

韩女士最近购买了一套新房，装修房屋时，她收到了小区物业公司开出的500元的罚单。原来，小区的物业公司认为其违反了不得擅自改变房屋结构的物业公司相关规定。那么，即使韩女士真的违反了相关规定，物业公司有权罚款吗?

【法律解析】

物业公司无权对业主罚款。物业管理公司不是行政机关，也不属于《行政处罚法》规定的受行政机关委托可以实施行政处罚的组织，所以无权实施包括罚款在内的任何行政处罚行为。另外，物业公司对业主的职责主要是服务，如果业主在装修过程中违反《住宅室内装饰装修管理办法》中的禁止性规定，物业公司在制止无效的情况下，应报请有关行政管理部门处理，而不能代替行政机关来罚款。

★已经罚过款的车辆就可以随便超载了吗

【案例】

某市边境的国道上行驶着一辆经过改装加长的大货车，该货车的核载量是12吨，但是这辆车竟然装了35吨水泥，严重超载。有关部门执法人员上前拦住该货车，要求检查。该货车司机辩称：该车在装车时就已经罚过款了。已经罚过款的车就可以随便超载了吗?

【法律解析】

已经罚过款的车也不能随便超载。我国行政处罚法中规定有“一事不再罚”原则，即对当事人的同一个违法行为，不得给予2次以上的罚款的行政处罚。根据此原则，似乎可以钻一钻法律的空子，反正已经罚过了，即使再超载也不会再罚了。对于本案中超载的车辆，不仅要罚款，还要由公安机关交通管理部门扣留机动车至违法状态消除。也就是说，认定为超载的车辆，必须在实施卸载、消除违法状态后方可放行，以避免连续处罚、重复处罚。

信访

★公民享有哪些信访权利

【案例】

林某户口被人占用，派出所不管，说户口办理原则是：身份证号编码登记为准原则，人口信息先入为主原则，方便群众和方便管理原则。林某的户口被人先办了二代身份证，在多次申请无法解决的情况下，遂决定向上级公安机关信访。

【法律解析】

根据《信访条例》的规定，信访人应当如实反映情况，不得捏造、歪曲事实，不得诬告、陷害他人。信访人主要有七种权利和五种义务。

权利有：一是信访事项提出权（信访权）；二是不受报复权（要求保密权）；三是请求复查权；四是了解权（要求答复权）；五是申诉权（对处理不服的可以向法院提起行政诉讼）；六是反映重大、紧急信访事项权；七是受奖励权。

义务有：一是遵守提出程序的义务；二是如实反映情况的义务；三是遵守禁止性行为的义务；四是遵守上访程序的义务；五是执行行政机关处理决定的义务。

本案中，林某进行信访依据的是当事人享有的信访权利中的信访事项提出权。

★公民在信访活动中应该遵守哪些规定？遵守什么样的程序

【案例】

某村部分村民因对酒厂占用耕地的补偿款不满，多次集体到镇政府进行上访。镇主要领导获知此事后，迅速组织工作组现场调查摸底，掌握第一手资料并及时向县领导及有关部门反映情况，经过长达半年的深入细致工作，促使酒厂与群众双方达成了协议。实现了政府、企业、群众的三满意。

【法律解析】

我国实行的是逐级上访和分级受理制度。信访工作坚持的是“分级负责、归口办理”和“谁主管、谁负责”的原则。因此，农民的信访活动应先到接待处理信访问题的起点单位反映，即先到乡镇党委政府、街道办事处或所在的工作单位反映。能在乡里解决的就不到县，能在县解决的就不要到市，能在市解决的就不要到省。另外，可以通过诉讼、仲裁程序和行政复议程序解决。

本案中，村民对耕地征收补偿款不满，到镇政府上访是符合法定程序要求的，镇政府也及时解决了这一问题。

★应该如何提出信访事项

【案例】

2008年，某市因修建水电站引发了电站发电用水与群众稻田灌溉的矛盾纠纷，100多户群众欲集体上访。

【法律解析】

信访人的信访事项应当向依法有权作出处理决定的机关或者单位提出。信访人提出信访事项，一般应当采用书信、电子邮件、传真等书面形式；信访人提出投诉请求的，还应当载明信访人的姓名（名称）、住址和请求、事实、理由。多人采用走访形式提出共同的信访事项的，应当推选代表，代表人数不得超过5人。走访要到有关部门指定的接待场所，要如实反映情况。

本案中，因为涉及多人利益，所以可以推选代表，上访的形式可以采取书信、电子邮件等形式，也可以采取走访的形式。因为是对具体的行政行为不服，所以应当向乡政府的法制部门提出。

★行政机关办理信访案件是否受期限的限制

【案例】

2006年12月30日，70岁的退休工人商某到全国人大常委会办公厅信访局接待室哭诉说，其子小商为程某看守砂场，应得劳务费7000

元，几经讨要，程某拒不偿还。小商再次向程某讨债时，被程某的弟弟用五连发猎枪打死。杀人者被依法判处死刑。商某向市人民法院提起诉讼，要求程某偿还债务。虽获胜诉，但时过7年未能得到执行。信访局向省人大常委会办公厅交办此案，要求依法督办。最后，在四级人大的过问下，2007年1月18日，法院终于将欠款7000元及利息共计11000元全部执行到位。

【法律解析】

为了使广大人民群众的问题及时得到解决，我国的《信访条例》中对行政机关受理信访案件的期限作出了具体的规定。直接办理信访事项的行政机关的受理期限是六十日。情况复杂的，经本行政机关负责人批准，可以适当延长办理期限，但延长期限不得超过三十日，并告知信访人延期理由。本案中，全国人大常委会受理的商某的信访案的受理期限是六十日。从上述的时间中可以看出，在不到六十日的时间内，信访人的问题已经得到了解决，信访机关的行为是符合法律规定的。

★检察院应如何受理信访

【案例】

某教师因揭发当地干部的弄虚作假和违法乱纪问题，受到报复和诬陷。该教师向当地检察院申诉，可信访接待室的人不受理，该教师又要求接待室的人出具书面答复，也被拒绝。接待室工作人员的行为符合法律规定吗?

【法律解析】

根据《人民检察院信访工作规定》信访人采用走访形式提出信访事项的，负责接待的工作人员应当制作笔录，载明信访人的姓名或者名称、单位、住址和信访事项的具体内容，经宣读或者交信访人阅读无误后，由信访人和负责接待的工作人员签名或者盖章。对信访人提供的控告、举报、申诉材料认为内容不清的，应当要求信访人补充。属于本院管辖的信访事项，能够当场答复是否受理的，应当当场书面答复；不能当场答复的，应当自收到信访事项之日起15日内书面告知信访人，但是信访人的姓名（名称）、住址不清的除外。因此，该名检察院工作人员的不作为是不符合法律规定的。

★按照现行法律的规定，信访主要可以通过哪些渠道进行

【案例】

某市街道办事处居委会非法破坏耕地180多亩，致使严某承包30年的耕地被侵占。严某曾多次到省、市国土局反映无人理睬。后严某到全国人大上访，信访局致函省有关部门，回报称：非法占用27．65亩耕地反映属实。政府部门对占地问题处理意见如下：一是立即停工，对毁坏的耕地，限期恢复耕种。二是对该违法占地行为按照《土地管理法》的规定依法处理。三是对该违法占地事件由市国土资源局进行调查处理。

【法律解析】

国务院要求各地各单位要高度重视信访工作，切实将信访工作列入重要议事日程，纳入工作全局进行重点部署，定期听取信访工作汇报，研究涉及稳定问题的会议请信访部门参加。各级人民政府、县级以上人民政府工作部门应当在其信访接待场所或者网站公布与信访工作有关的法律、法规、规章，信访事项的处理程序，以及其他为信访人提供便利的相关事项。

★信访人违反法律、法规应该如何处理

【案例】

某卫生院护士兼收费员叶某向有关部门举报，称该院院长周某涉嫌贪污问题。县人民检察院经过调查后，认为周某涉嫌贪污犯罪证据不足，依法作出不予立案的决定，同时认为周某有违反财经纪律的问题，移送纪检机关处理。纪检机关对周某作出留党察看一年的处分。叶某对检察机关的不立案决定不服。市人民检察院、省人民检察院先后认真复查，最高人民检察院也做了审查，均认为这个决定是正确的，但叶某十年来不断到省城和北京上访、闹访，到政府门口静坐，无理取闹。请问叶某这样做对吗？

【法律解析】

不对，信仿人进行信访时，也要注意遵守国务院《信访条例》和各省有关信访的法规。要依照法律规定，正当地行使信访的权利，不能无理取闹，扰乱社会公共秩序。违法信访会给信访人带来治安管理处罚等惩罚，严重的还有可能导致刑事犯罪。本案中，叶某在有关机关已经对其信访请求作出处理的情况下，仍旧纠缠不休，到机关门口静坐，影响公共秩序，已经违反了《信访条例》的规定，应当依法作出治安管理处罚的决定。

★依法信访遭遇陷害该如何维权

【案例】

夏某是一个劳动争议的上访者，一直依照法定程序上访。2008年9月16日，当地居委会和派出所对夏某家进行监控，并对其他居民说这里发生了偷盗事件，此事持续到9月30日，严重影响了夏某的生活和名誉。夏某应该怎么办？

【法律解析】

信访者应依法进行信访，维护社会公共秩序和信访秩序。《信访条例》规定，打击报复信访人，构成犯罪的，依法追究刑事责任；尚不构成犯罪的，依法给予行政处分或者纪律处分。因此，夏某可向有关上级部门申诉。

【法条链接】

《信访条例》第三条　各级人民政府、县级以上人民政府工作部门应当作好信访工作，认真处理来信、接待来访，倾听人民群众的意见、建议和要求，接受人民群众的监督，努力为人民群众服务。

各级人民政府、县级以上人民政府工作部门应当畅通信访渠道，为信访人采用本条例规定的形式反映情况，提出建议、意见或者投诉请求提供便利条件。

任何组织和个人不得打击报复信访人。

知识产权篇

——保护我们的无形产权

商 标

★将他人的注册商标作域名是否构成侵权

【案例】

2007年5月，A公司获得了“TIT服装”商标权，后经国家工商总局认定为全国驰名商标。2008年6月，A公司发现“TIT服装”被B公司注册成了域名，输入“TIT服装.CN”即可进入B公司网站，B公司也是一家服装公司。A公司是“TIT服装”商标的合法持有人，应当享有该注册商标的专用权。B公司将他人的注册商标作域名是否构成侵权?

【法律解析】

B公司为商业目的将他人驰名商标注册为域名，这种行为已经构成侵权。B公司对该域名或其主要部分不享有权益，也无注册、使用该域名的正当理由，应当认定B公司的行为构成侵权。

★利用名牌提包做广告构成侵权吗

【案例】

2004年7月至10月，甲公司和乙公司在上海市某路口处的大楼上竖立一块高300米、宽60米的户外广告牌，为其开发、经营的楼盘进行宣传。广告牌上的宣传画是一个半蹲模特图像，模特手中拎一只印有某著名品牌的商标的提包。

该商标注册人丙公司得知此广告后，认为两房产开发商未经注册人许可擅自使用其商标，侵犯了其商标权，且构成不正当竞争。

【法律解析】

本案中，甲、乙两公司虽然与原告不是同行业的竞争者，但是由于原告的商品作为时尚、高档的象征本身就是原告的一种有利资源，是其经过长期的经营才获得的，被告故意利用原告资源，不正当地获取利益，因此损害了原告的合法权利。被告的行为不但是不正当竞争行为，而且侵犯了原告的合法权益，所以使用他人名包做广告构成了侵害他人权益的不正当竞争行为。

★某厂为打开产品销路，使用未经注册的商标标识合法吗

【案例】

某食品厂一直效益不好，市民对其产品也知之不多。后该厂负责人设计了“KK哇”商标，但是没有通过注册。后来，该厂大肆利用“KK哇”商标做广告，以求打开销路。那么，该食品厂的做法合法吗？

【法律解析】

商标具有表明商品来源，标明商品质量和宣传商品的作用。《中华人民共和国商标法》（以下简称《商标法》）第四十八条规定，冒充注册商标的，由地方工商行政管理机关予以制止，限期改正，并可以予以通报或者处以罚款。商标必须到商标局进行登记注册后方可使用。案例中的食品厂未经注册，就擅自使用商标标识，是违法的，应当立即停止。工商行政管理机关有权依法对食品厂作出行政处罚。

★两个企业同时申请一个商标怎么办

【案例】

2001年12月20日，广东某化工有限公司和广州某涂料厂在同一天就同一种涂料分别向国家工商行政总局提出某商标注册申请。2002年1月8日，商标局依法书面通知两申请人在30日内提交其申请注册前在先使用该商标的证据。2002年1月21日化工公司向商标局提交了其于1998年8月8日使用该商标的书面证据资料；1月25日涂料厂向商标局提交了其于1998年5月10日起使用该商标的书面材料。2002年3月5日商标局初步审定并公告使用在先的涂料厂的某商标。驳回化工公司的申请，不予公告。请问，商标局的做法对吗？

【法律解析】

本案涉及相同商标同时申请的先用权纠纷。商标权的取得，一般采用注册在先原则，使用在先原则。我国《商标法》规定商标权的

取得采用注册在先的原则，即谁先申请商标注册，商标权就授予谁。商标注册是商标权受法律保护的前提。同时，我国《商标法》在一定条件下采用使用在先原则，即两个或两个以上申请人同时就相同或相似商标在同种或类似商品上申请商标注册的，初步审定并公告使用在先的商标，驳回其他人的申请，不予公告。

本案中，化工公司与涂料厂同一天就相同商标在同种商品（涂料）上使用向国家商标局申请注册，依法应采用使用在先的原则予以审查确定。由于涂料厂提交的证据表明其先于化工公司使用该商标，故初步审定并公告的是涂料厂使用在先的该商标。化工公司的申请被驳回是正确的。

专 利

★委托别人研发产品，研发人是否享有专利申请权

【案例】

2005年10月，A公司接受B公司委托为该公司研发一种新型材料。双方签订了书面合同，约定了开发费用和开发时间，但是对专利申请没有约定。2006年10月，A公司如期完成了新材料的研发，把该技术成果交与B公司。B公司也认定新材料符合合同约定的性能。A公司现在想对新材料申请专利，不知是否享有专利申请权。

【法律解析】

委托开发完成的发明创造，除当事人另有约定的以外，申请专利的权利属于研究开发人。因A、B两公司签订的委托技术开发合同中对专利申请权没有约定，所以申请专利的权利应属于A公司。但是，在A公司取得专利权后，B公司可以免费实施该专利。如果A公司转让专利申请权，B公司享有以同等条件优先受让的权利。

★老师完成的发明，专利权归本人还是学校

【案例】

胡老师是某大学资源环境学院的辅导员。一日，胡老师应市环保

局的邀请，帮助研究有关“造纸水污染控制技术”的课题。暑假里，胡老师在学校实验室里利用废旧的原料以及工具等，进行实验和测试，终于完成了课题研究。之后，胡老师与学校就该项发明的专利申请权归属问题产生了争议。学校认为胡老师的发明是在学校完成的，专利申请权应该归学校所有；胡老师则认为这项发明是自己受环保局的委托在暑假期间利用业余时间完成的，专利申请权应该属于自己。那么，职务发明和利用业余时间完成的发明到底归谁呢？

【法律解析】

本案的关键在于胡老师的发明到底是否属于职务发明。首先，胡老师虽然是学校工作人员，但是其担任的职位是辅导员，和造纸水污染没有任何关联。其次，胡老师是受市环保局的委托进行课题研究，而非学校布置的课题任务。最后，胡老师虽然利用了学校的实验室，但是只是利用了其中的一些废旧原料以及工具，没有达到主要利用单位的物质条件的程度。因此，胡老师的发明不属于职务发明，该项专利申请权应该归胡老师所有。

★服装店明知该产品无专利许可仍然销售，是否构成侵犯专利权

【案例】

熊某发明了一种加工布料的新技术，并申请了专利。甲公司看好这项技术，2001年，与熊某签订了专利转让合同。2002年，甲公司开始用这种技术生产高档男式西服并注册商标。后来甲公司发现乙公司以同样的技术生产西装。而某服装店明知该公司无专利许可，仍然销售其服装。服装店是否构成侵权？

【法律解析】

服装店构成侵权。转让专利权的，应当向国务院专利行政部门登记，由国务院专利行政部门予以公告。专利权的转让自登记之日起生效。甲公司在取得了合法有效的专利权之后，乙公司未经甲公司许可，使用甲公司的专利方法制造服装，而服装店明知该服装是侵犯专利权制造的，为了盈利仍然销售，根据《专利法》第十一条的规定，

其行为侵犯了甲公司的专利权。

著作权

★著作权不分老幼，一经征用就需付费

【案例】

万某的儿子今年9岁，不久前在新华书店里，万某发现某儿童作文集中收录了儿子的一篇文章。经与出版社联系，出版社以万某的儿子是未成年人为由拒绝支付稿酬。那么，未成年人有著作权吗？

【法律解析】

著作权属于作者，不管是成年人还是未成年人，均可依法享有。万某的儿子是作品的作者，因此依法享有著作权。出版社已出版发行了作品集，无论其出版目的、用途如何，都应在作品集上署上万某的儿子的姓名，并按规定支付报酬。如出版社拒绝万某与万某的儿子的请求，则万某可以向人民法院起诉，要求保护儿子的著作权。

【法条链接】

《中华人民共和国著作权法》（以下简称《著作权法》）第十一条 著作权属于作者，本法另有规定的除外。

创作作品的公民是作者。

由法人或者其他组织主持，代表法人或者其他组织意志创作，并由法人或者其他组织承担责任的作品，法人或者其他组织视为作者。

如无相反证明，在作品上署名的公民、法人或者其他组织为作者。

《民法通则》第九十四条 公民、法人享有著作权（版权），依法有署名、发表、出版、获得报酬等权利。

★著作权与肖像权发生冲突怎么办

【案例】

几年前肖某在逛街时，遇到一位青年人正在写生。他说肖某形象很好，想为肖某画一张画，肖某答应了。等他画完后，肖某很满意，

希望他把画送给自己。但是他说这是老师留的作业还得拿回去交差，之后就分开了。后来，肖某在一次画展上发现了这张画。该行为是否侵犯了肖某的肖像权？

【法律解析】

绘画作品的著作权为著作权人享有，而作品中人物的肖像权归属于该肖像权人。在著作权与肖像权发生冲突时，就涉及哪种权利优先问题。肖像权是《民法》规定的一种人身权，是自然人的基本权利之一。著作权毕竟是一种人身权派生的权利，其行使不应侵犯基本的人身权。因此，著作权无力对抗肖像权，著作权人行使著作权不得侵犯肖像权人的肖像权。该著作人未经肖某的同意，以盈利为目的使用肖某的肖像，侵犯了肖某的肖像权。

★过世作家的作品不涉及个人隐私，可以公开发表吗

【案例】

某作家去世以后，尚有几部作品没有发表，其子欲将这位作家的作品公之于众，其女不同意，称这几部作品是父亲留下的遗产，希望能秘密地保存下来作为纪念。那么，这位作家的作品，他的儿子能否发表？

【法律解析】

著作权包括人身权和财产权。人身权与作者个人身份紧密相连，而财产权是指著作权人许可他人以合法方式使用作品并由此获得报酬的权利。

作家的儿子和女儿，继承的是作家基于作品而产生的财产权益，至于属于人身权的发表权，其子女应尊重作家生前的意志。如果作家去世前没有明示，作品没有涉及其个人不愿公开的隐私，是可以公之于众的。当然，作家的继承人也有保护作品人身权的义务，如发现他人侵犯作家的著作权，可代行相关权利。

★作品署名权，主要看作者身份吗

【案例】

某文化公司聘请了一位编辑进行组稿工作。这位编辑独立完成的第一本书送到出版社付印出版时，编辑向公司提出自己是本书的著作权人，有权在书上署名，并有权获得相关报酬。文化公司不同意，认为虽然是编辑独立编写，但公司是该书的策划人，且已为该编辑支付了工资报酬，该编辑无权主张上述权利。双方由此发生纠纷，最终对簿公堂。

【法律解析】

由于著作权的特殊财产利益，故著作权的主体是人们关注的一个问题。创作作品的公民是作者。由单位主持，代表单位意志创作，并由单位承担责任的作品，作者就是单位。如无相反证明，在作品上署名的公民或单位为作者。因此，文字作品的写作者并不一定就是作者，不一定享有该作品的著作权。文化公司的编辑组稿，系由单位主持，最终责任也由文化公司承担，故其组稿属职务行为。按照法律规定，该书的著作权由该文化公司享有，相关义务也由该公司承担。

★超过30天未回复，就可一稿多投吗

【案例】

小高是一名文学青年，平时喜欢向一些杂志社投稿，并屡屡有文章面世。一次，小高投到某杂志社的一篇文章经过3个月还未发表，遂将该篇文章转投他处。他的一位朋友告诫小高，称他的行为属于一稿多投，已经违法了，可能会受到法律制裁。小高因此十分不安。那么，小高真的违法了吗?

【法律解析】

我国《著作权法》对一稿多投进行了规范。一般情况下，作者是不能一稿多投的。但是，向杂志社投稿自稿件发出之日起15日内未收到报社通知决定刊登的，或者自稿件发出之日起30日内未收到期刊社通知决定刊登的，作者可以将同一作品向其他报社、期刊社投稿。双方另有约定的除外。小高所投稿件，如果事先未做约定，他有权将稿件投向其他杂志社。

★出版社是否应当向作家的后代支付稿酬

【案例】

乔某的父亲是一名作家，生前发表了很多作品。2006年为了纪念他，某出版社出版了乔某父亲所写文章的专辑。乔某知道后，向出版社要求领取该书的稿酬。出版社说，专辑中的文章是他们专门派人查找整理出来的，因此著作权应当归编辑者所有。那么，出版社是否应当向乔某支付稿酬？

【法律解析】

出版社应向乔某支付稿酬。汇编作品，其著作权由汇编人享有，但行使著作权时，不得侵犯原作品的著作权。出版社出版的专辑是汇编作品，著作权由汇编人享有。乔某的父亲对原作品享有著作权，去世后其著作权由乔某享有。因此，出版社应当向乔某支付稿酬。

★为单位和领导撰写的文章是否属于职务作品

【案例】

任某在政府某事业单位临时工作4年，其间为领导个人和单位撰写各类文章或材料200余篇，单位仅支付了任某工资。现双方因故协议解除劳动关系。任某所撰写的文章是否属于职务作品？任某有权获得报酬吗？

【法律解析】

任某在工作期间为领导个人和单位撰写的文章应当属于职务作品。作为职务作品的完成人任某依法享有在作品上署名及获得奖励和报酬的权利。

★因职务作品获得的奖励归谁

【案例】

梁某是一名国有企业的员工，由于做秘书工作兼任企业信息宣传，经常写些新闻信息。在2008年全市新闻信息评比中，梁某所在的企业被评为新闻信息宣传二等奖，梁某个人获新闻信息宣传先进个人奖。奖金是由市局拨下来的，而且附说明是给梁某个人的奖励，但单位领导说奖金应当归单位所有。企业的这种做法是否合法？

【法律解析】

公民为完成法人或者其他组织工作任务所创作的作品是职务作品。著作权由作者享有，但法人或者其他组织有权在其业务范围内优先使用。作者享有署名权，著作权的其他权利由法人或者其他组织享有，法人或者其他组织可以给予作者奖励。因此，该新闻信息虽然属于职务作品，但梁某仍有权获得奖励，市局拨下来给梁某的个人奖金，单位无权占有。

★著作权的保护期限有多长

【案例】

董某于1954年创作了一部作品，并于1955年在甲出版社出版。2001年董某去世，其子小董继承了父亲的所有遗产。2006年，小董在一次偶然中发现父亲的书又被乙出版社出版。小董遂以乙出版社侵犯了自己的权利为由提起诉讼，请求法院判令乙出版社停止侵权行为，并赔偿自己的损失。而乙出版社则以该书已过了保护期限为由拒绝承担任何责任。那么，本案中的作品是否如乙出版社所说已过保护期呢？

【法律解析】

乙出版社侵犯了董某的权利。我国《著作权法》规定公民的作品，其发表权的保护期为作者终生及其死亡后50年。本案中的作品于1955年发表，而董某于2001年去世，那么，根据法律规定该作品的保护期应为董某生前及其死亡后的五十年。所以，乙出版社未经董某的继承人小董的允许而使用其作品，已经构成了侵权，理应停止侵害并赔偿其损失。

★什么情况下属于一稿多投

【案例】

卢某就自己创作的一篇散文向甲杂志社投稿。2个月后，卢某未收到甲杂志社的任何答复，卢某遂向乙杂志社投稿，并很快收到乙杂志社的使用稿件的答复。1个月后，卢某的作品在乙杂志上刊出。甲杂志社获知后，以卢某一稿多投为由，要求卢某承担法律责任。卢某的行为是否构成一稿多投呢？

【法律解析】

卢某未构成一稿多投。我国法律规定作者向杂志社投稿，自稿件发出之日起三十日内未收到杂志社决定使用的，可以将同一作品向其他杂志社投稿。本案中，卢某在向甲杂志社投稿后的2个月内未收到任何答复，此时，卢某有权向其他任何一家杂志社投稿。所以，卢某在向乙杂志社投稿并顺利出版文章后，甲杂志社以一稿多投要求其承担法律责任是毫无法律根据的。

★合同未约定报酬，出版者可以拒付稿酬吗

【案例】

关某就其创作的漫画作品与出版社签订图书出版合同，合同中约定关某授权出版社出版其漫画的权利，但双方未就稿酬的支付方式及标准进行约定。出版社顺利出版该图书，但始终未向关某支付报酬。随后，关某起诉出版社，要求其支付稿酬，而出版社则称双方在签订出版合同时口头约定：出版社不向关某支付任何报酬。出版社是否可以据此拒付稿酬呢?

【法律解析】

出版社不能以口头约定而拒付关某稿酬。我国《著作权法》规定图书出版者应当与著作权人签订出版合同，但并未限定合同的形式，因此口头合同也是允许的。但是，当作者关某与出版社对当时的口头约定内容未达成一致意见又无其他有力证据证明作者同意放弃稿酬时，视为作者未放弃稿酬。因为根据法律规定，著作权人可以通过许可他人行使其各项著作权权利或转让其著作权权利而获得报酬。由此可知，著作权人的获得报酬权是一项法定的权利。所以，出版社必须支付关某报酬。

【法条链接】

《著作权法》第二十四条 使用他人作品应当同著作权人订立许可使用合同，本法规定可以不经许可的除外。

许可使用合同包括下列主要内容：

（一）许可使用的权利种类；

（二）许可使用的权利是专有使用权或者非专有使用权；

（三）许可使用的地域范围、期间；

（四）付酬标准和办法；

（五）违约责任；

（六）双方认为需要约定的其他内容。

第三十条 图书出版者出版图书应当和著作权人订立出版合同，并支付报酬。

★出版社有权要求作者按照他们的意图修改稿件吗

【案例】

马某与某出版社签订了一份约稿合同。马某交稿后，该出版社提出修改意见，要求马某按出版要求将作品中带有独特语言风格的内容删掉。马某认为删掉的部分正体现了作品的特点，不同意修改。出版社称不接受修改意见将不予出版。那么，马某是否必须按照出版社的要求修改自己的作品呢？

【法律解析】

马某无须按照出版社的要求修改作品。我国《著作权法》规定，出版者使用他人作品的，不得侵犯作者的修改权、保护作品完整权。本案中，马某按约定为出版社编写书稿，依法履行了自己的义务。而出版单位此时却要求马某按出版要求进行修改，但又未明确告知出版要求的具体内容，说明该作品为何不符合出版要求。因此，马某为保证自己作品的完整性，有权拒绝出版社的修改要求。

【法条链接】

《著作权法》第三十四条 图书出版者经作者许可，可以对作品修改、删节。

报社、期刊社可以对作品作文字性修改、删节。对内容的修改，应当经作者许可。

★著作权被买断后作者还有署名权吗

【案例】

2008年，周某与某文化公司签订了一份《委托撰稿合同》，周某为该公司撰稿，该公司按照合同支付稿酬。不久前，周某发现该公司出版的另一本书中，周某撰写的文章内容占全书内容的2/3，但是署名被他人代替。于是周某去找该公司理论，他们称当时合同约定支付报酬后一切权利全部转让给公司，即买断著作权。著作权被买断后作者还有权署名吗?

【法律解析】

买断指卖方将所有权利全部卖掉，不作任何保留，但是著作权作为一种知识产权，其内容包括财产权和人身权两种。《著作权法》第十条规定，著作权人可以转让复制权、发行权、出租权、展览权等著作权中的财产权，但发表权、署名权等人身权不许转让。因此，周某所签的《委托撰稿合同》中关于财产权转让的部分有效，关于人身权转让的部分无效。周某仍然享有作品的人身权，有权在作品上署名。

★继承人可以发表作者生前未发表的作品并署名吗

【案例】

陈某创作了一部书稿，始终未能出版。2006年，陈某去世。此后，陈某的继承人小陈将父亲的书稿拿到某出版社，并很快达成了出版协议。小陈认为自己作为该作品的继承人，享有与其有关的一切权利，包括署名权、发表权、修改权等，而出版社则认为小陈不享有该作品的署名权，只有财产权和保护其著作的人身权。那么，该作品的署名权应归谁?

【法律解析】

该作品的署名权归陈某所有，小陈作为继承人，只能行使发表权及其他财产权。我国《著作权法》规定，如果作者未明确表示不发表，作者逝世后50年内，其发表权可由继承人或受遗赠人行使。但对于署名权，我国法律规定著作权属于作者，而作者的署名权的保护期限不受限制。由此可知，只有陈某享有该作品的署名权，而此署名权的保护期限不受限制。

【法条链接】

《著作权法》第十条 著作权包括下列人身权和财产权：

（一）发表权，即决定作品是

否公之于众的权利；

（二）署名权，即表明作者身份，在作品上署名的权利；

……

⋆受委托创作的作品，著作权归谁所有

【案例】

薛某应邀为某电视剧组题写片名，当时双方未对该题字的著作权问题作任何约定。不久，薛某将完成的作品交给该电视剧组，剧组也付给薛某报酬。后来，某出版社经剧组同意，拟出版与该电视剧同名的图书，便向该剧组要求使用该剧片名题字作为该书的封面，该剧组同意。出书前，该出版社未与薛某取得联系。后来，薛某以出版社侵犯其著作权为由提起诉讼，要求出版社停止侵权，公开道歉，并赔偿经济损失。出版社则称自己得到电视剧组的合法授权，不构成侵权。对于该题字的著作权应归谁呢？

【法律解析】

该题字的著作权应归薛某所有。我国《著作权法》规定受委托创作的作品，双方未约定著作权归属的，著作权属于受托人。剧组只能将该作品作为片名在电视剧中使用，而剧组却将其授权给出版社使用，由于其不是该作品的著作权人，显然不具有授权的资格，所以出版社从电视剧组处获得的授权是无效的。出版社未经薛某同意而使用其作品，侵犯了其著作权，理应停止侵害，赔偿其损失。

【法条链接】

《著作权法》第十七条　受委托创作的作品，著作权的归属由委托人和受托人通过合同约定。合同未作明确约定或者没有订立合同的，著作权属于受托人。

⋆合作的歌曲，一方能否将歌词转卖他人

【案例】

甲、乙共同创作了歌曲《路歌》，甲为作曲人，乙为填词人。后来，甲无意间在朋友家听到一首名为《路人》的歌曲，与他所创作的《路歌》曲调完全一致，而盒带上却署名为甲作曲、乙填词。甲很

生气，要求乙停止侵害并赔偿损失。乙称《路歌》属两人合作，而自己在《路人》中只改了自己填词的部分，这是法律允许的。乙的理由成立吗?

【法律解析】

乙的理由不成立。本案中甲、乙的作品属合作作品，并且是一种可分割的合作作品。我国法律规定，对于合作作品，合作者不仅对作品享有共同著作权，而且分别对自己创作的部分单独享有著作权。也就是说甲、乙分别对该作品单独享有著作权。但是，法律同时规定在行使单独著作权时，不得侵犯合作作品整体的著作权。所以，乙在单独行使著作权时，不得侵犯与甲合作作品的整体著作权。乙在未经甲同意的情况下，擅自使用了合作作品，侵犯了甲的著作权，理应停止侵权行为，并赔偿甲的损失。

【法条链接】

《著作权法》第十三条　两人以上合作创作的作品，著作权由合作作者共同享有。没有参加创作的人，不能成为合作作者。

合作作品可以分割使用的，作者对各自创作的部分可以单独享有著作权，但行使著作权时不得侵犯合作作品整体的著作权。

★美术作品，取得了所有权就可以任意处置吗

【案例】

韩某经朋友介绍找郑某求一幅书法字。郑某看在朋友的面子上，立即给韩某写了一幅字：“行万里路，读万卷书。”在没有征得郑某同意的情况下，韩某将此书法字提供给某出版单位，为一部书稿作插页，并得到3000元报酬。郑某看到后很生气，要求出版社停止使用该作品。出版社认为自己是从韩某处获得了授权，未构成对郑某的侵权。而韩某则认为该书法作品归自己所有，自己有权同意出版社使用并获得报酬。韩某的说法是否成立?

【法律解析】

韩某无权将该书画作品未经郑某同意授权给出版社使用，并获得

报酬。我国《著作权法》规定美术作品原件所有权的转移，不视为作品著作权的转移。也就是说，韩某只取得了该书画作品的所有权，并不享有与该著作权相关的其他权利。而出版社在不知该字画作品的著作权归郑某所有，未构成对郑某的侵权，但此后如果出版社仍使用该作品，也未经郑某同意，则构成了对郑某的侵权。

【法条链接】

《著作权法》第十八条 美术等作品原件所有权的转移，不视为作品著作权的转移，但美术作品原件的展览权由原件所有人享有。

★用作教学材料，可以合理使用已发表的作品吗

【案例】

某学校老师段某从国内公开出版的一些报刊中收集了几十套法律方面的案例分析题，一一标上原文标题、原作者及报刊名称和期号后，按主题整理成复习资料，复印后分发给班上的同学作为学习资料使用。因该资料使用效果不错，段某将该资料简单装订后向邻近学校分发，并收取少量成本费用。段某的这一行为属于合理使用吗?

【法律解析】

段某的行为属于合理使用。我国《著作权法》规定，为学校课堂教学或者科学研究，少量复制已经发表的作品，但不得出版发行，属于合理使用。段某将已发表的资料进行收集，其目的是为了教学使用，虽然此后又将其简单装订向其他学校分发，并收取成本费用，但这一行为并未构成出版发行，也未以此获取利益，所以这一使用方式属合理使用。

保险篇

——让我们的人生更保险

投 保

★商业保险能否代替社会保险

【案例】

2006年10月，柳女士被某外资公司聘为副总经理，每月工资为人民币5000元，双方订立了书面劳动合同。期间，该公司为柳女士办理了商业保险，但没有为其办理社会保险，当时柳女士并没有提出异议。2008年3月，该公司要与柳女士解除合同。柳女士现在还能要求该公司给其补缴社会保险吗？

【法律解析】

商业保险是由投保人和保险人在诚信、自愿、平等的基础上达成的，与社会保险在性质上是不同的。用人单位与劳动者必须依法参加社会保险，缴纳社会保险费。

本案中，公司没有为柳女士缴纳社会保险费，只为其办理了商业保险，而商业保险不属于我国《劳动法》所规定的应当参加的社会保险的情形。虽然在劳动关系存续期间劳动者未提出异议，但纠纷发生后，柳女士有权要求公司为其办理社会保险。

【法条链接】

《劳动合同法》第十七条 劳动合同应当具备以下条款：

（一）用人单位的名称、住所和法定代表人或者主要负责人；

（二）劳动者的姓名、住址和居民身份证或者其他有效身份证件号码；

（三）劳动合同期限；

（四）工作内容和工作地点；

（五）工作时间和休息休假；

（六）劳动报酬；

（七）社会保险；

（八）劳动保护、劳动条件和职业危害防护；

（九）法律、法规规定应当纳入劳动合同的其他事项。

劳动合同除前款规定的必备条款外，用人单位与劳动者可以约定试用期、培训、保守秘密、补充保险和福利待遇等其他事项。

★未征得被保险人的同意能为其购买人身保险吗

【案例】

马某与女朋友叶某相恋一年多了，双方感情很好。马某想在叶某生日之际送她一份特殊的礼物。现在社会上很流行买人身保险，马某想悄悄给她买一份，等到她生日那天再告诉她，给她一个惊喜。那么，马某可以事先不征得叶某的同意而为她买人身保险吗?

【法律解析】

未经叶某的同意，马某不能为她买人身保险。

法律规定，投保人对保险标的应当具有保险利益。投保人对保险标的不具有保险利益的，保险合同无效。本案中，马某与叶某只是恋爱关系，两者之间没有法律上承认的利益，所以除非马某事先征得叶某本人的同意，否则他不能为叶某购买人身保险。

【法条链接】

《保险法》第三十一条 投保人对下列人员具有保险利益:

(一)本人;

(二)配偶、子女、父母;

(三)前项以外与投保人有抚养、赡养或者扶养关系的家庭其他成员、近亲属;

(四)与投保人有劳动关系的劳动者。

除前款规定外，被保险人同意投保人为其订立合同的，视为投保人对被保险人具有保险利益。

订立合同时，投保人对被保险人不具有保险利益的，合同无效。

★前妻还可以作为受益人吗

【案例】

2006年，叶某与丈夫田某协议离婚，之后田某与柳某结婚。2008年5月，田某不幸在一场交通事故中去世，保险公司通知叶某去领赔偿金。原来田某曾在这家保险公司投保了一份人身险，保险受益人是叶某。但柳某认为叶某与田某已经离婚，这份人身险的受益人应该是她。那么，离婚后前妻还可以作为受益人吗?

【法律解析】

根据《保险法》的规定，受益人是指人身保险合同中由被保险人或者投保人指定的享有保险金请求权的人。被保险人或者投保人可以变更受益人并书面通知保险人。保险人收到变更受益人的书面通知后，应当在保险单上批注。叶某与田某离婚后，田某并未通过保险公司变更受益人，即默认其原先指定的受益人现在仍是合法的受益人，该受益权并不因婚姻关系的解除而消失，所以叶某仍然是这份人身险的受益人。

【法条链接】

《保险法》第四十一条 被保险人或者投保人可以变更受益人并书面通知保险人。保险人收到变更受益人的书面通知后，应当在保险单或者其他保险凭证上批注或者附贴批单。

投保人变更受益人时须经被保险人同意。

★保险公司可以因离婚而拒赔保险受益人吗

【案例】

2005年8月，杨女士为自己和丈夫黄某各投保了一份人寿保险，并指定夫妻双方互为对方的受益人。2008年，杨女士与黄某离婚。离婚后不久，黄某因病去世。杨女士要求保险公司给付保险金时，保险公司认为黄某与杨女士已离婚，故此对前夫不存在保险利益关系，不能成为其前夫的受益人，因此拒绝向杨女士赔付。保险公司的说法合理吗?

【法律解析】

杨女士可以作为保险受益人而获得赔付。按照我国《保险法》的规定，投保人对保险标的不具有保险利益的，保险合同无效。但对于出险时受益人是否仍具有保险利益，却没有作明确规定。在司法实践中，只需投保人在投保时对被保险人具有保险利益，在保险事故发生后就可要求赔偿。本案中杨女士在为前夫黄某投保时，对被保险人具有保险利益，二人离婚后也没有对原合同作任何变更，因此保险公司不能以二人已离婚为由拒绝赔付。

【法条链接】

《保险法》第二十条　投保人和保险人可以协商变更合同内容。

变更保险合同的，应当由保险人在保险单或者其他保险凭证上批注或者附贴批单，或者由投保人和保险人订立变更的书面协议。

★受益人死亡谁有权主张保险金

【案例】

韩某的丈夫早年参军，复员后创办了一家工厂。2008年8月，丈夫外出订货，不幸遭遇车祸死亡。之后，保险公司的人来说韩某丈夫曾买过一份人寿保险，受益人是韩某的儿子，可是韩某的儿子在前一年已经因病去世了。那么，这种情况下谁有权主张该保险金？

【法律解析】

被保险人死亡后，保险金可作为被保险人的遗产，由保险人向被保险人的继承人履行给付保险金的义务。因此，韩某作为被保险人的继承人有权主张该保险金。

【法条链接】

《保险法》第四十二条　被保险人死亡后，有下列情形之一的，保险金作为被保险人的遗产，由保险人依照《中华人民共和国继承法》的规定履行给付保险金的义务：

(一)没有指定受益人，或者受益人指定不明无法确定的；

(二)受益人先于被保险人死亡，没有其他受益人的；

(三)受益人依法丧失受益权或者放弃受益权，没有其他受益人的。

受益人与被保险人在同一事件中死亡，且不能确定死亡先后顺序的，推定受益人死亡在先。

★被保险人死亡，保险公司应该向谁支付保险金

【案例】

2007年程某和妻子曾某离婚之前，曾某在某保险公司买过一份保险，受益人是程某。没多久，二人

办理了离婚手续。2008年3月，曾某在一场交通事故中丧生，按照保险合同规定受益人将获得10万元的赔偿金，但她父母说这笔保险金应该作为被保险人的遗产，由他们继承。那么，保险公司应该向谁支付保险金？

【法律解析】

被保险人死亡后，遇有下列情形之一的，保险金作为被保险人的遗产，由保险人向被保险人的继承人履行给付保险金的义务：（一）没有指定受益人的；（二）受益人先于被保险人死亡，没有其他受益人的；（三）受益人依法丧失受益权或者放弃受益权，没有其他受益人的。但是程某的情况并不属于以上三种情形，因此离婚后程某的前妻如果没有变更受益人，程某仍然是合法的受益人。

【法条链接】

《保险法》第四十二条 被保险人死亡后，有下列情形之一的，保险金作为被保险人的遗产，由保险人依照《中华人民共和国继承法》的规定履行给付保险金的义务：

(一)没有指定受益人，或者受益人指定不明无法确定的；

(二)受益人先于被保险人死亡，没有其他受益人的；

(三)受益人依法丧失受益权或者放弃受益权，没有其他受益人的。

受益人与被保险人在同一事件中死亡，且不能确定死亡先后顺序的，推定受益人死亡在先。

★投保人未告知疾病，保险公司可以据此不赔吗

【案例】

郭某为其56岁的父亲投保了6份重大疾病终身险。郭某在保险单关于被保险人“过去10年内是否因疾病或者受伤住院或手术”等14个栏目中作了否定表示。业务员白某未对被保险人、投保人进行任何询问的情况下就填写了投保单，并与其签订了保险合同。两年后郭某之父因病去世，郭某要求保险公司理赔，保险公司以郭某在投保时未如实告知被保险人在投保前因丙肝住院治疗的事实为由拒绝理赔。那么，保险公司可拒赔吗？

【法律解析】

保险公司应当依保险合同赔付郭某保险金。我国《保险法》规定了投保人的如实告知义务，但同时规定，订立保险合同时，保险人应当向投保人说明保险合同的条款内容，并可以就保险标的或者被保险人的有关情况提出询问。因为实践中有的投保人对保险公司提供的格式条款的理解不是很准确、充分，所以法律规定保险人必须向投保人说明合同条款的内容。据此可知，《保险法》中所说的“如实告知”并不是主动告知，如果因为保险人没有说明，没有询问而未能“如实告知”，保险人应该承担责任。

保险合同

★保险公司可以解除合同吗

【案例】

2007年3月10日，石某到医院检查身体，经化验诊断为病毒性肝炎，酒精性肝损害。经住院治疗共花费2万元医疗费。石某曾经在某保险公司投保了一份医疗保险，所以石某向保险公司申请理赔。保险公司在核保时发现石某的入院病历记载着“有饮酒史8年”。保险公司表示，石某在投保时未如实告知，因此要解除保险合同，退还保费，对医疗费不予赔付。

【法律解析】

投保人故意隐瞒事实，不履行如实告知义务的，或者因过失未履行如实告知义务，是以影响保险人决定是否同意承保或者提高保险费率的，保险人有权解除保险合同。本案中，如果石某因过失未履行如实告知义务，保险公司可以解除合同，退还保费，对医疗费不予赔付。

★首期保费已缴，但保单未签发，合同成立吗

【案例】

郑某投了一份“终身寿险”，填写了投保单，并交付了首期保费，保险公司称保险计划书、保费正式收据及保单正本将延后一至五日送给郑某。投保后五天，保险公

司没有通知郑某体检，也没有向郑某送达保单。在投保后一周，郑某因车祸身亡。郑某的妻子，拿着保费收据向保险公司索赔。保险公司以投保人尚未体检，保险合同未签发，双方之间不存在权利和义务关系为由拒绝赔付。本案中的保险合同成立了吗?

【法律解析】

本案保险合同已成立生效，保险公司拒绝赔付的理由不成立。我国《保险法》规定，人身保险合同约定分期支付保险费的，投保人应当于合同成立时支付首期保险费。本案中，保险公司已收取郑某的首期保费，应视为已同意承保，保险合同业已成立，而不论保险公司是否签发了保单。既然保险合同成立，保险人就应该按照约定的时间开始承担责任。

★投保人可以代被保险人签字吗

【案例】

闫某为其妻子夏某投保人寿险，保险金额为8万元。保险合同生效后不久，夏某因车祸死亡。当闫某拿着保单向保险公司索赔时，保险公司发现投保单上投保人的签字和被保险人的签字字体一样，是出自同一人之手。经查原来是闫某在投保时，顺便代被保险人夏某签了字。对此保险公司以《保险法》中“以死亡为给付保险金条件的合同，未经被保险人书面同意并认可保险金额的，合同无效”为由，拒绝向闫某赔付。闫某说，他不知道不能代妻子签字，当时受理此项业务的保险公司业务员未对此表示异议，所以坚持要求赔偿。

【法律解析】

按照《保险法》的规定，以死亡为给付保险金条件的，保险合同需要被保险人签字方可生效。但是现实中很多投保人不知有此规定，因此作为专业人员，保险公司有向投保人说明此项规定的义务。若保险公司工作人员在受理业务时既未向投保人说明此项规定，在投保人代被保险人签字时又没有明确表示反对，并且签发保险单，则应视为对代签效力的认可，因此出现保险事故时，不能以没有被保险人书面同意为由而拒绝赔付。

【法条链接】

《保险法》第十三条 投保人提出保险要求，经保险人同意承保，保险合同成立。保险人应当及时向投保人签发保险单或者其他保险凭证。

保险单或者其他保险凭证应当载明当事人双方约定的合同内容。当事人也可以约定采用其他书面形式载明合同内容。

依法成立的保险合同，自成立时生效。投保人和保险人可以对合同的效力约定附条件或者附期限。

★被保险人因斗殴而死，投保人能获赔吗

【案例】

2004年8月，卫某在某保险公司为其19岁的儿子购买了一份“重大疾病终身保险”，每年交保费1600元，交费期限为10年。2006年10月，卫某的儿子和朋友在打台球时，因与其他打台球的人发生碰撞导致斗殴，在斗殴中死亡。当卫某向保险公司索赔时，保险公司经调查了解真相后，拒绝了卫某的索赔要求。保险公司拒绝得有理吗?

【法律解析】

本案中被保险人卫某的儿子与他人斗殴，其行为已构成犯罪，因此而导致死亡的，保险公司有权依法不予赔偿。

【法条链接】

《保险法》第四十五条 因被保险人故意犯罪或者抗拒依法采取的刑事强制措施导致其伤残或者死亡的，保险人不承担给付保险金的责任。投保人已交足二年以上保险费的，保险人应当按照合同约定退还保险单的现金价值。

★受益人故意杀死被保险人，还能获得赔付吗

【案例】

韩某为其57岁的母亲买了一份保险金额为20万元的人身意外伤害保险，后故意纵火烧死母亲，企图获取保险金。事故发生后，案件很快被公安机关侦破。这种情况下韩某还能获得保险赔偿吗?

【法律解析】

按照我国《保险法》的规定，投保人、受益人故意造成被保险人死亡、伤残或者疾病的，保险人不承担给付保险金的责任。本案中韩某为骗取保险赔偿而杀害其母，不但不能获得赔偿，还要依法承担刑事责任。

★自行施救，保险财产未受损也可索赔吗

【案例】

某住宅小区发生火灾，朱某在大火已烧到他家的危急情况之下，将室内的笔记本电脑抢出，而其他财产则全部烧毁，损失达2万余元。此前，朱某在当地保险公司投保了家庭财产保险，他选择投保时恰恰只选择了笔记本电脑，保额为1万元。当朱某拿保单向保险公司索赔时，保险公司认为朱某投保的笔记本未受损，而其他受损的财产没有投保，所以保险公司不予赔偿。这种说法正确吗?

【法律解析】

保险公司的说法是错误的。我国《保险法》规定，保险事故发生后，被保险人为防止或者减少保险标的的损失所支付的必要的、合理的费用，由保险人承担。本案中火灾发生后，假设朱某没有抢救笔记本电脑而是抢救其他财产，那么未保财产损失将会减少，可是已投保的笔记本极有可能会遭焚毁。因此朱某冒险救出保险财产，应视为投保人为抢救保险财产而支付的施救费用。依据上述法律规定，施救费用应该由保险公司承担。

【法条链接】

《保险法》第五十七条 保险事故发生时，被保险人应当尽力采取必要的措施，防止或者减少损失。

保险事故发生后，被保险人为防止或者减少保险标的的损失所支付的必要的、合理的费用，由保险人承担；保险人所承担的费用数额在保险标的损失赔偿金额以外另行计算，最高不超过保险金额的数额。

★紧急避险造成第三者损失，保险公司是否赔偿

【案例】

刘某驾驶车辆超车闯入逆行道，与卢某正常行驶的货车迎面相遇。卢某为了避让刘某的车辆，致使货车侧翻，造成车辆损失1万余元。交警出具的交通事故责任认定书认定刘某负事故全部责任。刘某的车辆投保了第三者责任险，于是刘某向保险公司索赔，保险公司却以两车没有发生直接碰撞，对第三者的损失不是直接损毁为由，拒绝赔付。因紧急避险造成第三者损失，保险公司是否应当赔偿？

【法律解析】

《民法通则》第一百二十九条规定，因紧急避险造成损害的，由引起险情发生的人承担民事责任。首先，卢某因紧急避险造成的损失是由引起险情的刘某直接导致，所以，应由刘某承担责任。其次，应当看刘某与保险公司签订的第三者责任险合同条款中，是否以车辆直接接触为第三者责任险的给付条件。如果保险合同中明确约定，须两车接触相撞才赔付，则保险公司可以拒赔。如果保险合同中没有明确以上约定，则保险公司应当赔偿。

★投保2年之内自杀身亡，保险公司是否会赔偿

【案例】

老张为19岁的儿子购买了一份人身保险，与保险公司签订了保险合同，合同中包含在保险合同期限内被保险人意外伤害及死亡的赔付条款，指定老张本人为受益人，并一次性交清了保险费。1年后，老张的儿子因失恋而在校自杀身亡。那么，老张能否向该保险公司要求给付保险金？

【法律解析】

老张不能以此向保险公司要求给付保险金。以死亡为给付保险金条件的合同，自成立之日起满2年后，如果被保险人自杀的，保险人可以按照合同给付保险金。本案中，老张是在为儿子投保1年后，儿子自杀身亡的，未达到2年的期限，

所以保险公司不承担给付保险金的责任，老张只能要求保险公司按照保险单退回相当于其所预交保险费的现金价值。

【法条链接】

《保险法》第四十四条　以被保险人死亡为给付保险金条件的合同，自合同成立或者合同效力恢复之日起二年内，被保险人自杀的，保险人不承担给付保险金的责任，但被保险人自杀时为无民事行为能力人的除外。

保险人依照前款规定不承担给付保险金责任的，应当按照合同约定退还保险单的现金价值。

★畏罪自杀，保险公司是否应当进行赔偿

【案例】

2003年8月，薛某向某保险公司投了一份人身保险，受益人是其妻子，合同生效后，每年薛某都按约定交纳保险费。2008年3月，薛某因涉嫌挪用款被检察院立案侦查，在取保候审期间自杀身亡。因为薛某是自杀，所以，当薛某的妻子向保险公司索赔时，保险公司认为故意犯罪导致的死亡不在赔偿范围内。那么，畏罪自杀，保险公司是否应当进行赔偿?

【法律解析】

《保险法》规定，以死亡为给付保险金条件的合同，自成立之日起满两年后，如果被保险人自杀的，保险人可以按照合同给付保险金。可见，法律并没有作强制性规定，而是赋予了保险人充分的选择权。保险人可以自行决定是否给付保险金。这一规定体现了保险法防止被保险人以自杀的方式获取保险金的情况发生。因此，如果被保险人故意犯罪导致其自身畏罪身亡，保险公司可以不承担给付保险金的责任。

★被保险人交通肇事逃逸，保险公司能否拒赔

【案例】

姜某是一名个体出租车司机。2006年12月，姜某投保了一份第三者责任险。2007年9月29日晚，姜某驾车在路上行驶时不小心撞上了一

辆停在路边的捷达车，姜某企图逃逸，但驶出不远被交警拦住了。经现场勘察，交警作出处理决定，由姜某承担事故全部责任。事后姜某向保险公司索赔，但保险公司说交通肇事逃逸拒赔。这样合理吗？

【法律解析】

姜某在肇事后逃逸，严重违反交通管理，应受到行政处罚。但是，保险公司不能因此一概拒赔。如果姜某的行为没有造成事故损失的扩大，也没有影响现场勘察或加重保险公司的义务，保险公司不能以格式条款笼统地将交通肇事逃逸列为免责事由。

车辆保险

★车辆转让未变更保单，保险人可以拒赔吗

【案例】

贾某在汽车交易市场与黄某达成协议，黄某将一辆大货车转让给贾某，双方签订了买卖合同，并办理了车辆过户手续，但对第三者责任险的被保险人未办理变更手续。2008年4月，贾某驾驶该车时不慎撞伤行人，赔付了6万元。事后，贾某向保险公司索赔，但保险代理人告诉他，因为被保险人未更名，所以拒绝理赔。车辆转让未变更保单，保险人可以拒赔吗？

【法律解析】

在保险合同有效期内，保险车辆转卖、转让、赠送他人、变更用途或增加危险程度，被保险人应当事先书面通知保险人并申请办理批改，依法变更合同。保险车辆转让后，未通知保险人变更合同，保险人可以拒赔。

【法条链接】

《保险法》第四十九条 保险标的转让的，保险标的的受让人承继被保险人的权利和义务。

保险标的转让的，被保险人或者受让人应当及时通知保险人，但货物运输保险合同和另有约定的合同除外。

……

★车辆保险是按投保时的保险金额赔付还是按车辆的实际价值赔付

【案例】

某保险公司接受了投保人牛某的投保，保险标的物为某型号尼桑牌轿车一辆。该车为牛某以9.7万元低价从他人手中购得，但保险金额被确定为34万元。在保险期间内，该车被盗，后发现该车时，车辆已被焚毁。保险公司对于该事故构成车辆全损，属于保险公司赔付范围没有争议，但对赔偿金额却与牛某产生意见分歧。牛某坚持认为应当按保险金额全额赔付；保险公司则认为，牛某在办理车辆保险手续时没有履行如实告知义务，即隐瞒了投保车辆是以9.7万元购进的事实，本不应赔偿。在通融的情况下，可按车辆的实际价值赔偿牛某18万元。牛某于是向法院提起诉讼。

【法律解析】

牛某与保险公司订立合同时，未告知保险公司该车是低于市场价购得的，但是，该未告知事项并不影响保险公司是否承保以及以何种费率承保，所以保险公司不能以牛某违反告知义务为由，拒绝赔款或减少赔款金额。同时，牛某与保险公司的车辆保险不是定值保险，因此，保险事故发生后，保险公司不应当按照保险金额来支付保险金。按照《机动车辆保险条款》第十五条的规定，应当以同类型车的价值，扣除一定的使用折旧来确定赔偿金额。

【法条链接】

《保险法》第五十五条 投保人和保险人约定保险标的的保险价值并在合同中载明的，保险标的发生损失时，以约定的保险价值为赔偿计算标准。

投保人和保险人未约定保险标的的保险价值的，保险标的发生损失时，以保险事故发生时保险标的的实际价值为赔偿计算标准。

保险金额不得超过保险价值。超过保险价值的，超过部分无效，保险人应当退还相应的保险费。

保险金额低于保险价值的，除合同另有约定外，保险人按照保险金额与保险价值的比例承担赔偿保险金的责任。

★投保车辆被盗，保险公司该理赔

【案例】

贾某买了一辆轿车。一日，贾某邀了三个好友去某游乐场玩，并按规定把车停在停车场。可是，就在他们准备回家去取车时，却发现车被人盗走了，贾某赶紧找到停车场管理部门，要求赔偿。但停车场管理部门称该车已在保险公司投保，应由保险公司赔付。可当贾某找到保险公司时，保险公司表示，轿车被盗，要抓获盗车人后，保险公司才能行使代位求偿权，在案件侦破之前，保险公司不能给予赔偿。那么，贾某丢失轿车的责任该由谁来承担?

【法律解析】

因贾某的轿车已向保险公司投保，故贾某与保险公司已形成了财产保险合同关系。保险事故发生后，保险人应先向投保人赔偿保险金，而后在赔偿保险金的范围内向第三人代位求偿。本案尚未破案，造成保险事故发生的第三人不明确，故保险人无法行使代位求偿权，但这并不影响投保人行使索赔权。此外，贾某将车存放在停车场，已经交了保管费，即与停车场形成了保管合同关系。因此，停车场就应对车辆丢失的后果负责，理应承担赔偿责任。

【法条链接】

《保险法》第六十条第一款 因第三者对保险标的的损害而造成保险事故的，保险人自向被保险人赔偿保险金之日起，在赔偿金额范围内代位行使被保险人对第三者请求赔偿的权利。

《合同法》第三百七十四条 保管期间，因保管人保管不善造成保管物毁损、灭失的，保管人应当承担损害赔偿责任。但保管是无偿的，保管人证明自己没有重大过失的，不承担损害赔偿责任。

★对车辆投保双重保险，交强险会白投吗

【案例】

A公司一辆大客车发生交通事

故，死亡两人，经济损失23万多元（死亡赔偿款）。事后A公司向保险公司索赔，保险公司先预付了5.2万元交强险赔款。在后来结案时，保险公司在商业保险即第三者责任保险的赔偿总额中，扣除了原先预付的交强险赔款。对此，A公司与保险公司就赔款问题发生了分歧和争议。那么，保险公司的做法对吗？

【法律解析】

A公司投保交强险的同时又投保了商业保险的第三者责任险。在这种情况下，发生保险事故后首先要在交强险的责任限额内进行赔付，超过交强险责任限额的部分，再通过商业保险的第三者责任险进行赔偿处理。如果在交强险的限额内已经满足了赔付，商业保险就不用再赔了。根据财产保险的补偿原则，所获的补偿金额不应超出实际损失金额，即不允许通过保险补偿而获利。因此，不能说白投了交强险。

★无证驾驶撞伤人，保险公司会赔偿吗

【案例】

小林在上班途中遭遇车祸，造成右手骨折，需住院治疗。经交管部门鉴定，事故车司机杨某负事故的全部责任，杨某系无证驾驶。小林家里比较贫困，无力支付治疗费用。据小林了解，肇事车投保了机动车交通事故责任强制保险，于是，他向保险公司索赔。那么，小林的索赔会被保险公司受理吗？

【法律解析】

小林因车祸受到身体伤害，肇事车辆投保了机动车交通事故责任强制保险，因司机杨某系无证驾驶，根据规定，小林可以要求保险公司在保险责任限额内垫付治疗费用。不过，保险公司垫付之后可以向致害人即肇事车司机杨某追偿。

★使用假牌照的车发生事故，保险公司还赔吗

【案例】

刘某驾驶新买的机动车在某高速公路上发生事故，轿车被严重毁坏。好在刘某给车上了保险。可后来刘某在理赔过程中有了麻烦。原来刘某的轿车是在经销商处购车时由经销商代办的保险与临时牌照，而这个临时牌

照为假牌照。保险公司据此拒绝赔付。刘某只能自认倒霉了吗？

【法律解析】

保险公司不能拒赔。对于保险人的免责事由，保险人在订立保险合同时应当向投保人明确说明，未明确说明的，不产生效力。刘某是在经销商处购买保险及车牌，由此可以推定保险公司未向其明确说明保险人的免责事由，因此，不能依此拒绝赔付。

★因紧急避险导致车损，保险公司应赔付吗

【案例】

某市个体户高某驾驶小货车前往某地办货。在某路段的拐弯处，周某驾驶的三轮车突然驶出，为避免相撞，高某驾驶小货车一个急转弯，侧翻于公路边沟内。小货车受损，车上的两名乘客及高某均受伤。该市交警大队调解后认定：周某负此次事故的全部责任，应赔偿高某损失6000余元。事故处理结案后，周某向保险公司索赔，而保险公司在审理此案时则以“两车未发生碰撞”及“紧急避险超过必要限度”为由拒赔。那么，周某能否获得保险公司的赔付？

【法律解析】

本案中，驾驶员高某的行为属紧急避险行为。因此，高某因紧急避险所造成的车倾人伤的损失应由引起险情的被保险人周某承担责任。另外，在这次事故中，高某应视为第三方。根据《机动车辆保险条款》的有关规定，被保险人在使用保险车辆过程中发生意外事故，致使第三者遭受人身伤亡或财产直接损毁，依法应由被保险人支付的赔偿金额，保险人应依照保险合同给予赔偿。

周某依据第三者责任险条款索赔是合理的，保险公司应予赔付。

【法条链接】

《保险法》第四十六条 被保险人因第三者的行为而发生死亡、伤残或者疾病等保险事故的，保险人向被保险人或者受益人给付保险金后，不享有向第三者追偿的权利，但被保险人或者受益人仍有权向第

三者请求赔偿。

★擅自驾驶被保险车辆导致事故，保险公司能否拒赔

【案例】

程某与雇员郭某驾车去某批发市场进货。当程某与货物批发人员就货物的价格进行协商时，郭某独自留在车内。由于程某未锁车，也未将车钥匙拔下，曾学过驾驶技术但未取得驾照的郭某想过一下车瘾，便将车开上了马路。在行经一工厂门口时，由于人多，郭某有些紧张，手下有些慌乱，将车撞在一根电线杆上，造成车辆严重损坏。事后，程某向保险公司索赔。保险公司能否对程某的损失进行赔付呢?

【法律解析】

保险公司应当对程某的损失进行赔付。根据非被保险人或被保险人允许的驾驶员使用保险车辆造成损失，保险人不负责赔偿的规定，如果程某允许郭某驾驶被保险车辆，则保险公司不予赔偿。但是，郭某是在程某不知情的情况下擅自驾驶该车，程某本身没有过错。所以，保险公司应当赔偿程某的损失。